Christoph R. Hatscher
Alte Geschichte und Universalhistorie

HISTORIA

Zeitschrift für Alte Geschichte
Revue d'histoire ancienne
Journal of Ancient History
Rivista di storia antica

EINZELSCHRIFTEN

Herausgegeben von
Mortimer Chambers/Los Angeles
Heinz Heinen/Trier
Martin Jehne/Dresden
François Paschoud/Geneve
Hildegard Temporini/Tübingen

HEFT 169

Christoph R. Hatscher

Alte Geschichte und Universalhistorie

Weltgeschichtliche Perspektiven
aus althistorischer Sicht

Franz Steiner Verlag Stuttgart 2003

Bibliographische Information der Deutschen Bibliothek
Die Deutsche Bibliothek verzeichnet diese Publikation
in der Deutschen Nationalbibliographie; detaillierte
bibliographische Daten sind im Internet über
<http://dnb.ddb.de> abrufbar.
ISBN 3-515-08321-9

ISO 9706

© 2003 by Franz Steiner Verlag Wiesbaden GmbH,
Sitz Stuttgart.
Gedruckt auf säurefreiem, alterungsbeständigem
Papier. Druck: Druckerei Proff, Eurasburg.
Printed in Germany

INHALT

Vorbemerkung 7

Einleitung 9

I.   Alte Geschichte und Universalhistorie 13

II.   Wege der Weltgeschichtsschreibung 29

III. Grundlagen weltgeschichtlicher Perspektiven 39
      1. Jacob Burckhardt 39
      2. Eduard Meyer 53

IV. Weltgeschichtliche Perspektiven im 20. Jahrhundert 77

V.   Möglichkeiten einer Universalhistorie heute 113

Abkürzungsverzeichnis 117

Literaturverzeichnis 125

Abbildungsverzeichnis 139

Namens- und Sachregister 141

VORBEMERKUNG

Der Fritz Thyssen Stiftung gilt mein Dank für das mir gewährte Stipendium, ohne das die vorliegende Studie nicht zustande gekommen wäre. Prof. Dr. Rainer Wiegels und Prof. Dr. Rüdiger Griepenburg danke ich einmal mehr für ihre Unterstützung; dem Fachbereich Kultur- und Geowissenschaften der Universität Osnabrück bin ich für die eingeräumten Arbeitsmöglichkeiten dankbar.

Den Herausgebern der Historia-Einzelschriften bin ich dafür verbunden, dass sie bereits zum zweiten Mal eine Monographie von mir in ihre renommierte Schriftenreihe aufgenommen haben. In diesem Zusammenhang war mir Herr Alexander F. Wensler von der Historia-Zentralredaktion stets ein zuverlässiger und umsichtiger Ansprechpartner. Für viele fruchtbare Gespräche, Anregungen und konstruktive Kritik danke ich vor allem Thomas Körber, Holger Mannigel und meinem Vater.

Mein besonderer Dank aber gilt Martina, die nicht nur die Gedanken (und Reden) des Verfassers über die Weltgeschichte aushielt, sondern ihm auch immer tatkräftig und ideenreich zur Seite stand. Ihr soll daher diese Arbeit gewidmet sein.

Baden-Baden, im Sommer 2003

EINLEITUNG

Ende der achtziger Jahre des 20. Jahrhunderts bezeichnet Iring FETSCHER die Geschichtswissenschaft als „ein – im Grunde – unrealisierbares Unternehmen." Zu viele Fakten müssten zu einer Darstellung verbunden, zu viele Methoden vom ausführenden Historiker beherrscht werden.

> Geschichtswissenschaft ist ein – im Grunde – unrealisierbares Unternehmen. Sie müßte – streng genommen – alle Aspekte menschlichen Lebens umfassen: den Umgang der Menschen mit der Natur und mit ihresgleichen, ihre Institutionen, ihre Artefakte, ihre Ideen, Wünsche, Hoffnungen, Einbildungen usw. Und sie müßte zugleich aufzeigen, wie sich all' diese Aspekte der konkreten und komplexen Realität miteinander verbinden, so daß schließlich ein ‚Ganzes' entsteht. Jedes Detail, so sagt uns die Hermeneutik, kann angemessen nur vom Ganzen her verstanden werden. Das Ganze aber kennen wir nur auf Grund unserer Kenntnis der Details. Wo sollen wir anfangen? Wie sollen wir damit zuendekommen? Der ideale Historiker müßte Wirtschaftsgeschichte, Technikgeschichte, Kunstgeschichte, politische Institutionengeschichte, Rechtsgeschichte, Religionsgeschichte, Ideengeschichte und vieles andere beherrschen und dürfte doch kein ‚Fachidiot' eines dieser Gebiete sein. Er müßte als allwissender Psychologe in die Psyche der einflußreichen Personen ebenso Einblick haben wie in die der ‚ausführenden', passiv Herrschaft und Unterdrückung ertragenden oder gegen sie rebellierenden Menschen, die zu allen Zeiten noch die Mehrheit bildeten. Er dürfte weder die Strukturen vernachlässigen noch deren Dynamik verkennen, weder die ‚Rolle der Persönlichkeit', noch die sozialer Einheiten wie Klassen, Stände, Schichten, Eliten, Sekten, Kirchen usw. Das Wissen um das, was eigentlich Voraussetzung für eine adäquate Geschichtsschreibung wäre, hat in den letzten hundert Jahren ständig zugenommen. Ihm gegenüber sind die schrecklichen Vereinfacher, die alles auf Rasse, Klasse, Wirtschaft oder sonstige Teilaspekte kausal zurückführen wollten, letztlich gescheitert, auch wenn zwischen ihnen erhebliche Qualitätsunterschiede verbleiben.[1]

Für keinen Zweig der Geschichte scheinen diese Anmerkungen in so erheblichem Umfang gültig zu sein wie für die Universalhistorie, in der sämtliche geschichtswissenschaftlichen Probleme aufs Äußerste gesteigert wiederkehren.[2] Dennoch finden sich immer wieder Historiker, die es sich –

---

[1] FETSCHER, Wozu Geschichte der politischen Ideen?, S. 21. Siehe auch unten Kap. II. Anm. 15.

[2] Vgl. BURCKHARDT, Über das Studium, S. 248: „Enormität des geschichtlichen Studiums; die ganze sichtbare und geistige Welt, mit weiter Überschreitung jedes frühern Begriffes von ‚Geschichte'. Zur vollständigen Bewältigung würden tausend Menschenleben mit vorausgesetzter höchster Begabung und Anstrengung lange nicht ausreichen." – Die beiden Begriffe „Weltgeschichte" und „Universalhistorie" werden im

trotz aller notwendigen Spezialforschung – zur Aufgabe machen, „die Mär
der Weltgeschichte aufzufinden."[3] Das Bewusstsein, „daß jede einzelne
historische Erscheinung in universalen Zusammenhängen stehe und aus
ihnen auch nur letztlich verstanden werden könne" ging niemals vollständig verloren.[4]

Bei der vorliegenden Arbeit handelt es sich weder um eine bloße Pro-
sopographie bisheriger Alt- und Universalhistoriker, noch ist beabsichtigt,
Weltgeschichte zu schreiben. Vielmehr sollen hier einige *universalhistorische Konzepte*, und zwar solche, die speziell in einem althistorischen Zusammenhang stehen, vorgestellt werden. Um mit Alfred HEUSS zu sprechen:
„Die hier mehr angesponnenen als bis zum letzten ausgeführten Überlegungen können nur den logischen Ausgangspunkt für Weltgeschichte bezeichnen. Die Hauptsache bleibt natürlich nach wie vor die Tat."[5] Folgende
Thesen liegen der Studie zugrunde:

1. Seit dem 19. Jahrhundert existieren zwei grundsätzlich verschiedene
    Modelle ‚althistorischer Universalgeschichtsschreibung', nämlich Ja-
    cob BURCKHARDTS Form einer typologisch-vergleichend vorgehenden
    Kulturgeschichte des Altertums und Eduard MEYERS Ansatz einer räum-
    lich-beschreibenden Staatengeschichte der Alten Welt; beiden Grund-
    formen gemeinsam ist ihre Verwurzelung in der klassischen europä-
    isch-vorderorientalischen Geschichtssicht.

2. Die Tradition der Weltgeschichtsschreibung in der Alten Geschichte ist
    im 20. Jahrhundert nahezu ausschließlich vom Vorbild Eduard MEYERS
    geprägt. Die schon bei ihm auftretenden Probleme bei seinem Begriff
    einer Universalhistorie des Altertums wiederholen sich bei seinen Nach-

---

Weiteren synonym verwendet, da alle Unterscheidungsversuche letztlich doch ins Leere
laufen. Bereits im 18. Jahrhundert benutzte man die Ausdrücke alternativ. Bei SCHLÖZER
wurde „Universalgeschichte" dann zum bloßen Aggregat aller Spezialgeschichte, während „Weltgeschichte" ein „System", eine „Deutung des Gesamtzusammenhangs" im-
plizierte; vgl. SCHULIN, Universalgeschichtsschreibung, S. 163 f. „In unserem Jahrhundert wird man eher umgekehrt bei Weltgeschichte an das Magazin und bei Universalgeschichte an Strukturierung und Deutung denken. Eine eindeutige Unterscheidung wäre
aber nur künstlich durchzuführen." Ebd., S. 164. Vgl. DERS., Das alte und neue Problem
der Weltgeschichte, S. 161 f. Neuerdings findet auch der Begriff „Global History" stär-
kere Verbreitung; vgl. KOSSOK, Von der Universal- zur Globalgeschichte.

[3] Brief von Leopold von RANKE an seinen Bruder Heinrich vom 24. November 1826;
vgl. RANKE, Neue Briefe, S. 89 f.: „Du kennst meine alte Absicht, die Mär der Weltgeschichte aufzufinden, jenen Gang der Begebenheiten und Entwickelungen unsres Ge-
schlechtes, der als ihr eigentlicher Inhalt, als ihre Mitte und ihr Wesen anzusehen ist."

[4] MEINECKE, Gedanken über Welt- und Universalgeschichte, S. 140. Vgl. auch das
berühmte Wort von Marc BLOCH aus seiner *Apologie pour l'histoire*, S. 15: «La seule
histoire véritable, qui ne peut se faire que par entr'aide, est l'histoire universelle.»

[5] HEUSS, Über die Schwierigkeit, Weltgeschichte zu schreiben, S. 641.

folgern, ohne dass diese dabei sein Niveau und seine Spannweite jemals wieder erreicht hätten; heute befindet sich daher der universalgeschichtliche Ansatz insgesamt in einer Krise.

3. Wenn man überhaupt ernsthaft an der Möglichkeit einer Universalhistorie im althistorischen Kontext festhalten will, muss man sich nach einem anderen Typus von Weltgeschichtsschreibung umsehen. Dabei bietet es sich an, auf Jacob BURCKHARDTs Modell zurückzugreifen, das seinerseits auf entsprechende Ansätze, wie sie später Max WEBER einbringen sollte, vorausweist.

So, wie jede historische und erst recht welthistorische Darstellung auf das Mittel der Reduktion der unendlichen Stofffülle angewiesen ist, gilt auch für einen Abriss universalhistorischer Konzepte, dass er ohne begründete Selektion nicht auskommt.[6] Für die vorliegende Arbeit bedeutet dies eine Schwerpunktsetzung bei Jacob BURCKHARDT und Eduard MEYER; im 20. Jahrhundert spielen die Überlegungen von Alfred HEUSS eine größere Rolle. Zuerst aber soll das wechselseitige Verhältnis von Alter Geschichte und Universalhistorie betrachtet werden, um im Weiteren dann den Begriff der Universalgeschichte grundsätzlich klären zu können. Danach wird mit den Methoden der Wissenschaftsgeschichte der Versuch unternommen, einen Einblick in die universalhistorischen Konzeptionen Jacob BURCKHARDTs und Eduard MEYERs zu erhalten. Im Anschluss folgt ein Überblick über die weltgeschichtlichen Ansätze im 20. Jahrhundert. Den Abschluss bildet ein kurzer Ausblick auf die Möglichkeiten einer Universalhistorie heute. Hauptsächliche Textgrundlage der Untersuchung bilden in allen Fällen die einschlägigen programmatischen Schriften der Historiker. Um die Unterschiede und Gemeinsamkeiten in den Positionen der Althistoriker zum Problem der Universalgeschichte deutlicher hervortreten zu lassen, werden diese ausführlicher selbst zu Wort kommen, als dies im Allgemeinen üblich ist; stets soll das Original Vorrang vor der Paraphrase haben.

---

[6] Vgl. SEEL, Pompeius Trogus und das Problem der Universalgeschichte, S. 1386: „Geschichte ist nie anders denkbar denn als Auswahl, der das Weglassendürfen zugeordnet ist." – Vor allem im 20. Jahrhundert konnten unmöglich alle Beiträge, die universalgeschichtliche Aspekte beinhalten, herangezogen werden.

I. ALTE GESCHICHTE UND UNIVERSALHISTORIE

In jüngster Zeit sind, nicht zuletzt durch den Impuls der bahnbrechenden Umwälzungen Ende der achtziger Jahre des 20. Jahrhunderts, wieder verstärkt allgemeine universalgeschichtliche Überlegungen angestellt worden.[1] Beiträge von Althistorikern sucht man in diesem Zusammenhang jedoch vergeblich; Politologen, Soziologen und Neuzeithistoriker beherrschen das Feld. Denn nach heute allgemein gängiger Auffassung beschränkt sich die „Alte Geschichte" praktisch auf die Geschichte der Griechen und der Römer.[2] Die Geschichten anderer Völker und Kulturen, seien es die der Ägypter, Assyrer, Babylonier und Perser oder seien es gar die der Inder, Ostasiaten und des präkolumbianischen Amerikas, werden weitgehend ausgeklammert.[3] Dieser Umstand muss verwundern, wenn man bedenkt, dass

---

[1] Vgl. POMPER, World History and Its Critics, S. 3: "The events of the late 1980s, however, seemed to many to signal a revival of the progressive global trends predicated by modernization theory." Vgl. für einen Überblick über die Geschichte der Universalgeschichtsschreibung insgesamt bes.: RANDA, Mensch und Weltgeschichte, *passim*. Der nach wie vor wohl beste Überblicksartikel über die Universalgeschichtsschreibung des 20. Jahrhunderts bis in die 1970er Jahre hinein stammt von Ernst SCHULIN; vgl. DERS., Universalgeschichtsschreibung. Vgl. dazu auch die umfangreiche Bibliographie zu verschiedenen Aspekten der Universalhistorie und der Geschichte der Weltgeschichtsschreibung in: DERS., Universalgeschichte, S. 377–389 und die Ergänzung in: DERS., Literaturbericht Universalgeschichte. Vgl. für einen aktuelleren "State of Play in World History" die einzelnen Beiträge in: POMPER [U. A.], World Historians, *passim*. Siehe für weitere Beiträge zur Universalgeschichtsschreibung unten Kap. II, *passim*.

[2] Vgl. NIPPELS Einleitung zu dem von ihm herausgegebenen Sammelband *Über das Studium der Alten Geschichte*, S. 11: „Der vorliegende Band vereinigt programmatische Texte zum Studium der griechisch-römischen Geschichte aus zwei Jahrhunderten." Vgl. HEUSS, Institutionalisierung, S. 1940: „Der Historiker der Alten Geschichte ist heute der Historiker der Griechen und Römer, [...]." Vgl. auch Hans KLOFTS Ausführungen in seiner Einführung in das Geschichtsstudium: BOSHOF / DÜWELL / KLOFT, Grundlagen, S. 26 ff. Immer noch aktuell CHRIST, Geschichte des Altertums, Wissenschaftsgeschichte und Ideologiekritik (1983), S. 229: „Sieht man von der aktuellen Finanzmisere ab, die allen geisteswissenschaftlichen Innovationen in Ost und West entgegensteht, so haben die deutschen Althistoriker in ihrer überwiegenden Mehrzahl den Rückzug in die alten Bastionen der Griechischen und Römischen Geschichte angetreten. Die Geschichte des Alten Orients und diejenige der Randkulturen der Antike wird lediglich noch von einzelnen Gelehrten erforscht und vermittelt."

[3] Anders: Die my-kenisch-frühgriechische Welt; SCHMITTHENNER, Rome and India.

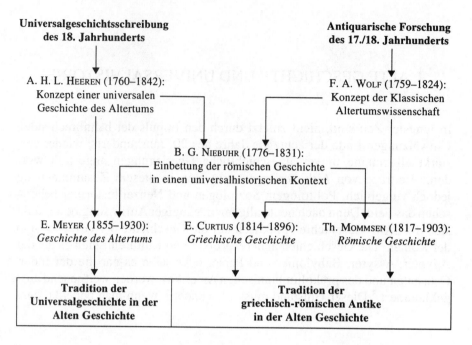

Abb. 1: Zwei Traditionen in der Alten Geschichte

die Alte Geschichte über eine eigene universalhistorische Tradition verfügt und sich noch in den fünfziger und sechziger Jahren des vergangenen Jahrhunderts nicht nur mehrere Fachvertreter der Alten Geschichte stark an der allgemeinen Diskussion um weltgeschichtliche Fragen beteiligt haben, sondern mit ihren entsprechenden Ansätzen auch weit über den Kreis ihrer eigenen Disziplin hinaus Gehör fanden.[4]

---

[4] Hier sind v. a. Joseph VOGT und Alfred HEUSS zu nennen, die beide wiederholt Stellung zu universalgeschichtlichen Fragen nahmen. VOGT trat als Autor und Mitherausgeber der Saeculum-Weltgeschichte hervor und organisierte sowohl bei der 25. Versammlung deutscher Historiker 1962 in Duisburg ein Kolloquium zum Thema *Wege der Universalgeschichte* als auch bei der 27. Historiker-Versammlung 1967 in Freiburg ein Diskussionsforum unter dem Titel *Möglichkeiten einer Weltgeschichte heute*; vgl. Saeculum 14 (1963), S. 41–59 bzw. Saeculum 19 (1968), S. 1–30. VOGT legte auch einen Überblick über bisherige weltgeschichtliche Modelle vor; vgl. DERS., Wege zum historischen Universum. HEUSS, der bei der Versammlung 1967 Hauptredner war, trat als Autor und Mitherausgeber der Propyläen-Weltgeschichte in Erscheinung. Seine bemerkenswerten Reflexionen zur *Theorie der Weltgeschichte* wurden schon 1968 in einem gleichlautenden Band zusammengestellt, werden hier jedoch nach HEUSS' *Gesammelten Schriften* zitiert. – Die intensiven Bemühungen fanden allerdings ein jähes Ende als sich andere Themen in den Vordergrund schoben; vgl. CHRIST, Neue Profile (*Joseph Vogt*), S. 111: „Vogt selbst wurde durch ein anderes Großprojekt in Anspruch genommen, ein

Ein Grund für die besondere weltgeschichtliche Ausrichtung eines Teils der Alten Geschichte liegt in dessen Genese aus dem Geist der Universalgeschichtsschreibung aufklärerischen Zuschnitts.[5] Seit Beginn des 19. Jahrhunderts gibt es „zwei Traditionen und Modelle einer alten Geschichte" nebeneinander:[6] Auf der einen Seite steht die auf Friedrich August WOLF zurückzuführende Konzeption einer Alten Geschichte, die gemeinsam mit der Klassischen Philologie, Mythologie, Archäologie, Epigraphik und Numismatik den Kanon der „Altertumswissenschaft" bildet und daher als Disziplin von der allgemeinen Geschichtsforschung abgekoppelt ist; auf der anderen Seite existiert das Verständnis der Alten Geschichte als einer „Geschichte der Staaten des Altertums" und damit eines Elements der Universalhistorie.[7]

Während sich bei dem einen Ansatz das Blickfeld der Forschung zunehmend nationalgeschichtlich verengt und auf Griechenland und Rom allein konzentriert hat, haben sich die Vertreter des anderen Modells den Blick für eine vergleichende Universalgeschichte des Altertums bewahrt.[8]

> Die großen historischen Probleme, die zur Entscheidung drängen, erfordern ein
> weites Feld. Voran steht hier die Aufgabe, den Zusammenhang der Antike mit den

Aufsatz ‚Universalgeschichte und Kirchengeschichte in unserer Zeit' bereits zum Epilog seiner universalhistorischen Forschungen, die, aus dem Rückblick betrachtet, mit einer folgenschweren versäumten Chance der deutschen Geschichtswissenschaft identisch sind." Vgl. auch DERS., Geschichte des Altertums, Wissenschaftsgeschichte und Ideologiekritik, S. 228 ff.

[5] Vgl. für das Folgende bes. MEYER-ZWIFFELHOFFER, Alte Geschichte in der Universalgeschichtsschreibung, S. 267 ff. Vgl. auch VOGT, Geschichte des Altertums und Universalgeschichte, S. 364 ff.; MOMIGLIANO, Alte Geschichte und antiquarische Forschung, S. 8; HEUSS, Institutionalisierung, S. 1941 ff.

[6] Vgl. MEYER-ZWIFFELHOFFER, Alte Geschichte in der Universalgeschichtsschreibung, S. 272.

[7] MEYER-ZWIFFELHOFFER, Alte Geschichte in der Universalgeschichtsschreibung, S. 271.

[8] MEYER-ZWIFFELHOFFER, Alte Geschichte in der Universalgeschichtsschreibung, S. 272. In diesem Zusammenhang spricht Hans-Joachim GEHRKE von der Alten Geschichte als einem „Fach zwischen zwei Stühlen": „Auf der einen Seite ist sie ein fester Bestandteil im Fächerkanon der Klassischen Altertumswissenschaften, [...]. Doch wir sind auch – auf der anderen Seite – Historiker, und als solche in den Diskurs der geschichtswissenschaftlichen Disziplinen eingebunden." Vgl. DERS., Zwischen Altertumswissenschaft und Geschichte, S. 160 f. Ähnlich schon Victor EHRENBERG 1931; vgl. DERS., Nachruf auf: Eduard Meyer, S. 154: „Damit wird freilich die Problematik der Alten Geschichte überhaupt aktuell, denn sie ist zugleich Teil der allgemeinen Geschichte und Teil der ‚Altertumswissenschaft'." Vgl. auch OTTO, Eduard Meyer und sein Werk, S. 3: „Wir Althistoriker müssen uns zudem immer bewußt sein, in gleicher Weise der Altertumswissenschaft wie der allgemeinen Geschichte verbunden zu sein." Zu MEYERS Haltung in der Frage siehe unten Kap. III.2, bes. Anm. 92.

ihr vorangehenden und ihr folgenden, mit den sie umschließenden und durchdringenden Kulturen des *Orbis antiquus* zu erforschen. Alle Triebkräfte, die auf die historische Erkenntnis einwirken, führen in diese Richtung. Es ist die Eigenart des antiken Geschichtsablaufs selbst, der auf Universalität angelegt ist und nur im Zusammenhang des Ganzen begriffen werden kann; [...].[9]

Eine weitere Ursache für das althistorische Interesse an universalgeschichtlichen Fragen liegt in der Beschäftigung mit entsprechend ausgerichteten antiken Quellen. Entgegen der da und dort zu lesenden Behauptung, dass die Antike über keine weltgeschichtlichen Entwürfe verfüge,[10] finden sich sehr wohl schon am Anfang der abendländischen Geschichtsschreibung universalhistorische Versuche über die damals bekannte Welt des Mittelmeerraumes.[11] Die Schriften von HERODOT oder POLYBIOS sind

---

[9] VOGT, Geschichte des Altertums und Universalgeschichte, S. 371 f. Vgl. TOYNBEE, Die ‚Alte Geschichte' und die Universalhistorie, S. 94: „Wenn ‚alte' Geschichte innerhalb dieses geographischen Rahmens erforscht wird, muß der ‚Alt'-Historiker auch zum Universalhistoriker werden."

[10] Vgl. FUKUYAMA, Das Ende der Geschichte, S. 93: „Der Versuch, eine Universalgeschichte zu schreiben ist kein universales Projekt aller Völker und Kulturen. So haben beispielsweise die Schriftsteller der griechischen Antike nichts dergleichen unternommen, obwohl in Griechenland der Grundstein zur philosophischen und historischen Tradition des Westens gelegt wurde." Vgl. auch KÖHLER, Versuch, Kategorien der Weltgeschichte zu bestimmen, S. 446: „Der Gegenstand der Weltgeschichte ist die Menschheit als eine wesenseinheitliche und zugleich diese Wesenseinheit geschichtlich zur Darstellung bringende Größe. Eine Weltgeschichte in solchem Verstande ist noch nicht beschrieben worden." Vgl. dazu: SEEL, Pompeius Trogus und das Problem der Universalgeschichte, S. 1368 f.

[11] Vgl. SEEL, Pompeius Trogus und das Problem der Universalgeschichte, S. 1387: „Antike Ansätze zu so etwas wie ‚Universalgeschichte' sind gar nicht so selten, ja die ersten historiographischen Entwürfe haben eindeutig universale Tendenz, [...]." Vgl. auch SCHMITTHENNER, Rome and India, S. 90: "The dignity, if not the vocation, of our science derives from the fact that universal history as a genre, and perhaps the most noble one, of historiography was invented by the Greeks, be it by Herodotus, or by Ephorus." Vgl. auch TEMPORINI, Universale Aspekte, S. 200 ff. – Vgl. für einzelne antike Weltgeschichten bes.: Herodot (5. Jhd.), Hellanikos v. Lesbos (5. Jhd.), Ephoros v. Kyme (4. Jhd.), Theopompos v. Chios (378/77 – ca. 300 v. Chr.), Menandros v. Ephesos (um 200 v. Chr.), Polybios v. Megapolis (200–120 v. Chr.), Poseidonios v. Apameia (ca. 135–51/50 v. Chr.), Diodor Sicilus v. Agyrion (ca. 65/60–35/30 v. Chr.), Nikolaos v. Damaskus (ca. 64 v. Chr. – 4 n. Chr.), Pompeius Trogus (1. Jhd. v. Chr.). Vgl. zum Thema der antiken Universalgeschichte bes.: Walter BURKERT, Art. „Universalgeschichte", in: LAW, Sp. 3165; BREEBAART, Weltgeschichte als Thema; BÜDINGER, Die Universalgeschichte im Alterthume; BURDE, Untersuchungen zur antiken Universalgeschichtsschreibung; CLARKE, Universal Perspectives in Historiography; MOMIGLIANO, Die Ursprünge der Universalgeschichte; VITTINGHOFF, Spätantike und Frühchristentum. Einen sehr knappen Abriss der gesamten antiken Universalgeschichtsschreibung gibt Hugo PRELLER; vgl. DERS., Geschichte der Historiographie, S. 346–352.

einerseits von speziellen Monographien wie denen von THUKYDIDES oder SALLUST, andererseits von biographischen Darstellungen wie denen von SUETON oder PLUTARCH zu unterscheiden.[12] Von einzelnen Fragen ausgehend, wie der nach dem Ursprung des Streites zwischen Griechen und Persern bei HERODOT oder der nach der Größe Roms bei POLYBIOS werden immer mehr Völker und Kulturen in die Beschreibung der antiken Welt mit einbezogen. Das vielleicht ausgreifendste Verständnis von Universalgeschichte in der Antike findet sich bei DIODOR.

> Denn während für den Leser der Nutzen darin liegt, eine möglichst große Zahl mannigfacher historischer Begebenheiten kennen zu lernen, haben die meisten dieser Autoren die Kriege einzelner Völker oder gar nur eines einzigen Staates beschrieben, und zwar als ein in sich geschlossenes Ganzes, einige wenige fingen bei den ältesten Zeiten an und suchten den allgemeinen Ablauf der Geschichte bis zur eigenen Gegenwart aufzuzeichnen: Von ihnen versäumten es die einen, den Zeitpunkt der einzelnen Ereignisse anzugeben, andere wiederum ließen aus, was sich bei den Barbaren zugetragen hatte. Wieder andere verzichteten auf die Wiedergabe des Inhalts älterer Sagen wegen der Schwierigkeit, derartige Stoffe zu behandeln, andere konnten nicht vollenden, was sie sich vorgenommen hatten, weil sie das Schicksal mitten aus der Arbeit heraus abrief.[13]

Die frühen Althistoriker übten sich zum großen Teil als ,Fortsetzer' der antiken Berichterstatter und gelangten auf diese Weise manchmal unverhofft in universalhistorische Zusammenhänge.[14] Noch NIEBUHR knüpfte mit seiner Bewertung Roms als eines Sees, der die zahlreichen Ströme früherer Geschichtsprozesse von Völkern rund um das Mittelmeer aufnahm, nicht nur an SCHLÖZERS Universalgeschichte, sondern auch an die Darstellung des POMPEIUS TROGUS an.[15] Heute zieht man bei der praktischen althistorischen

---

[12] Hermann STRASBURGER spricht von HERODOT und THUKYDIDES als den „beiden Archegeten der Geschichtsschreibung"; vgl. DERS., Wesensbestimmung der Geschichte, S. 980. Vgl. für die Fülle an historischen Teilwissenschaften und Gattungen seit dem fünften vorchristlichen Jahrhundert ebd., S. 974: „Jedes Bewußtmachen einer Teilwissenschaft fordert die Frage: ,Was gibt es noch?', also das systematische Begreifen des Ganzen heraus. So ist es in den folgenden Jahrhunderten keineswegs nur zu einer enormen Masse von Lokal-, Regional- oder gar Universalgeschichten jeglichen Ausführlichkeitsgrades gekommen, sondern, was geschichtstheoretisch noch wichtiger ist, zur konsequenten und wohldurchdachten Entwicklung der historischen Gattungen, beispielsweise Völkerkunde, Biographie, Memoiren, Chronographie, allgemeine Kulturgeschichte, Religionsgeschichte, Literaturgeschichte."

[13] Dio 1.3.2. Übersetzung von Gerhard WIRTH.

[14] Vgl. MOMIGLIANO, Alte Geschichte und antiquarische Forschung, S. 8: „Römische Geschichte hatten Livius, Tacitus, Florus, Sueton und die *Historia Augusta* geschrieben. Es gab keinen Grund, sie neu zu schreiben, denn im wesentlichen konnte sie nur so geschrieben werden, wie Livius, Tacitus, Florus und Sueton es getan hatten."

[15] Vgl. CHRIST, Römische Geschichte und Universalgeschichte, S. 4: „Es war deshalb nur konsequent, wenn NIEBUHR die Römische Geschichte minutiös behandelte, die

Arbeit mit Quellen wie HERODOT, POLYBIOS, DIODOR oder POMPEIUS TROGUS
moderne universalhistorische Entwürfe als Korrektiv heran und umgekehrt.[16] Schließlich gab auch die relative Abgeschlossenheit des antiken
Geschichtsprozesses immer wieder Anlass zur Bildung universalhistorischer Konzeptionen.

> Die Tatsache, daß im Altertum ein in jeder Hinsicht abgeschlossener und nicht
> mehr restaurierbarer Kulturkreis vorgegeben ist, dessen politische und kulturelle,
> einerseits in sich geschlossene, andererseits nach allen Seiten verknüpfte Einheiten
> in vielem moderner waren als vergleichsweise die des 19. Jahrhunderts, läßt den
> Aufbau von Kulturen, die Abfolge sozialer Strukturen und die Konstruktion hege-
> monialer und imperialer Gebilde mit klarer Deutlichkeit hervortreten und machte
> sie deshalb zum bevorzugten Modell für die bisherigen historischen Systeme und
> Sinngebungen der Philosophen, Soziologen und Historiker.[17]

Vor diesem Hintergrund ist der weit gespannte Bogen deutscher Althistoriker, die sich auch mit universalgeschichtlichen Fragen beschäftigt
haben, verständlich.[18] Allerdings haben längst nicht alle Beiträge das glei-

---

ganze übrige Geschichte des Altertums später aber ‚nach Justins Folge' las." Vgl. auch
BENGTSON, Barthold Georg Niebuhr und die Idee der Universalgeschichte, S. 30 f.;
BÜDINGER, Die Universalhistorie, S. 183. – Auf NIEBUHR berufen sich sowohl die Vertre-
ter einer universalhistorisch ausgerichteten Alten Geschichte als auch die Repräsentan-
ten einer griechisch-römischen Geschichtsschreibung; vgl. OTTO, Zum Problem der
Universalgeschichtsschreibung, Sp. 1126; VOGT, Geschichte des Altertums und Univer-
salgeschichte, S. 366; S. 368; CHRIST, Hellas, S. 13. Einerseits bekannte sich – bei aller
Kritik im Detail – auch Theodor MOMMSEN zu seiner Nachfolge NIEBUHRS und im
Bereich der griechischen Geschichte und Landeskunde versuchte Ernst CURTIUS ihm
wenigstens teilweise methodisch zu folgen. Vgl. CHRIST, Römische Geschichte und
Universalgeschichte, S. 19 ff. Andererseits bot NIEBUHRS Werk wichtige Anregungen
für die universalhistorischen Entwürfe RANKES, BURCKHARDTS und Eduard MEYERS. Vgl.
CHRIST, Römische Geschichte und Universalgeschichte, S. 21. Vgl. allg. zu NIEBUHR
auch HEUSS, Barthold Georg Niebuhr.
   [16] Vgl. SEEL, Pompeius Trogus und das Problem der Universalgeschichte, S. 1365:
„Man wird, wenn man schon einmal sich mit Antikem zu befassen hat, die je neuen
Versuche, moderne Theorie mit antiker Wirklichkeit zu konfrontieren, zur Kenntnis
nehmen wollen – [...]." Vgl. in diesem Zusammenhang bes.: STRASBURGER, Wesensbestimmung der Geschichte, passim.
   [17] WERNER, Über Begriff und Sinn der Geschichte des Altertums, S. 336. Vgl. auch
ebd., S. 335; VOGT, Geschichte des Altertums und Universalgeschichte, S. 371; DERS.,
Wege zum historischen Universum, S. 100: „Hier wirkt sich nicht nur der persönliche
Studiengang des Gelehrten aus, sondern auch die vielfach beobachtete Tatsache, daß
zum Unterschied von andern, nur fragmentarisch erhaltenen Kulturen das schöpferische
Werk der Griechen und Römer von Anfang bis zum Ende erkennbar vor uns steht."
   [18] Die Beschränkung auf deutschsprachige Alt- und Universalhistoriker geht von
der Tatsache aus, dass einerseits die deutschen Versuche zu universalhistorischen Konzeptionen insgesamt zumindest im ersten Drittel des 20. Jahrhunderts als die vielfältig-
sten überhaupt anzusehen sind; vgl. SCHULIN, Universalgeschichtsschreibung, S. 183.

che Gewicht. Oft wird nur ein weltgeschichtlicher Anspruch erhoben, dem die dann folgenden Ausführungen nicht gerecht werden. Häufig handelt es sich um – wenn auch verdienstvolle – bloße theoretische Annäherungen an eine mögliche Universalgeschichtsschreibung.[19] Lediglich Jacob BURCK-HARDT und Eduard MEYER bilden hier deutliche Ausnahmen, da sie beide nicht nur über *Theorie und Methodik der Geschichte* bzw. über das *Studium der Geschichte* im Allgemeinen reflektierten, sondern mit ihren *Darstellungen* auch tatsächlich Ansätze zu einer universal ausgerichteten Geschichtsschreibung schufen. Bei beiden kann man daher heute noch die theoretischen und praktischen Probleme, die eine Weltgeschichtsschreibung aus althistorischer Sicht aufwirft, geradezu idealtypisch nachvollziehen; denn

Andererseits ist die führende Rolle der deutschsprachigen Altertumswissenschaft im 19. und bis ins 20. Jahrhundert hinein nicht zu bezweifeln; vgl. CHRIST, Von Gibbon zu Rostovtzeff, S. 6. Vgl. auch BRIGGS / CALDER III., Classical Scholarship, S. x: "Among our subjects, there is a preponderance of Germans, and the reason is not far to seek. The modern historical-philological study of classical antiquity, the modern conception of *Altertumswissenschaft*, is a German invention." – Im Einzelnen reicht der Bogen von den „Gründervätern des Fachs" Barthold Georg NIEBUHR (1776–1831) und Johann Gustav DROYSEN (1808–1884) über Max DUNCKER (1811–1886), Jacob BURCKHARDT (1818–1897), Alfred von GUTSCHMID (1831–1887) und Eduard MEYER (1855–1930) bis zu Julius KAERST (1857–1930), Walter OTTO (1878–1941) und Ernst KORNEMANN (1868–1946); von Joseph VOGT (1895–1986), Fritz SCHACHERMEYR (1895–1987), Franz ALTHEIM (1898–1976) und Elisabeth Charlotte WELSKOPF (1901–1979) bis zu Hermann BENGTSON (1909–1989), Alfred HEUSS (1909–1995) und Franz HAMPL (*1910); die Aufzählung beansprucht keinen Ausschließlichkeitsanspruch. Vgl. für entsprechende einschlägige Beiträge die Bibliographie. Für biographische Angaben und Werk-Übersichten vgl. bes.: CHRIST, Römische Geschichte und deutsche Geschichtswissenschaft, *passim*; DERS., Hellas, *passim*; DERS., Zur Geschichte der Historiographie, *passim*. Siehe auch unten dieses Kap. Anm. 26.

[19] Es fällt auf, dass viele der neueren programmatisch universalhistorisch ausgerichteten Beiträge sozusagen in der Nachfolge SCHILLERS (siehe unten Kap. II) erstmals im Rahmen ‚besonderer akademischer Anlässe' vorgetragen wurden; vgl. VOGT, Geschichte des Altertums und Universalgeschichte: Vortrag vor dem Institut für Europäische Geschichte 1957; BENGTSON, Barthold Georg Niebuhr und die Idee der Universalgeschichte: Würzburger Rektoratsrede zum 378. Stiftungsfest der Julius-Maximilian-Universität 1960; WELSKOPF, Die wissenschaftliche Aufgabe des Althistorikers: Sitzungsbericht vor der Deutschen Akademie der Wissenschaften 1965; WERNER, Über Begriff und Sinn der Geschichte des Altertums: Einführungsvorlesung an der Universität Erlangen-Nürnberg 1968; MEIER, Die Welt der Geschichte: Schlussvortrag vor der 37. Versammlung deutscher Historiker in Bamberg 1988. Gegen einen feierlichen Rahmen ist nun weiter nichts zu sagen, wenn nicht insgesamt der Eindruck entstände, dass der Appell zu einem verstärkten Einsatz universalhistorischer Methoden und Betrachtungsweisen mit dem Ende der akademischen Feier und dem erneuten Beginn des wissenschaftlichen Alltags vergessen ist. Die Beiträge von Franz HAMPL und Alfred HEUSS heben sich hier positiv ab.

sie bilden ‚methodische Antipoden': Während BURCKHARDTS eher struktu-
rell-vergleichender Entwurf vielfach auf spätere sozialhistorische Typen-
bildung vorausweist, steht MEYERS eher räumlich-beschreibender Ansatz
sehr viel stärker in der Tradition der Weltgeschichtsschreibung des 18.
Jahrhunderts.[20] In der althistorischen Universalgeschichtsschreibung des
20. Jahrhunderts sollte letzterer dann absolut vorherrschend werden, ohne
dass er dabei jemals wieder eingeholt, geschweige denn übertroffen worden
wäre.[21] Jacob BURCKHARDT hingegen wurde von den *viri eruditissimi* zunächst mit Schweigen und Ablehnung übergangen.[22] Schließlich galt doch

---

[20] Diese Unterscheidung universalgeschichtlicher Entwürfe ist vor allem Ernst
SCHULIN verpflichtet; vgl. DERS., Universalgeschichtsschreibung, S. 199 ff. Siehe dazu
auch unten Kap. II.

[21] Die Berufung auf Eduard MEYERS Begriff der Universalgeschichte des Altertums
ist geradezu ein *locus classicus* der Forschung nach ihm geworden; vgl. OTTO, Zum
Problem der Universalgeschichtsschreibung, Sp. 1125 f.; BERVE, Rez. von: CAH[1]. Bd.
4–7, S. 66; DERS., Zur Kulturgeschichte des Alten Orients, S. 217; VOGT, Geschichte des
Altertums und Universalgeschichte, S. 370; BENGTSON, Georg Niebuhr und die Idee der
Universalgeschichte, S. 32 ff.; DERS., Zum Problem der Universalgeschichte des Alter-
tums, S. 47; DERS., Zur Geschichte des Alten Orients, S. 61 f.; DERS., Universalhistori-
sche Aspekte, S. 117; WERNER, Über Begriff und Sinn der Geschichte des Altertums,
S. 323. Kritik am MEYERschen Ansatz ist selten; vgl. KAERST, Die universalhistorische
Auffassung, S. 8 ff.; HAMPL, Universalhistorische Betrachtungsweise, S. 143 ff.; HEUSS,
Einleitung zu: Propyläen-Weltgeschichte. Bd. 3, S. 11 ff. – Auch bei späteren historiographiegeschichtlichen Bewertungen herrscht Einmütigkeit hinsichtlich MEYERS Bedeutung für die Universalgeschichte; vgl. CHRIST, Hellas, S. 124: „Eduard MEYER blieb der
einzige deutsche Universalhistoriker der Geschichte des Altertums, der diesen Namen
verdient. Verglichen mit den Dimensionen und Inhalten seines Werkes erscheinen alle
späteren universalhistorischen Ansätze des 20. Jahrhunderts lediglich fragmentarisch
und punktuell." Vgl. auch DERS., Von Gibbon zu Rostovtzeff (*Eduard Meyer*), S. 333.
Trotz schwergewichtiger Einwände gegen MEYERS Konzept (siehe unten Kap. IV)
spricht Alfred HEUSS von „der gigantischen wissenschaftlichen Leistung Eduard MEYERS
und seinen überall, wo er hingreift, irgendwie erhellenden geschichtlichen Erkenntnissen." Vgl. DERS., Über die Schwierigkeit, Weltgeschichte zu schreiben. S. 621. Anm.
13. Für MOMIGLIANO steht MEYER in der Tradition der deutschen Universalgeschichte,
jedoch habe er „aufgrund seiner Kompetenz und seines Wagemuts als Forscher" durchaus „mit eigener Stimme gesprochen". Vgl. DERS., Vorbemerkungen, S. 259. – Siehe zur
nachwirkenden Dominanz MEYERS auch unten Kap. IV.

[22] Für BURCKHARDT selbst stellte dieser Umstand freilich keine Überraschung dar;
vgl. CHRIST, Jacob Burckhardts Weg, S. 101 f. – Vgl. HEUSS, Rez. von CHRIST, Von
Gibbon bis Rostovtzeff, S. 2609: „Eine säkulare Figur wie Jakob BURCKHARDT als
‚Althistoriker' in Anspruch zu nehmen, ist dagegen ein Unfall in der anderen Richtung.
Mit ihm machen wir uns nur lächerlich, ganz abgesehen von den vielen Gründen, die
sonst dagegen stehen." Alfred HEUSS ist natürlich Recht zu geben, wenn er darauf
hinweist, dass man BURCKHARDT nicht als ‚reinen Althistoriker' vereinnahmen kann.
Dafür waren seine Interessen viel zu weit gestreut: Einerseits griff er zeitlich mit seinen
Beiträgen erheblich über das Altertum hinaus, andererseits hatte er sich bekannterma-

– zumindest *cum grano salis* für die deutschsprachige Altertumswissenschaft im Ganzen – lange Zeit „antiquarische Exaktheit" und „penible Dokumentation" als höchstes Ziel.[23] „Die Diskrepanz zwischen entwickeltem Spezialistentum und theoretischer Abstinenz" in der Forschung vergrößerte sich zusehends.[24] Ähnlich wie das außerordentlich stark theoretisch durchdrungene Werk Max WEBERS fanden die Schriften Jacob BURCKHARDTS innerhalb der ‚Zunft' lange Zeit nur geringes allgemeines Interesse.[25]

Historiographiegeschichtliche Abhandlungen haben in den vergangenen Jahren einen großen Aufschwung erfahren,[26] und längst haben sich auch verschiedene Typen geschichtswissenschaftlicher Arbeitsformen her-

---

ßen auch im Gebiet der Kunstgeschichte ‚akademisch profiliert' und bewegte sich entsprechend sicher auch dort. Mit seinen Werken über *Die Zeit Constantin's des Großen* und vor allem mit seiner *Griechischen Kulturgeschichte* hat sich BURCKHARDT aber zweifellos *auch* in der Alten Geschichte ein Heimatrecht erworben. Seine Aufnahme in die ‚Ahnengalerie der Alten Geschichte' ist also sehr wohl sachlich zu rechtfertigen. Im Übrigen scheint HEUSS später seine entsprechenden Vorbehalte aufgegeben zu haben, als er selbst BURCKHARDT in den Zusammenhang der Institutionalisierung der Alten Geschichte stellt, wenn auch unter der Überschrift „Die unspezialisierte Alte Geschichte"; vgl. HEUSS, Institutionalisierung, S. 1941 ff.; S. 1948 f.

[23] BICHLER, Neuorientierung, S. 81.

[24] BICHLER, Neuorientierung, S. 82.

[25] Alfred HEUSS meint 1965 gar, dass die Fachwissenschaften des Altertums so ihren Weg gegangen seien, „als wenn Max WEBER nicht gelebt hätte." Vgl. DERS., Max Webers Bedeutung, S. 1860. Zu BURCKHARDT, vgl. CHRIST, Von Gibbon zu Rostovtzeff (*Jacob Burckhardt*), S. 157 f.: „Seine Erweiterung des Kreises der Geschichtsquellen, seine Verwendung der antiken Kunst als eines Elementes der Geistesgeschichte, seine Verschränkung von Geschichts-, Religions- und Kunstwissenschaft zur Erfassung der Spätantike, sein Vorstoß zur historischen Abstraktion und zur vergleichenden Analyse der historischen Potenzen, die Vielzahl seiner unabhängig gewonnenen, neuen Erkenntnisse, die sich als gültig und fruchtbar erwiesen und seine sprachliche Meisterschaft sichern ihm den Rang eines der großen Einzelnen in der historischen Disziplin, obwohl seine Geschichtsschreibung keine Schule bilden konnte."

[26] Vgl. für einen Gesamtüberblick: KÜTTLER, Grundlagen. Eine Einführung in diese historische Forschungsmethode gibt Christian SIMON; vgl. DERS., Historiographie. Horst Walter BLANKE legt mit seiner *Historiographiegeschichte als Historik* eine außerordentlich materialreiche Übersicht über die Geschichte der Historiographiegeschichtsschreibung mit besonderer Beachtung der Entwicklung der Historik vor. Vgl. auch HARDTWIG, Geschichtskultur; SCHULIN, Traditionskritik und Rekonstruktionsversuch; IGGERS, Deutsche Geschichtswissenschaft; DERS., Geschichtswissenschaft im 20. Jahrhundert. – Inzwischen liegen auch schon zahlreiche hilfreiche Lexika zu dem Gebiet vor. Bis auf das von Volker REINHARDT herausgegebene Nachschlagewerk (vgl. DERS., Hauptwerke) handelt es sich hierbei in erster Linie um ‚Gelehrtenlexika'; vgl. BOIA, Great Historians; BRIGGS / CALDER III., Classical Scholarship; BRUCH / MÜLLER, Historikerlexikon; CANNON [U. A.], Blackwell Dictionary; WEBER, Biographisches Lexikon.

ausgebildet.[27] Dennoch überwiegt nach wie vor die Form des personenbezogenen Porträts eines Gelehrten,[28] das in der Regel von seinem akademischen Schüler oder Kollegen anlässlich eines Jubiläums oder als Nachruf gezeichnet wird. Schon dieser ‚Sitz im Leben' weist auf die große Gefahr derartiger Texte hin, in denen mindestens im letzteren Fall gemäß dem Grundsatz *de mortuis nil nisi bene* kein Raum für Kritik bleibt – gleichgültig, ob sie personen- oder sachbezogen wäre.[29] Nicht zuletzt ist das Ziel des Autors bzw. Redners oft leicht darin zu erkennen, sich selbst in eine wissenschaftsgeschichtlich angestrebte bzw. wissenschaftssoziologisch opportune Traditionsreihe einzufügen.[30] Dieser offensichtlichen Gefahr einer

[27] BLANKE unterscheidet zehn verschiedene Grundformen bzw. „Typen" historiographiegeschichtlichen Arbeitens, bei SIMON finden sich elf unterschiedliche „Ansätze zur Erforschung der Historiographie und der Geschichtswissenschaft"; vgl. BLANKE, Typen und Funktionen, S. 193 ff.; SIMON, Historiographie, S. 240 ff.

[28] BLANKE, Typen und Funktionen, S. 193.

[29] Völlig richtig in diesem Punkt: WEBER, Priester der Klio, S. 14: „Die Gelehrtengeschichte ist bis heute häufig nicht der Gefahr entgangen, nicht wissenschaftlich-kritische Biographien zu schreiben, sondern Heldenlieder zu singen. Die neuere kritische Geschichtswissenschaft ist prinzipiell keine Ausnahme, zumal sie noch im Anfangsstadium steckt, d. h. sich vorerst darin erschöpft, die alten Heiligen von ihren Säulen zu stürzen und neue an ihre Stelle zu setzen." Eine besondere Bedeutung kommt in diesem Zusammenhang natürlicherweise der Zeit des Nationalsozialismus zu. Anknüpfend an die erregten Debatten auf dem Frankfurter Historikertag im September 1998 zum übergeordneten Thema ‚Deutsche Historiker im Nationalsozialismus' bilanziert Volker LOSEMANN: „Was die ‚Söhne' der weithin schweigenden ‚Väter' in der Althistorie angeht, so ist die Hemmschwelle zum ‚symbolischen' Vatermord ähnlich wie bei den Neuhistorikern wohl eher hoch anzusetzen. Das Wissen um ganz offensichtliche Verstrikkungen des Lehrers wird von einer stark empfundenen Dankbarkeitsverpflichtung überlagert, die dem Betreffenden weitere und gar öffentliche Äußerungen unmöglich macht." Vgl. DERS., Bemerkungen zur Forschungsgeschichte, S. 84. Siehe für den Komplex ‚Alte Geschichte und Nationalsozialismus' auch unten Kap. IV, bes. Anm. 13.

[30] Vgl. zum wissenschaftssoziologischen Aspekt der Karrieren deutschsprachiger Historiker zwischen 1800 und 1970 v. a. WEBER, Priester der Klio, S. 29: „Der wissenschaftliche Dialog mit dem Ziel der Akzeptierung der einen und der Verwerfung anderer Sätze ist nämlich ein sozialer Vorgang, in dem nicht nur rationale, sondern auch praktische Argumente vorgetragen werden und in dem Handlungsstrategien zur Anwendung kommen, mittels derer die Akzeptierung bzw. Verwerfung von Sätzen zu fördern bzw. zu verhindern versucht wird." So sehr WEBER hier auch mit Nachdruck Recht zu geben ist, ist dennoch vor einer Überbetonung des ‚prosopographischen Ansatzes' in der Wissenschaftsgeschichte, zumal in seiner reduzierten Form als Untersuchung bloßer offensichtlicher und direkt nachzuweisender Abhängigkeiten, zu warnen. Selbstverständlich kann die ‚äußere Biographie' eines Wissenschaftlers ‚gewisse Anhaltspunkte' zur besseren Erklärung seines Werkes bereitstellen; nicht zuletzt mag dem ‚LehrerSchüler-Verhältnis' hierbei eine bestimmende Rolle zukommen. Oft aber sind es gerade die verborgenen, gleichsam ‚unterirdisch wirkenden Einflüsse', von denen die entscheidenden Impulse für die Wahl eines (Lebens-)Themas ausgehen; so stand beispielsweise

‚naiven' Historiographiegeschichtsschreibung kann nur mit einer kritischen Grundhaltung entgegengetreten werden, die sich der tatsächlichen Abhängigkeiten des ‚gelehrten Schaffensprozesses' durchgehend bewusst ist. Dies setzt nicht nur die genaue Kenntnis des behandelten historischen Werkes, sondern auch das Wissen um den zeitgenössischen Forschungsstand und den weiteren Gang der Forschung voraus.[31] Wie für die Geschichtswissenschaft insgesamt gilt daher auch für die Wissenschaftsgeschichtsschreibung, dass sie stets zwischen den beiden Polen von „Traditionskritik und Rekonstruktionsversuch" pendelt.[32]

Auch wenn disziplingeschichtliche Arbeiten zur Geschichtswissenschaft nach wie vor einen klaren Schwerpunkt im Bereich der Neueren Geschichte aufweisen,[33] kann man doch feststellen, dass die Geschichte der Historiographie innerhalb der Geschichts- und Altertumswissenschaften in den vergangenen Jahrzehnten einen bemerkenswerten Aufschwung erlebte.[34] In Deutschland sind dabei vor allem die Arbeiten von Alfred HEUSS[35] und Karl

Walter OTTO ganz in der Tradition eines universalhistorisch konzipierten Geschichtsbildes; vgl. OTTO, Eduard Meyer und sein Werk; DERS., Zur Universalgeschichte des Altertums; DERS., Zum Problem der Universalgeschichtsschreibung; DERS., Rez. von: MEYER, GdA. Sein Schüler Helmut BERVE hingegen sprach sich wiederholt dezidiert gegen jeglichen universalgeschichtlichen Ansatz aus; vgl. BERVE, Rez. von: CAH[1]. Bd. 4–7; DERS., Zur Kulturgeschichte. In den Werken der BERVE-Schüler Alfred HEUSS und Franz HAMPL hingegen nimmt die Beschäftigung mit dem Problem der Weltgeschichte einen zentralen Platz ein; vgl. HEUSS, Max Weber und das Problem der Universalgeschichte; DERS., Möglichkeiten einer Weltgeschichte heute; DERS., ‚Weltgeschichte' als Methode; DERS., Über die Schwierigkeit, Weltgeschichte zu schreiben; DERS., Weltreichsbildung im Altertum; HAMPL, Das Problem des Kulturverfalles; DERS., Neuere deutsche Geschichtsdenker; DERS., Universalgeschichte am Beispiel der Diffusionstheorie; DERS., Universalhistorische Betrachtungsweise. Siehe auch unten dieses Kap. Anm. 39.

[31] Wilfried NIPPEL formuliert mit Blick auf die Max WEBER-Forschung: „Wenn man sich heute, mehr als siebzig Jahre nach seinem Tod, die Frage stellt, wie man WEBER zugleich einholen und überholen könne, müßte dies bedeuten, zu einer gegebenen Problemstellung jeweils zu rekonstruieren: 1. Die Zusammenhänge und Entwicklungen im Werk WEBERS selbst. 2. Den Forschungsstand zur Zeit WEBERS und WEBERS eigenen Umgang mit den prinzipiell verfügbaren Materialien und Methoden. 3. Den weiteren Gang der Forschungsgeschichte und WEBERS Einfluß oder Wirkungslosigkeit darauf." Vgl. NIPPEL, Max Weber zwischen Althistorie und Universalgeschichte, S. 36.

[32] Vgl. den Titel von Ernst SCHULINS Aufsatz-Sammlung.

[33] NIPPEL, ‚Geschichte' und ‚Altertümer', S. 307.

[34] CHRIST, Hellas, S. 415. Vgl. für einen Forschungsüberblick: DERS., Römische Geschichte und deutsche Geschichtswissenschaft, S. 9 ff.; DERS., Zur Geschichte der Historiographie, *passim*. Vgl. NÄF, Einleitung, S. 9: „Wiewohl schon immer als eine wichtige Aufgabe empfunden, ist in jüngster Zeit angesichts der umstürzenden Entwicklungen der Wissenschaften das Bedürfnis nach Wissenschafts- und Rezeptionsgeschichte gewachsen."

[35] Vgl. jetzt bequem die Zusammenstellung in seinen *Gesammelten Schriften*:

CHRIST[36], international die Beiträge von Arnaldo D. MOMIGLIANO[37] und William M. CALDER III.[38] hervorzuheben. Sie haben – neben anderen – wesentlich dazu beigetragen, dass sich die "History of Historiography" inzwischen auch in der Alten Geschichte als eigenes Forschungsfeld etabliert hat. Allerdings gibt es, obwohl mittlerweile zahlreiche Einzelstudien zu verschiedenen Gelehrten aus dem Umkreis der Altertumswissenschaften bzw. der Alten Geschichte vorliegen,[39] nach wie vor nur vereinzelt syste-

---

HEUSS, GS. Bd 3. Vgl. auch HEUSS' monographische Schriften über Theodor MOMMSEN und Barthold Georg NIEBUHR. Vgl. HEUSS' Haltung zu der inzwischen noch viel stärker verbreiteten ‚prosopographischen Wissenschaftsgeschichte' in seiner Rezension von CHRIST, Von Gibbon zu Rostovtzeff: „Aus den zwölf kleinen Monographien kann man gewiß dies und jenes lernen, denn es ist eine ganze Menge von Daten zusammengetragen [...] und auch wenn man mit der Materie halbwegs vertraut zu sein glaubt, so nimmt man dankbar manche Einzelheit entgegen, die einem bislang unbekannt geblieben oder dem Gedächtnis wieder entfallen war. Freilich ist das noch lange nicht ‚Wissenschaftsgeschichte'." Ebd., S. 2609. Hans-Joachim GEHRKE hat darauf hingewiesen, dass das maßgebliche wissenschaftsgeschichtliche Interesse von Alfred HEUSS stets MOMMSEN und NIEBUHR galt, neben ihnen spielte Max WEBER noch eine bedeutende Rolle. „Man könnte also sagen: Wenn sich A. HEUSS der Wissenschaftsgeschichte zuwandte, dann weil er sich mit der Genese bestimmter Problemstellungen oder Auffassungen auseinandersetzen wollte; oder, noch mehr zugespitzt, wenn es um solche Forscher ging, die in dem Prozeß der Wissenschaftsentfaltung im 19. Jahrhundert wesentliche Bedeutung hatten." Vgl. GEHRKE, Alfred Heuß – ein Wissenschaftshistoriker?, S. 144.

[36] Vgl. eine Zusammenstellung älterer historiographischer Beiträge in: CHRIST, RGWG. Bd. 3. Ferner: DERS., Von Gibbon zu Rostovtzeff; DERS., Neue Profile der Alten Geschichte. Siehe auch oben dieses Kap. Anm. 34.

[37] Vgl. jetzt bequem die Zusammenstellung wichtiger Beiträge in seinen *Ausgewählten Schriften*: MOMIGLIANO, AS. Bd. 3. Vgl. über MOMIGLIANO bes.: CHRIST, Arnaldo Momigliano und die deutsche Geschichts- und Altertumswissenschaft; ferner: die jeweiligen Einleitungen zu seinen *Ausgewählten Schriften* von Wilfried NIPPEL, Anthony GRAFTON und Glenn W. MOST.

[38] Vgl. bes. das mit BRIGGS gemeinsam herausgegebene Lexikon *Classical Scholarship* und den mit DEMANDT herausgegebenen Sammelband zu Eduard MEYER *Leben und Leistung eines Universalhistorikers*.

[39] Vgl. bes. CHRIST, Zur Geschichte der Historiographie, S. 244 ff. – Bei CALDER macht sich der Trend zu einer reinen ‚Personengeschichte' am stärksten bemerkbar. Fraglos ist es gerade ein Verdienst der Wissenschaftsgeschichte, die Zusammenhänge und – meist – verborgenen Ursachen von historischen Werturteilen oder grundsätzlichen Interessenslagen bei Gelehrten aufzudecken; so ist es vermutlich unbestreitbar, dass die Herkunft von Hermann DIELS (1848–1922) aus der Arbeiterklasse oder von Ulrich von WILAMOWITZ-MOELLENDORFF (1848–1931) aus der Aristokratie nicht nur ihr jeweiliges Leben, sondern auch Phasen ihres Werkes prägte, ja den tieferen Grund für *bestimmte* wissenschaftliche Fragestellungen darstellten; vgl. CALDER, Wissenschaftlergeschichte als Wissenschaftsgeschichte, S. 253 ff. Andererseits haftet allen Bezügen „zwischen Biographie und Bibliographie" auch „etwas Vordergründiges, Trivales an sich" an; vgl. WEILER, Franz Hampl, S. 65. In keinem Fall können sie die Bedeutung

matische Beiträge.[40] Der hier unternommene Versuch, anhand der Frage nach der Universalhistorie weitere Kenntnisse über die Geschichte der Alten Geschichte zu gewinnen, ist bisher nur selten unternommen worden.[41] Dabei scheint er gerade dazu geeignet, MOMIGLIANOS bereits 1946 formulierte Erkenntnis umzusetzen.

> Heute ist die Geschichte des Altertums ein Teilgebiet der Geschichte ['provincial branch of history'] geworden. Sie kann ihr verlorenes Prestige nur dann zurückgewinnen, wenn sie sich wieder als dazu fähig erweist, Ergebnisse vorzulegen, die das Ganze unserer historischen Sicht betreffen. Einer der Wege dazu besteht ganz einfach darin, den Kontakt mit jenen Schriftstellern der Vergangenheit zurückzugewinnen, die klassische Gegenstände von größter Bedeutung für die Geschichte im allgemeinen behandelten.[42]

theoretisch-methodischer Abhandlungen in Frage stellen, wie dies bei CALDER anklingt: „Ich ziehe die Lektüre der Biographie eines großen Gelehrten bei weitem einem Buch über Methode oder Theorie vor." Vgl. DERS., Wissenschaftlergeschichte als Wissenschaftsgeschichte, S. 247. Vgl. auch VINZENT, Bio-graphie und Historio-graphie, S. 460: „Forschende schreiben nicht einfach Geschichte [...], sondern sie sind Geschichte. Geschichte selbst schreibt Geschichte, oder anders gesagt: Βίος ist in Biographie Objekt und zugleich Subjekt." Siehe auch oben dieses Kap. Anm. 30.

[40] Vgl. CHRIST, Zur Geschichte der Historiographie, S. 251: „Unbefriedigender ist die Lage im Felde der großen systematischen Werke und jener weitgespannten problem- und wissenschaftsgeschichtlichen Überblicke, mit denen MOMIGLIANO am Beginn seiner Laufbahn hervorgetreten war. Sie sind sehr voraussetzungsreich, erfordern Kenntnisse sowohl im Bereich der antiken Überlieferung als auch in jenem der modernen Geschichte, speziell der Geistesgeschichte, nicht zuletzt solche der internationalen Spezialforschung und beanspruchen daher in der Regel eine vieljährige Vorbereitungszeit. So einsichtig diese Schwierigkeiten sind, so steht doch fest, daß allein Arbeiten dieser Art die Erträge der Spezialforschung vermitteln können."

[41] Vgl. zu Georg Barthold NIEBUHR: BENGTSON, Barthold Georg Niebuhr und die Idee der Universalgeschichte; CHRIST, Römische Geschichte und Universalgeschichte. Vgl. zu Eduard MEYER: CALDER III. / DEMANDT, Leben und Leistung, *passim*; WZBerlin 40 (1991) 9, *passim*. Vgl. zu Joseph VOGT: CHRIST, Joseph Vogt und die Geschichte des Altertums; DERS., Neue Profile (*Joseph Vogt*), S. 63–124; TOYNBEE, Die ‚Alte Geschichte' und die Universalhistorie. Vgl. zu Alfred HEUSS: TIMPE, Kaiserzeit und Weltgeschichte, S. 98 ff.

[42] MOMIGLIANO, Friedrich Creuzer und die griechische Geschichtsschreibung, S. 43. Diese programmatisch anmutende Passage findet sich bei MOMIGLIANO mit Blick auf Friedrich CREUZERS Buch über *Die historische Kunst der Griechen in ihrer Entstehung und Fortbildung* aus dem Jahr 1803. „CREUZERS Buch ist nicht mehr und nicht weniger als die erste neuzeitliche Geschichte der griechischen Geschichtsschreibung, [...] - ein epochemachendes Buch also, [...]." Vgl. ebd., S. 44. Man tut MOMIGLIANO aber sicherlich nicht Unrecht, wenn man sein Plädoyer für CREUZER gleichzeitig als eine für die Alte Geschichte allgemeingültige Aussage begreift.

Übertriebener Optimismus ist indes fehl am Platz. Eine Beschäftigung mit den weltgeschichtlichen Perspektiven aus althistorischer Sicht ist heute letztlich durch die Tatsache legitimiert, dass die neuere ‚althistorische Weltgeschichtsschreibung‘ in eine Sackgasse geraten ist und ihr – wenn dies überhaupt noch möglich sein sollte – nur der Blick in die Vergangenheit wieder eine Zukunft eröffnen kann. Dieter TIMPES Wort aus dem Jahr 1971 über den Gegenstand der Alten Geschichte, der oft in der allgemeinen Curriculum-Diskussion „als der relativ unwichtigste, weil zeitlich entfernteste Geschichtsstoff" betrachtet wird, ist heute aktueller denn je.[43] Hier gilt es, intensiv nach neuen Ansätzen Ausschau zu halten, ansonsten könnte es geschehen, dass die Alte Geschichte, die als Forschungsdisziplin gerade den Beginn des 21. Jahrhunderts geschaut hat, dessen Ende nicht mehr erleben wird.[44]

---

[43] TIMPE, Alte Geschichte und die Fragestellung der Soziologie, S. 9. TIMPE führt die „lächerliche Rolle des letzten Wagens im Zug" auf das übliche Verständnis einer linearen Ablaufgeschichte zurück; vgl. ebd. Vgl. auch TEMPORINI, Universale Aspekte, S. 203: „Das Gefühl einer radikalen Distanz zur Antike überwiegt, und es gibt verbreitete Tendenzen, zum Zwecke einer Konzentration auf das, was wesentlich sei und uns unmittelbar angehe, die außereuropäische Geschichte stärker heranzuziehen und in der europäisch-abendländischen Tradition die jüngere Vergangenheit allein in den Vordergrund, das Mittelalter und die Antike dagegen weit in den Hintergrund zu rücken."

[44] Dass die Alte Geschichte in Deutschland langfristig in ihrer Existenz bedroht ist, zeigt schon ein Blick in die aktuellen Richtlinien für die Schule bzw. in die entsprechend konzipierten Geschichtsbücher. In einer Reihe von Bundesländern finden sich Gegenstände der Alten Geschichte überhaupt nur noch in der Anfangsphase des Geschichtsunterrichts. Für nicht wenige Geschichtsstudenten in einem althistorischen Proseminar liegt damit die letzte Beschäftigung mit der Antike sieben Jahre und mehr zurück. Latein-, geschweige denn Griechischkenntnisse sind kaum vorhanden. Der Vorstoß zur jeweiligen Forschungslage ist bei dieser ‚Basis‘ praktisch für die meisten späteren offiziellen ‚Multiplikatoren‘ im Bereich der Geschichte schlechthin unmöglich. – Vgl. für den tiefen Einschnitt im deutschen Bildungswesen, der bis heute landläufig mit dem Jahr „1968" assoziiert wird und sich besonders ungünstig unter anderem für die Alte Geschichte auswirkte, die Erinnerungen von Alfred HEUSS; vgl. DERS., De se ipse, S. 814 f. Vgl. auch DERS., Gedanken zur Didaktik der Geschichte, S. 2661: „Ein Student, der mit zwanzig Jahren erst anfängt, sich mit Geschichte zu beschäftigen – ich fürchte, für die Mehrzahl unserer heutigen Studenten trifft das zu – ist im Grunde ein unglückliches Wesen." Auch HEUSS’ weitergehende Anmerkungen zur Didaktik der Geschichte aus dem Jahr 1971 verdienen heute mehr denn je Gehör: „Zu behaupten, an die Stelle einer wissenschaftlich fundierten Sachkunde könne eine wissenschaftliche Didaktik treten, heißt sich selbst und dem Publikum Sand in die Augen zu streuen. Jede Didaktik setzt den souveränen Besitz von Sachkunde voraus. [...] Wer eine Sache nicht von Grund auf studiert hat, kann über sie didaktisch auch nicht urteilen. Es ist schlimm, daß man solche Binsenwahrheiten heute aussprechen muß. Aber theoretische Pädagogen, das heißt, literarisch und nicht praktisch tätige, verstoßen nicht erst seit heute gegen sie." Vgl. DERS., Gedanken zur Didaktik der Geschichte, S. 2660. Auch dreißig Jahre

Alle kulturwissenschaftliche Arbeit in einer Zeit der Spezialisierung wird, nachdem sie durch bestimmte Problemstellungen einmal auf einen bestimmten Stoff hin ausgerichtet ist und sich ihre methodischen Prinzipien geschaffen hat, die Bearbeitung dieses Stoffes als Selbstzweck betrachten, ohne den Erkenntniswert der einzelnen Tatsachen stets bewußt an den letzten Wertideen zu kontrollieren, ja ohne sich ihrer Verankerung an diesen Wertideen überhaupt bewußt zu bleiben. Und es ist gut so. Aber irgendwann wechselt die Farbe: die Bedeutung der unreflektiert verwerteten Gesichtspunkte wird unsicher, der Weg verliert sich in der Dämmerung. Das Licht der großen Kulturprobleme ist weiter gezogen. Dann rüstet sich auch die Wissenschaft, ihren Standort und ihren Begriffsapparat zu wechseln und aus der Höhe des Gedankens auf den Strom des Geschehens zu blicken. Sie zieht jenen Gestirnen nach, welche allein ihrer Arbeit Sinn und Richtung zu weisen vermögen.[45]

später bietet die universitäre Situation keinen Anlass für übertriebene Hoffnung: Obligatorische Vorbereitungskurse für Schulpraktika werden zum Teil von Lehrenden geleitet, die selbst nicht einmal über eine entsprechende Ausbildung, das heißt: ein Referendariat, geschweige denn weitergehende Berufserfahrungen, verfügen. Hier erteilen Blinde Blinden Unterweisungen in der Farbenlehre.

[45] WEBER, Die ‚Objektivität' sozialwissenschaftlicher und sozialpolitischer Erkenntnis, S. 214.

II. WEGE DER WELTGESCHICHTSSCHREIBUNG

Gibt es so etwas wie ein ost-westliches Kulturgefälle oder erweist sich eine dahingehende Meinung bei näherer Überprüfung als unhaltbar? In welcher Relation stehen Macht und Recht in der Geschichte, und welches sind allgemein die bestimmenden Faktoren im politischen Kräftespiel der vergangenen Zeiten? Welche Bedeutung kommt in diesem Zusammenhang den ,Ideen' zu? Individuum und Gemeinschaft in ihren Beziehungen zueinander: wie liegen diesbezüglich die Dinge? Gibt es in der Geschichte eine allgemeine auf Humanisierung hinzielende Tendenz und überhaupt Tendenzen, wenn nicht gar Regeln, ja Gesetze?[1]

Obwohl diese und ähnliche Fragen deutlich eine „Ausrichtung auf das Ganze der Geschichte" verlangen,[2] ist in der Forschung kaum eine Einigung über den genauen Inhalt und die Bedeutung von Weltgeschichte herbeizuführen; so klagt Arnaldo MOMIGLIANO, dass es „die Untertreibung des Jahrhunderts" wäre, wenn er feststellte, „daß der Begriff der Universalgeschichte nie klar und eindeutig gewesen ist."[3] „Wörtlich genommen, grenzt die Vorstellung einer Universalgeschichte an das Absurde. Wer kann

---

[1] HAMPL, Universalhistorische Betrachtungsweise, S. 132.

[2] HAMPL, Universalhistorische Betrachtungsweise, S. 133.

[3] MOMIGLIANO, Die Ursprünge der Universalgeschichte, S. 111. Vgl. auch MOMIGILANOS am typologisch-vergleichenden Grundmuster von Universalgeschichte orientierte eigene Definition: "As universal history cannot be total in the sense of including the totality of past events, we may start from the assumption that all it can do is to isolate types of events and to attribute a meaning to the replacement of one type by another type. A golden age may be followed by a silver age: the Assyrian Empire by the Persian Empire. Polytheism may be succeeded by monotheism, slavery by feudalism, sailing ships by steamers. The universal historian isolates and defines types of events and tries to make their appearance or disappearance meaningful. By giving more importance and therefore more attention to certain types of events than to others he will provide his own universal history with a characteristic line of development." Vgl. DERS., Two Types of Universal History, S. 235. Vgl. zu MOMIGLIANOS universalgeschichtlichem Ansatz auch TORTAROLO, World Histories, S. 130 ff. Vgl. auch MAIER, Das Problem der Universalität, S. 92: „[…] der ohnehin etwas vage Begriff ,Universalgeschichte' ist heute einer klaren und bestimmten Bedeutung weithin entleert." Für Ernst SCHULIN besteht ein Wesensmerkmal des Begriffs gerade in seiner „Entgrenzung"; vgl. DERS., Universalgeschichtsschreibung, S. 163. Für verschiedene neuere Annäherungen an das Phänomen der Weltgeschichte vgl. POMPER [u. a.], World Historians, passim. Für den neueren Begriff der „Globalgeschichte" vgl. bes.: KOSSOK, Von der Universal- zur Globalgeschichte, S. 99: „Globalgeschichte als Fortsetzung, d. h. Fortschreibung bisheriger Universalgeschichte; Globalgeschichte als qualitativ neue Phase von Universalgeschichte; Globalgeschichte als Ablösung der traditionellen Universalgeschichte."

alles erzählen, was geschehen ist? Und wer würde zuhören wollen, wenn man ihm all das erzählte?"[4] Wissenschaftlich wird die Begriffsklärung zusätzlich erschwert durch die gewaltige Kluft zwischen Anspruch und Wirklichkeit, zwischen der Theorie der Universalgeschichtsschreibung und ihrer materiellen Umsetzung in Form einer historischen Darstellung,[5] so dass Alfred HEUSS 1967 die Frage stellen kann: „Wer glaubt heute eigentlich noch an Weltgeschichte im Sinne eines präzisen wissenschaftlichen Begriffes?"[6] Einigkeit herrscht im Großen und Ganzen nur hinsichtlich der ‚Eingrenzung‘, dass „Weltgeschichte" die Geschichte der Menschheit bezeichnen soll.[7]

Der Sache nach lassen sich verschiedene „historische Konzeptionen"[8], „Grundformen der universalhistorischen Betrachtungsweise"[9] oder „Wege der Weltgeschichtsschreibung"[10] unterscheiden. Dabei ist die für die europäische Moderne geradezu klassische Definition von Weltgeschichte in Form einer christlich geprägten Fortschritts- und Vollendungsgeschichte Friedrich SCHILLER zu verdanken. Seine 1789 gestellte Frage *Was heißt und zu welchem Ende studiert man Universalgeschichte?* hat bis auf den heutigen Tag ihre Aktualität bewahrt.[11] So zeigt es wie seine Unterscheidung zwischen dem „Brotgelehrten" und dem „philosophischen Kopf"[12] sind auch seine Ausführungen über den Kontrast zwischen tatsächlicher *vergangener Wirklichkeit* und ihrer späteren *historischen Darstellung*.[13] SCHILLER

---

[4] MOMIGLIANO, Die Ursprünge der Universalgeschichte, S. 111.

[5] HEINEMANN-GRÜDER / KAISER, Weltgeschichte, S. 800. Jürgen OSTERHAMMEL stellt 1994 fest, dass „eine von metaphysischen Schlacken und europa- bzw. nordatlantikzentrischen Befangenheiten gereinigte Universalgeschichtsschreibung" nach wie vor „weitgehend noch in ihren deklaratorischen Anfängen" stecke; vgl. DERS., Raumerfassung und Universalgeschichte, S. 55. Vgl. auch KOSSOK, Von der Universal- zur Globalgeschichte, S. 96: „Universalgeschichte im engeren Begriffsverständnis bedeutete *Europäisierung der Welt* auf direkte oder indirekte Weise."

[6] HEUSS, Möglichkeiten einer Weltgeschichte heute, S. 581. Vgl. die Steigerung bei HAMPL, Universalhistorische Betrachtungsweise, S. 137.

[7] HEUSS, Möglichkeiten einer Weltgeschichte heute, S. 582. Ansätze, die darüber hinausgehen, sind eher selten; vgl. SPIER, Big History, S. 7: „Mit diesem Begriff [*gem.*: Big History] ist nichts anderes gemeint als ein einheitlicher Überblick über die gesamte, uns bekannte Geschichte vom Anfang des Universums bis zum Leben auf der Erde heute."

[8] MAIER, Das Problem der Universalität, S. 92.

[9] SCHULIN, Universalgeschichtsschreibung, S. 199. Vgl. auch OSTERHAMMEL, Raumerfassung und Universalgeschichte, S. 51.

[10] LOCHER, Ephoros' jüngste Nachkommen, S. 132.

[11] SCHILLER behandelte die Frage im Rahmen seiner Jenaer Antrittsvorlesung am 26. und 27. Mai 1789.

[12] SCHILLER, Universalgeschichte, S. 750 ff.

[13] Vgl. SCHILLER, Universalgeschichte, 763: „Es ist daher zwischen dem Gange der *Welt* und dem Gange der *Weltgeschichte* ein merkliches Mißverhältnis sichtbar."

führt diesen Umstand zum einen auf Lücken in der Überlieferung,[14] zum anderen auf die Begrenztheit des menschlichen Verstandes zurück.[15] Die Aufgabe des Universalhistorikers bestehe nun darin, die „kleine Summe von Begebenheiten", über die die historische Kenntnis sicher verfügt, in eine überzeugende Ordnung zu bringen. Zu diesem Zweck solle er vor allem die Begebenheiten hervorheben, „welche auf die *heutige* Gestalt der Welt und den Zustand der jetzt lebenden Generation einen wesentlichen, unwidersprechlichen und leicht zu verfolgenden Einfluß gehabt haben."[16]

> Das Verhältnis eines historischen Datums zu der *heutigen* Weltverfassung ist es also, worauf gesehen werden muß, um Materialien für die Weltgeschichte zu sammeln. Die Weltgeschichte geht also von einem Prinzip aus, das dem Anfang der Welt gerade entgegenstehet. Die wirkliche Folge der Begebenheiten steigt von dem Ursprung der Dinge zu ihrer neuesten Ordnung herab, der Universalhistoriker rückt von der neuesten Weltlage aufwärts dem Ursprung der Dinge entgegen.[17]

SCHILLER geht es also nicht um die bloße Addition einzelner „Geschichten", sondern um ein Deutungsmuster von Geschichte überhaupt: „Unser

---

[14] Zunächst sortiert er alle Ereignisse, die vor dem Aufkommen des Menschen stattfanden und damit „*vor der Sprache*", für die *Weltgeschichte* aus, „so folgenreich sie auch für die *Welt* gewesen." Im nächsten Schritt sieht er „alle Begebenheiten *vor dem Gebrauche der Schrift* für die Weltgeschichte so gut als verloren" an. Die Vergänglichkeit der Schrift, zumal im Zeitalter vor dem Buchdruck sorgt für eine weitere Reduktion des Quellenmaterials. Schließlich sei selbst bei dem wenigen, was die Zeit verschont habe, größtes Misstrauen an den Tag zu legen, um aus den widersprüchlichen Berichten der Vergangenheit die Wahrheit zu rekonstruieren; vgl. SCHILLER, Universalgeschichte, S. 761 f. „Die kleine Summe von Begebenheiten, die nach allen bisherigen Abzügen zurückbleibt, ist der Stoff der Geschichte in ihrem weitesten Verstande." Vgl. ebd., S. 672.

[15] Vgl. SCHILLER, Universalgeschichte, S. 761: „Es zieht sich also eine lange Kette von Begebenheiten von dem gegenwärtigen Augenblicke bis zum Anfang des Menschengeschlechts hinauf, die wie Ursache und Wirkung ineinander greifen. *Ganz* und *vollzählig* überschauen kann sie nur der unendliche Verstand; dem Menschen sind engere Grenzen gesetzt." Vgl. für die entsprechende logisch notwendige wissenschaftliche Konsequenz WELSKOPF, Die wissenschaftliche Arbeit des Althistorikers, S. 13: „Tatsächlich umfaßt der Bereich menschlicher Tätigkeit, d. h. auch die Geschichte, alle Gebiete, auf denen Menschen überhaupt denken und handeln. Überall und immer ist der ganze Mensch Träger seiner eigenen Geschichte. Die Arbeitsteilung bei der Erforschung allen geschichtlichen Geschehens hat jedoch den Wirtschaftshistoriker, den Historiker der Naturwissenschaften und der Technik, den historisch arbeitenden Ethnologen, den Literaturhistoriker, den Philologen, den Rechtshistoriker, den Kunsthistoriker, den Musikhistoriker, den Spezialisten der Philosophie und Religionsgeschichte, den Vertreter der Militärgeschichte hergebracht." Siehe auch oben die Einleitung, Anm. 1.

[16] SCHILLER, Universalgeschichte, S. 762.

[17] SCHILLER, Universalgeschichte, S. 762.

menschliches Jahrhundert herbeizuführen, haben sich – ohne es zu wissen oder zu erzielen – alle vorhergehenden Zeitalter angestrengt."[18] Geschichte wird somit durch ihren Gegenwartsbezug definiert; der „philosophische Geist" bringt einen „vernünftigen Zweck in den Gang der Welt und ein teleologisches Prinzip in die *Weltgeschichte*."[19] Geschichtsphilosophisch ist dieser Ansatz äußerst fruchtbar gewesen.[20] Schon vor SCHILLER entwikkelten VOLTAIRE, HERDER und KANT, nach ihm SCHELLING, HEGEL, COMTE und MARX, um hier nur die wichtigsten Namen zu nennen, ihre Konzepte einer evolutionsorientierten Universalgeschichte. Letztlich bildete bei ihnen auf unterschiedliche Art und Weise umgesetzt stets das „europäische Modell" die Richtschnur weltgeschichtlichen Geschehens.[21]

---

[18] SCHILLER, Universalgeschichte, S. 766.

[19] SCHILLER, Universalgeschichte, S. 764.

[20] Vgl. für einen knappen Überblick über die großen historischen Modelle der Universalgeschichtsschreibung u. a. MOMMSEN, Universalgeschichte; MÜLLER, Universalgeschichte; HEINEMANN-GRÜDER / KAISER, Weltgeschichte; VOGT, Wege zum historischen Universum. Vgl. speziell für das 20. Jahrhundert SCHULIN, Universalgeschichtsschreibung; HAMPL, Neuere deutsche Geschichtsdenker; ENGEL-JANOSI, Grundeinstellungen der Moderne. Vgl. allg. zum Problem von „Gesetzen" in den Geisteswissenschaften: MAIER, Der Gesetzesbegriff.

[21] Vgl. WAGNER, Die Europazentrik des klassischen deutschen Geschichtsbildes. Zum Problem des Eurozentrismus äußert sich der Sinologe Herbert FRANKE in seinem Korreferat zu HEUSS' Duisburger Vortrag von 1967. Wider Erwarten gibt er HEUSS Recht mit seinem Vorschlag, eine „*Darstellung* einer Weltgeschichte um die europäische Geschichte herumzugruppieren" (HEUSS, Möglichkeiten einer Weltgeschichte, S. 593); vgl. FRANKE, Möglichkeiten einer Weltgeschichte heute, S. 19 f.: „[…] es wäre sinnlos, eine der drei anderen Kulturen in den Mittelpunkt stellen zu wollen. Weltgeschichte käme dabei nicht heraus, sondern nur Regionsgeschichte. Dazu stimmt auch, daß die asiatischen Kulturen, zum Teil bis heute, viel mehr ipsozentrisch waren, als es Europa in den letzten hundertfünfzig Jahren je gewesen ist. Es gibt keine orientalische Okzidentalistik; zur Erkenntnis der europäischen Kultur haben die Kulturen Asiens aktiv nichts beigetragen." Vgl. auch KÖHLER, Was ist ‚Welt' in der Geschichte?, S. 3: „Insofern der Mensch schon immer die Welt als seine Welt und seine Welt als *die* Welt verstand, ist alle Geschichte Weltgeschichte, am Nil und am Zweistromland, am Indus und am Hoangho, im *Orbis terrarum* des Römischen Reiches und im Abendland. Ob Sargon von Akkad seit etwa 2350 v. Chr. das ‚Reich der vier Weltteile' aufbaute oder ob das Abendland 1095 n. Chr. mit dem Ruf ‚Deus lo vult' die Epoche der Kreuzzüge begann – immer liegt die Überzeugung zugrunde, daß außerhalb des Geltungsbereiches der eigenen Ordnung Unordnung ist und daß die ‚restliche' Welt nur faktisch, zufolge eines offenkundigen Unrechtes, nicht zur eigenen und ‚einzigen' Welt gehört." – Inzwischen finden sich auch wieder Befürworter eines expliziten *europäischen Geschichtsbildes*; vgl. bes. SCHMALE, Europäische Geschichte als historische Disziplin. Er plädiert für die „Institutionalisierung einer inhaltlichen Reflexion dessen, was unter ‚europäischer Geschichte' zu verstehen ist, […]." Ebd., S. 389. Der Vorwurf der „Buchbindersynthese" (siehe unten dieses Kap. Anm. 28), altvertraut aus der universalhistorischen Diskussion,

Man kann nach ihm die Weltgeschichte als eine Art von Stafettenlauf charakterisieren. Derselbe beginnt im Orient, erreicht den antiken Okzident und gelangt ins Ziel
mit der europäischen Geschichte. Dabei ist Weltgeschichte immer dort, wo die
Stafette getragen und weitergeführt wird. Wer sie abgibt, sinkt zwar nicht tot um,
aber seine Geschichte ist trotzdem erledigt. Sie hat sich erschöpft.[22]

Im 20. Jahrhundert versuchen SPENGLER und TOYNBEE mit ihren kultur-
zyklischen Deutungen diese Gefahr zu umgehen, indem sie als Träger
universalgeschichtlicher Prozesse jeweils eine bestimmte Anzahl von Hochkulturen der Weltgeschichte betrachten.[23] Diese besitzen einerseits ihre
unverwechselbaren Eigenarten, andererseits sind sie dem stets gleichen
Lebenslauf von Aufstieg, Blüte und Niedergang unterworfen. Zusammenhänge zwischen den einzelnen Kulturen werden wenig oder gar nicht
beachtet. Universalhistorie wird zur Geschichte einzelner Hochkulturen.
Sowohl die linearen als auch die zyklischen Deutungstraditionen haben mit
dem Problem des Determinismus zu kämpfen. Die weitere universalhistorische Entwicklung ist nicht länger offen, sondern wird in logischer Konsequenz aus dem jeweils entwickelten Modell heraus festgelegt.[24] Hierin mag

---

taucht bei SCHMALE nun sogar für den europäischen Rahmen auf; entsprechende Ge-
schichtsdarstellungen seien lediglich als „Addition" verschiedener nationaler Geschichten geschrieben; vgl. ebd. 390 f. Schließlich ebd., S. 399: „Gibt es so etwas wie einen
europäischen Kulturraum, gibt es eine ‚europäische Kultur'?" So begrüßenswert es auch
sein mag darauf hinzuweisen, dass es schon für die Gestaltung der europäischen Geschichte eines veritablen Wissens bedarf – nebenbei werden die politisch wohlfeilen
Distanzierungen vom angeblich so rückständigen ‚bloßen' eurozentrischen Weltbild im
schulischen Geschichtsunterricht entlarvt –, ist doch die Feststellung wichtig, dass hier
immerhin historiographische Vorbilder und die reale Chance weiterer positiver Versuche existieren. Die Kontakte der europäischen Nationen untereinander sind vielfältig
genug, um das Projekt einer europäischen Geschichte fundiert umzusetzen. Auf keinen
Fall aber sollten deshalb sämtliche Energien von universalhistorischen Überlegungen
abgezogen werden.

[22] HEUSS, Über die Schwierigkeit, Weltgeschichte zu schreiben, S. 612.

[23] Für einen kurzen Überblick zu SPENGLER und TOYNBEE vgl. SCHULIN, Universalgeschichtsschreibung, S. 193 ff.; DERS., Das alte und neue Problem der Weltgeschichte,
S. 169; HAMPL, Neuere deutsche Geschichtsdenker, S. 84 ff.; S. 107 ff.; VOGT, Wege
zum historischen Universum, S. 51 ff.; S. 98 ff.; Ernst SCHULIN, Art. „Oswald Spengler,
Der Untergang des Abendlandes", in: REINHARDT, Hauptwerke, S. 597–600; Jürgen
OSTERHAMMEL, Art. „Arnold J. Toynbee, A Study of History", in: REINHARDT, Hauptwerke, S. 647–650.

[24] Vgl. SPENGLER, Untergang des Abendlandes, S. 3: „In diesem Buche wird zum
erstenmal der Versuch gewagt, Geschichte vorauszubestimmen. Es handelt sich darum,
das Schicksal einer Kultur, und zwar der einzigen, die heute auf diesem Planeten in
Vollendung begriffen ist, der westeuropäisch-amerikanischen, in den noch nicht abge-
laufenen Stadien zu verfolgen."

auch der tiefere Grund zu suchen sein, warum manche Apologien SPENG-
LERS und TOYNBEES mehr an religiöse Streitschriften als an wissenschaftliche Beiträge erinnern.[25] Beide rühren mit ihren Werken an die Sinnfrage
des Menschseins. Wie alle großen Geschichtssysteme vor ihnen wollen
auch sie zeigen, „was die Welt im Innersten zusammenhält" und verlassen
damit den Rahmen der strengen Wissenschaft, werden – je nach Abwand-
lung – zu Poesie, Philosophie oder Theologie.[26]

Dem gegenüber verzichtet eine strikt positivistische Weltgeschichtsschreibung auf jegliche Interpretation und liefert lediglich eine „synopti-
sche Gesamtdarstellung jener Abschnitte der Geschichte, die im Rahmen
eines weitgegliederten chronologischen Schemas auf der gesamten Welt
zur gleichen absoluten Zeit abliefen."[27] Einzelne Geschichten, die unterein-

---

[25] HAMPL, Neuere deutsche Geschichtsdenker, S. 88 ff.; S. 107 ff. Im Gegensatz zu
SPENGLER verfügt TOYNBEE allerdings über eine Heimstätte in der Geschichtswissenschaft, und zwar insbesondere in der Alten Geschichte. Auch hat sich TOYNBEE stets
darum bemüht, auf Einwände seiner Kritiker einzugehen, sie zu entkräften oder ihnen
im Fortgang seiner Studie zu entsprechen; vgl. TOYNBEE, Die ‚Alte Geschichte' und die
Universalhistorie, S. 96; Jürgen OSTERHAMMEL, Art. „Arnold J. Toynbee, A Study of
History", in: REINHARDT, Hauptwerke, S. 649.

[26] Vgl. SPENGLER, Untergang des Abendlandes, S. 129: „Geschichte *wissenschaftlich* behandeln wollen ist im letzten Grunde immer etwas Widerspruchsvolles. [...]
Natur soll man wissenschaftlich behandeln, über Geschichte soll man dichten." Vgl.
dazu auch MANN, Über die Lehre Spenglers, S. 173: „Deutlich tritt die im engeren Sinne
‚schöne' Literatur im öffentlichen Interesse zurück hinter die kritisch-philosophische,
den geistigen Versuch. Richtiger gesagt: eine Verschmelzung der kritischen und dichte-
rischen Sphäre, inauguriert schon durch unsere Romantiker, mächtig gefördert durch
das Phänomen von NIETZSCHE's Erkenntnislyrik, hat sich weitgehend vollzogen: ein
Prozeß, der die Grenze von Wissenschaft und Kunst verwischt, den Gedanken erlebnis-
haft durchblutet, die Gestalt vergeistigt und einen Buchtypus zeitigt, der heute bei uns,
wenn ich nicht irre, der herrschende ist und den man den ‚intellektualen Roman' nennen
könnte." – Dennoch ist der Einfluss von SPENGLER und TOYNBEE auf einzelne Althistoriker nicht zu unterschätzen; von größerer Bedeutung in diesem Zusammenhang sind die
Beziehungen zwischen Oswald SPENGLER und Eduard MEYER (siehe unten Kap. III.2,
bes. Anm. 152) und zwischen Arnold J. TOYNBEE und Joseph VOGT (siehe unten Kap. IV,
bes. Anm. 83).

[27] MAIER, Das Problem der Universalität, S. 92. Ins Äußerste gesteigert liegt diese
Form in den praktischen und für die tägliche Arbeit unverzichtbaren Datenkompendien
vor; vgl. Ploetz. Über eine ältere Ausgabe kann man das Urteil Gottfried BENNS heute
noch nachlesen; vgl. DERS., Zum Thema Geschichte, S. 383: „*Der Inhalt der Geschichte.* [...]. Ich schlage eine beliebige Seite auf, es ist Seite 337, sie handelt vom Jahre
1805. Da findet sich: einmal Seesieg, zweimal Waffenstillstand, dreimal Bündnis, zweimal Koalition, einer marschiert, einer verbündet sich, einer vereinigt seine Truppen,
einer verstärkt etwas, einer rückt heran, einer nimmt ein, einer zieht sich zurück, einer
erobert ein Lager, einer tritt ab, einer erhält etwas, einer eröffnet etwas glänzend, einer
wird kriegsgefangen, einer entschädigt einen, einer bedroht einen, einer marschiert auf

ander keinen näheren Zusammenhang haben, werden in einem Sammel-
werk zu einer „Weltgeschichte" zusammengefasst.[28] Damit erreicht man
zwar auf der einen Seite einen hohen Grad an wissenschaftlicher Exaktheit,
vergibt aber auf der anderen Seite die Chance zu einer wirklichen Gesamtdarstellung der Menschheitsgeschichte.[29] Danach steht die Universalgeschichtsschreibung vor einem Dilemma: „entweder Versandung in eine
unübersehbare, unzusammenhängende Vielheit oder Systemkonstruktion,
Erfindung eines theologischen, kosmologischen oder naturalistischen Ro-
mans."[30] Diese besondere Problematik hat dann auch immer wieder dazu
geführt, dass sich trotz gelegentlicher Gegenstimmen viele genuine Historiker gänzlich aus der Weltgeschichtsschreibung zurückgezogen haben, diesen Forschungszweig völlig ignorieren bzw. ihn als Betätigungsfeld den
Philosophen und Soziologen überlassen.[31]

> World history occupies a special niche within the profession. Most historians,
> certainly most modern historians, would agree that it makes good sense for students

---

den Rhein zu, einer durch ansbachisches Gebiet, einer auf Wien, einer wird zurückge-
drängt, einer wird hingerichtet, einer tötet sich – alles dies auf einer einzigen Seite, das
Ganze ist zweifellos die Krankengeschichte von Irren."

[28] Beispiele für derartige Projekte finden sich im 20. Jahrhundert oft; vgl. CAH;
Propyläen Weltgeschichte; Fischer Weltgeschichte; Saeculum Weltgeschichte; Historia
Mundi. Ernst TROELTSCH sprach schon 1922 davon, dass die allgemeine Menschheitsgeschichte lediglich als „Buchbindersynthese" existiere; vgl. TROELTSCH, Über den Aufbau
der europäischen Kulturgeschichte, S. 711. Vgl. auch HEUSS, ‚Weltgeschichte' als Methode, S. 597: „Wenn ‚Weltgeschichte' ein eigener Begriff sein soll, dann kann er nicht
mit der Summe des auf der Erde irgendwie erfahrbaren historischen Wissens zusam-
menfallen." Vgl. auch SEEL, Pompeius Trogus und das Problem der Universalgeschichte, S. 1384 ff. Speziell mit Blick auf die Fischer Weltgeschichte; vgl. ebd., S. 1386: „Es
ist zu fürchten, daß die universale Idee der Weltgeschichte, die in einem solchen Werk
Wirklichkeit werden sollte, überhaupt in keinem einzigen Menschenkopf realisiert und
in keinem einzigen Menschenherzen re-produktiv fühlend vollzogen wird. Wahrscheinlich gibt es Zehntausende von Besitzern solcher vielbändigen Werke, die nicht einmal
einen einzigen ihrer vielen Bände, geschweige denn die ganze Reihe gelesen und am
Ende noch etwas vom Gesamtzusammenhang behalten haben."

[29] Vgl. KÖHLER, Was ist ‚Welt', S. 4: „Eine Synchronologie der ‚Weltgeschichte' ist
geschichtlich ein Unsinn, zu dem das Millimeterpapier des technischen Konstrukteurs
verführt; denn diese ‚Gleichzeitigkeit' spielt sich innerhalb der physischen und nicht der
geschichtlichen Zeit ab."

[30] LOCHER, Ephoros' jüngste Nachkommen, S. 130. Vgl. auch MAIER, Das Problem
der Universalität, S. 96: „Scylla und Charybdis der Universalgeschichte blieben bisher
der Positivismus einerseits, die Geschichtsphilosophie in Form einer Universalgeschichte
andererseits."

[31] Vgl. SCHULIN, Universalgeschichtsschreibung, S. 165: „Man kann sagen, daß das
Problem der Universalgeschichte in den gegenwärtigen Theoriediskussionen – jedenfalls der westlichen Welt – am Rande liegt."

to study history from a global perspective, but the dearth of upper-level courses suggests that not very many historians teach world history or global history as such. The profession also recognizes that history should be written from the broadest possible perspective, but few historians have the temerity to write world history. More generally, it seems that while historians increasingly recognize the importance of world history, they remain relatively ignorant about it as a developing field.[32]

Nun ist mit Odo MARQUARD Geschichte im Allgemeinen und Universalgeschichte im Besonderen „eine viel zu wichtige Sache, um sie allein den Historikern zu überlassen."[33] Andererseits gilt nach demselben Autor auch der folgende Satz: „Die Geschichte ist – erst recht – eine viel zu wichtige Sache, um sie allein den Philosophen zu überlassen."[34] Die im 20. Jahrhundert immer deutlicher werdenden Verflechtungen aller Teile der Welt miteinander brachten für universalhistorische Überlegungen neue Impulse. Weltgeschichte sollte nun nicht mehr „die Darstellung einer Weltanschauung im Gewande der Universalgeschichte" sein,[35] sondern nur noch „ein Modus des Umganges der Geschichte unter manchen anderen."[36] 1961 forderte Wolfgang J. MOMMSEN: „In dieser Situation kann die Universalgeschichtsschreibung nicht länger philosophischen Außenseitern überlassen werden; sie wird zu einer unabweisbaren Forderung an die Historiker selbst."[37] Für Oskar KÖHLER beginnt überhaupt erst im vergangenen Jahrhundert nicht nur grundsätzlich die eigentliche Universalhistorie, sondern auch eine entsprechende Weltgeschichtsschreibung.[38]

Die wissenschaftliche Skepsis gegenüber dem Begriff ‚Weltgeschichte' scheint durch die Tatsache überholt, daß heute Weltgeschichte geschieht. Sie begann mit Ereignissen, die in der Geschichte Europas wurzeln, aber nicht mehr als deren Ausstrahlung, sondern als Europa eigenmächtig gegenübertretende Daten zu verstehen sind: repräsentativ mit der chinesischen Revolution im Jahre 1911, mit der russischen Revolution im Jahre 1917 und dem Kriegseintritt der Vereinigten Staaten von Amerika im gleichen Jahre.[39]

---

[32] POMPER, World History, S. 1. Vgl. auch TORTAROLO, World Histories, S. 129: "Universal history as an academic subject has clearly fallen into disrepute in the 20th century. As far as I know at no West European university there is such a discipline as universal history and nobody is talking of introducing it in the university curricula."

[33] MARQUARD, Universalgeschichte und Multiversalgeschichte, S. 106.

[34] MARQUARD, Universalgeschichte und Multiversalgeschichte, S. 115.

[35] MAIER, Das Problem der Universalität, S. 101.

[36] HEUSS, ‚Weltgeschichte' als Methode, S. 596.

[37] MOMMSEN, Universalgeschichte, S. 322.

[38] Siehe oben Kap. I. Anm. 10.

[39] Vgl. KÖHLER, Was ist ‚Welt', S. 1. Vgl. auch SCHULIN, Universalgeschichtsschreibung, S. 165 f.; DERS., Das alte und neue Problem der Weltgeschichte, S. 168.

Nach diesem Ansatz ist alles Geschehen in der Welt bis zum Ende des 19. Jahrhunderts praktisch nur als Vorgeschichte zur derzeitigen Weltgeschichte zu begreifen. Entsprechend wäre in einer historischen Darstellung vor allem den Zusammenhängen zwischen den großen geschichtlichen Regionen, den interkulturellen Kontakten, nachzugehen.[40]

> Der wissenschaftstheoretisch begründete Verzicht auf die Totalerfassung der menschlichen Vergangenheit schließt die Universalgeschichte in einem eingeschränkt gefaßten Sinne, als ein regulatives Prinzip historischer Untersuchung nicht aus. Aus der Sicht der Zusammenhänge unter einem universalen Horizont ergeben sich neue Fragestellungen, Perspektiven und Einsichten.[41]

In diesem Zusammenhang entfernt man sich immer weiter von der alten Vorstellung der *einen* Universalgeschichte.[42] Statt dessen ist die Rede von „einer *Welt der Geschichten*, der Vergangenheiten".[43] Anstelle der einen „Universalgeschichte" wird eine „Multiversalgeschichte" gefordert.[44] Die noch vor vier Jahrzehnten geforderte Entwicklung eines „einheitlichen Kategoriengefüges von universalem Charakter" ist in weite Ferne gerückt.[45]

Jenseits bloßer Materialsammlungen oder philosophischer Systeme gelangte Ernst SCHULIN 1974 zu dem Fazit, dass es „*zwei Grundformen der universalhistorischen Betrachtungsweise* oder, anders ausgedrückt, zwei Formen der Annäherung an Weltgeschichte gibt, nach denen wissenschaftlich ernsthaft und aussichtsreich vorgegangen werden kann und wird,"[46] und zwar eine „strukturell-vergleichende" und eine „räumlich-beschreiben-

---

[40] MAIER, Das Problem der Universalität, S. 95 f.; LOCHER, Ephoros' jüngste Nachkommen, S. 132.

[41] MAIER, Das Problem der Universalität, S. 102.

[42] Vgl. MOMMSEN, Geschichte und Geschichten, S. 135: „Wir haben gewiß nicht die Chance, auf diese Weise jene ‚eine' Geschichte wiederzufinden, die ihren Sinn – der sich dem ‚verstehenden' Historiker bei sorgfältigem Forschen gleichsam von selbst erschließt – in sich selbst trägt und welche seit den Anfängen des 19. Jahrhunderts das Rückgrat des klassischen Historismus abgegeben hat; dies ist, so scheint es, unwiederbringlich dahin. Die Geschichte im Singular ist nur als regulative Idee denkbar; […]."

[43] MEIER, Die Welt der Geschichte, S. 12.

[44] Vgl. MARQUARD, Universalgeschichte und Multiversalgeschichte, S. 114: „Darum darf es – liberaliter – nicht nur eine einzige Geschichte, sondern es muß viele Geschichten geben. Wichtiger als die Universalgeschichte ist buntheitsfördernde Replik auf sie: also – wenn es denn aus formulierungstechnischen Gründen bei einem sprachlichen Singular bleiben muß – die Multiversalgeschichte, die wissenschaftlich betriebene Form der Polymythie. Universalgeschichte ist nur als – direkte oder indirekte – Ermächtigung der Multiversalgeschichte menschlich."

[45] MOMMSEN, Universalgeschichte, S. 323.

[46] SCHULIN, Universalgeschichtsschreibung, S. 199. Vgl. auch DERS., Das alte und neue Problem der Weltgeschichte, S.169.

de" Universalgeschichtsschreibung.[47] Die erste Methode lässt sich für die neuere Geschichtswissenschaft im Wesentlichen auf Max WEBERS Ansatz, mit Hilfe allgemeingültiger Typen und Modelle von Herrschaft, Wirtschaft und Gesellschaft Geschichte zu schreiben, zurückführen. Der jeweilige zeitliche und räumliche Zusammenhang ist hierbei nachgeordnet. Der zweite Ansatz strebt nach Darstellung des größtmöglichen nachzuweisenden Zusammenhanges der jeweiligen Geschichtsperiode und steht damit in enger Beziehung zur klassischen eurozentrischen Weltgeschichte, versucht allerdings im Gegensatz zu dieser mindestens vier „welthafte" Zivilisationen in den Blick zu nehmen: „die europäische (selbstverständlich das amerikanische Kolonialgebiet mit eingeschlossen), die islamische, die indische und die chinesische."[48]

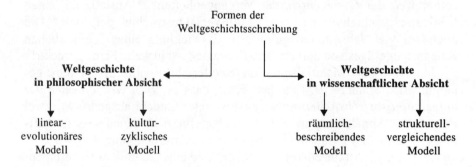

Abb. 2: Formen der Weltgeschichtsschreibung

[47] SCHULIN, Universalgeschichtsschreibung, S. 199 ff. Ganz ähnlich (ohne Verweis auf SCHULIN) Walter SCHMITTHENNER 1979: "There are two approaches to universal history: a structural one and one which may be called 'real' or 'practical'. The former compares and draws general conclusions; it is theoretical history. The second is concerned with causality, relating dispersed occurrences, where possible, by determining their interdependence and establishing priorities in time." Vgl. DERS., Rome and India, S. 90. Jürgen OSTERHAMMEL bezieht sich 1994 explizit auf SCHULIN; vgl. OSTERHAMMEL, Raumerfassung und Universalgeschichte im 20. Jahrhundert, S. 51. Vgl. grundlegend zur Methode des historischen Vergleichs: BICHLER, Die theoretische Einschätzung, *passim*.

[48] HEUSS, Möglichkeiten einer Weltgeschichte heute, S. 590. Siehe zum Begriff der „Welthaftigkeit" und den entsprechenden Ableitungen für die Praxis der Weltgeschichtsschreibung unten Kap. IV.

III. GRUNDLAGEN WELTGESCHICHTLICHER PERSPEKTIVEN

1. JACOB BURCKHARDT

Es hat lange gedauert bis Jacob BURCKHARDT auch innerhalb der historischen ‚Zunft' zu seinem Recht kam.[1] Noch lange nach Leopold von RANKES Tod, dessen Nachfolge in Berlin BURCKHARDT ausschlug, dominierte die politische Geschichtsschreibung in der deutschsprachigen Historiographie. Ein klares Signal für einen allgemeinen Wandel setzte hier erst der greise Friedrich MEINECKE, als er 1948 fragte: „Wird uns und den nach uns historisch Forschenden nicht BURCKHARDT am Ende wichtiger werden als RANKE?"[2] MEINECKE, dem nach seinen eigenen Worten RANKE seit seinen Studientagen „ein Leit- und Polarstern" war,[3] bekennt nach Drittem Reich und Zweitem Weltkrieg „BURCKHARDT innerlich näher als RANKE" zu stehen.[4] Entgegen der RANKESCHEN Annahme einer kontinuierlich regelmäßigen Entwicklung der Weltgeschichte weise diese eben auch „Sprünge und Abstürze" auf.[5]

---

[1] Vgl. HARDTWIG, Geschichtsschreibung zwischen Alteuropa und moderner Welt, S. 15: „Von den deutschsprachigen Historikern des 19. Jahrhunderts hat Jacob BURCKHARDT zweifellos die wechselreichste Wirkungsgeschichte." Insbesondere BURCKHARDTS Reflexionen zur Weltgeschichte drangen erst spät zu einem größeren Publikum vor; vgl. ebd., S. 16. Zur allgemeinen Rezeption vgl. ebd., S. 15 ff.; für einen neueren Stand vgl. RITZENHOFEN, Kontinuität und Krise, S. I–VI; JAEGER, S. 23-28 mit Anm. S. 269–271. – Vgl. grundsätzlich zu Jacob BURCKHARDT vor allem die erschöpfend ausführliche Biographie von Werner KAEGI; vgl. KAEGI, Eine Biographie. Bd. 1–7. Ferner: CHRIST, Hellas, S. 69–80 mit Anm. S. 444–446; DERS., Von Gibbon zu Rostovtzeff, S. 119–158; S. 365–367; GUGGISBERG, Zwölf Studien, *passim*; HARDTWIG, Wissenschaft als Macht oder Askese; DERS., Jacob Burckhardt und Max Weber; DERS., Art. „Jacob Burckhardt, Die Kultur der Renaisssance in Italien", in: REINHARDT, Hauptwerke, S. 74–78; HEIMPEL, Zwei Historiker, S. 21–39; RÜSEN, Jacob Burckhardt; SCHULIN, Art. „Jacob Burckhardt, Weltgeschichtliche Betrachtungen", in: REINHARDT, Hauptwerke, S. 78–81; SIMON, Historiographie, S. 137 ff.; Gangolf HÜBINGER, Art. „Burckhardt, Jacob", in: BRUCH / MÜLLER, Historikerlexikon, S. 42–43; WEBER, Biographisches Lexikon, S. 77 ff.

[2] MEINECKE, Ranke und Burckhardt, S. 4.

[3] MEINECKE, Ranke und Burckhardt, S. 3.

[4] MEINECKE, Ranke und Burckhardt, S. 7.

[5] MEINECKE, Ranke und Burckhardt, S. 7.

Wir haben sie erlebt und die Nachtseite der Weltgeschichte in einem Umfange erfahren, den RANKE noch nicht kannte oder auch nur ahnte. Aber auch in der Nacht bleibt Weltgeschichte eben Weltgeschichte und will als solche, soweit nur unsere schwachen Organe reichen, verstanden werden.[6]

Es zeigte sich also, dass es gerade die im NIETZSCHESCHEN Sinne „Unzeitgemäßheit" BURCKHARDTS in seiner eigenen Zeit war, die ihn und seine Schriften zum ‚Prüfstein' einer neuen Zeit prädestinierten.[7] Im Mittelpunkt der Frage nach Jacob BURCKHARDTS weltgeschichtlichem Konzept haben dessen Ausführungen *Über das Studium der Geschichte* zu stehen.[8] Dabei gilt es stets zu berücksichtigen, dass die unter dem Titel *Weltgeschichtliche Betrachtungen* berühmt gewordenen Überlegungen erst postum und gegen den erklärten Willen des Autors von seinem Neffen Jacob OERI publiziert wurden.[9] Ähnlich wie RANKES *Epochen der neueren Geschichte*, DROYSENS

---

[6] MEINECKE, Ranke und Burckhardt, S. 7. Vgl. zum Verhältnis RANKE und BURCKHARDT auch den gleichnamigen Beitrag von ANGERMEIER. Ferner: GANZ, Wissenschaft – Geschichte – Literatur, S. 20 ff.; GILBERT, Geschichte – Politik oder Kultur?, S. 91–101. – Nach dem zweiten Weltkrieg wurden zahlreiche Seminarübungen über BURCKHARDT veranstaltet, wobei er oft mit RANKE verglichen wurde. Vgl. BLANKE, Historiographiegeschichte als Historik, S. 653: „Die Frage der (Neu-)Orientierung der deutschen Geschichtswissenschaft schien sich auf die Frage RANKE oder BURCKHARDT zuzuspitzen." Ebd., S. 654: „Angesichts der gewandelten politischen Realität bot sich nun BURCKHARDT als neue Identifikationsfigur geradezu an: sein kulturpessimistischer Fortschritts-Skeptizismus, seine Einschätzung jeglichen politischen Machtstaatdenkens als Ausdruck gefährlich-dämonischen Treibens (‚daß die Macht an sich böse ist') und damit letztlich verwerflich, seine kritischen Vorbehalte gegenüber der preußisch-deutschen Reichsgründung und insbesondere gegenüber Bismarck, sowie seine ästhetizistische Geschichtsschreibung (die kulturgeschichtlichen Panoramen der italienischen Renaissance und des antiken Griechentums) weichen vom orthodoxen Konzept historistischer Geschichtsforschung in der RANKE-Tradition ab." Vgl. auch HARDTWIG, Geschichtsschreibung zwischen Alteuropa und moderner Welt, S. 19: „Man könnte fast sagen: im selben Maße, in dem das Ansehen RANKES sinkt, steigt das BURCKHARDTS." Dem gegenüber weist Felix GILBERT auch auf Gemeinsamkeiten der beiden Historiker hin; vgl. GILBERT, Geschichte – Politik oder Kultur?, S. 100: „Doch wenn das Werk des einen auch die Verkörperung der Kulturgeschichte, das des anderen die der politischen Geschichte wurde, so sollte nicht vergessen werden, daß RANKE und BURCKHARDT eines gemein hatten: Der entscheidende Faktor in ihren historischen Bemühungen war der Wunsch, das Erbe Europas zu erhalten."

[7] Vgl. NIETZSCHE, Vom Nutzen und Nachtheil der Historie. Vorwort, S. 247: „[...]: denn ich wüsste nicht, was die classische Philologie in unserer Zeit für einen Sinn hätte, wenn nicht den, in ihr unzeitgemäss – das heisst gegen die Zeit und dadurch auf die Zeit und hoffentlich zu Gunsten einer kommenden Zeit – zu wirken."

[8] Vgl. für die Wirkungsgeschichte bes. KAEGI, Eine Biographie. Bd. 6, S. 117 ff.

[9] BURCKHARDT hielt die entsprechende Vorlesung dreimal: 1868/69, 1870/71 und 1872/73; vgl. GANZ, Einleitung zu: BURCKHARDT, Über das Studium, S. 14. Vgl. grundsätzlich zu den komplizierten Editionsproblemen ebd., *passim*; KAEGI, Eine Biographie.

Historik und HEGELS *Philosophie der Weltgeschichte* gehen auch BURCK
HARDTS Überlegungen auf die „gesprochene Rede" zurück.[10] „Was wir
lesen, ist das, was BURCKHARDT vielleicht einmal sagen wollte, was er also
gesagt haben könnte, nicht aber das, was er auch so gesagt haben muß, und
bestimmt nicht das, was er hätte drucken lassen."[11] In diesem Zusammenhang fällt auf, dass sich BURCKHARDT wiederholt sehr skeptisch über die
Möglichkeiten einer Universalgeschichte geäußert hat; so heißt es in einem
Brief aus dem Jahr 1874 an den Baseler Kollegen Friedrich NIETZSCHE:

> Vor Allem ist mein armer Kopf gar nie im Stande gewesen, über die letzten Gründe,
> Ziele und Wünschbarkeiten der geschichtlichen Wissenschaft auch nur von ferne so
> zu reflectiren wie Sie dieses vermögen. Als Lehrer und Docent aber darf ich wohl
> sagen: ich habe die Geschichte nie um dessentwillen gelehrt was man pathetisch
> unter Weltgeschichte versteht, sondern wesentlich als propädeutisches Fach: ich
> mußte den Leuten dasjenige Gerüste beibringen das sie für ihre weitern Studien
> jeder Art nicht entbehren können wenn nicht Alles in der Luft hängen soll.[12]

Zwölf Jahre später findet man an denselben Adressaten gerichtet folgende Zeilen:

> Leider überschätzen Sie nur zu sehr [...] meine Fähigkeit. Problemen, wie die
> Ihrigen sind, bin ich nie im Stande gewesen nachzugehen oder mir auch nur die
> Prämissen derselben klar zu machen. Zeitlebens bin ich kein philosophischer Kopf
> gewesen und schon die Vergangenheit der Philosophie ist mir so viel als fremd.[13]

Bd. 6, S. 4 ff. Im Folgenden wird BURCKHARDTS Vorlesung stets nach dem sogenannten
„Neuen Schema" zitiert.

[10] SCHULIN, Burckhardts Potenzen- und Sturmlehre, S. 5. Vgl. auch ebd., S. 7:
„Wenn wir also jetzt den weitverbreiteten, in viele Sprachen übersetzten Text der
Weltgeschichtlichen Betrachtungen vor uns haben, lesen wir nicht nur mehr, als BURCK
HARDT veröffentlichen wollte, sondern wohl auch mehr, als er sagen wollte." Vgl. auch
GANZ, Einleitung zu: BURCKHARDT, Über das Studium, S. 58: „Für das Verständnis der
Vorlesungen *Über das Studium der Geschichte* ist die Tatsache, daß BURCKHARDT sie
nicht veröffentlichen wollte, von großer Bedeutung, denn dadurch wird der Charakter
dieses Texts und damit auch die Möglichkeit, ihn zu verstehen, weitgehend bestimmt."

[11] GANZ, Einleitung zu: BURCKHARDT, Über das Studium, S. 61.

[12] Brief von Jacob BURCKHARDT an Friedrich NIETZSCHE vom 25. Februar 1874; vgl.
BURCKHARDT, Briefe. Bd. 5. Nr. 627, S. 222 f. BURCKHARDTS Schreiben war eine Reaktion auf NIETZSCHES Zusendung seines neuen Werkes *Über Nutzen und Nachtheil der
Historie für das Leben.* Fünf Jahre später heißt es in einem anderen Schreiben an
NIETZSCHE vom 5. APRIL 1879: „In den Tempel des eigentlichen Denkens bin ich bekanntlich nie eingedrungen, sondern habe mich zeitlebens in Hof und Hallen des Peribolos ergötzt, wo das Bildliche im weitesten Sinne des Wortes regiert." Vgl. BURCK
HARDT, Briefe. Bd. 7. Nr. 805, S. 25.

[13] Brief von Jacob BURCKHARDT an Friedrich NIETZSCHE vom 26. September 1886;
vgl. BURCKHARDT, Briefe. Bd. 9. Nr. 1154, S. 50. Dieses Mal schrieb BURCKHARDT anlässlich des soeben erschienenen Bandes *Jenseits von Gut und Böse* von NIETZSCHE.
Zwei Jahre zuvor schlug BURCKHARDT NIETZSCHE sogar vor, doch selbst Geschichte zu

Allerdings ist allzu offensichtlich, dass BURCKHARDT hier wie bei vielen seinen Äußerungen in Bezug auf seine eigene Person maßlos untertreibt.[14] Schon als Student in Berlin setzte er sich intensiv mit Fragen der Geschichtsphilosophie auseinander;[15] eine besondere Bedeutung kam dabei seinen Lehrern DROYSEN und RANKE zu.[16] Die HEGELsche Philosophie hingegen lehnte BURCKHARDT bereits in jungen Jahren ab.[17] Eventuell übernahm er von SCHELLING den Begriff der drei Potenzen.[18] Vor diesem Hintergrund resümiert einer der besten Kenner der Materie: „Am Ende von

lehren: „Was mir aber immer von Neuem zu schaffen giebt, ist die Frage: was es wohl absetzen würde wenn Sie Geschichte docirten? Im Grunde wohl lehren Sie immer Geschichte und haben in diesem Buch manche erstaunliche historische Perspective eröffnet, ich meine aber: wenn Sie ganz ex professo die Weltgeschichte mit ihrer Art von Lichtern und unter den Ihnen gemäßen Beleuchtungswinkeln erhellen wollten? Wie hübsch vieles käme – im Gegensatz zum jetzigen Consensus populorum – auf den Kopf zu stehen!" Vgl. BURCKHARDT, Briefe. Bd. 8. Nr. 983, S. 86. – Vgl. allg. zum Verhältnis NIETZSCHES zu BURCKHARDT u. a. GANZ, Einleitung zu: BURCKHARDT, Über das Studium, S. 57; KAEGI, Biographie. Bd. 6, S. 119 f.; LÖWITH, Der Mensch, S. 44–90.

[14] Peter GANZ spricht gar von einem „Bescheidenheitstopos" bei dem Schweizer Historiker, der jedoch „wie so oft bei ihm, auch eine polemische Spitze enthält." Vgl. GANZ, Einleitung zu: BURCKHARDT, Über das Studium, S. 63.

[15] GANZ, Einleitung zu: BURCKHARDT, Über das Studium, S. 17 ff.

[16] GANZ, Einleitung zu: BURCKHARDT, Über das Studium, S. 17.

[17] Vgl. GANZ, Einleitung zu: BURCKHARDT, Über das Studium, S. 19: „Die Ablehnung HEGELS muß wohl absolut und zutiefst in BURCKHARDTS Person begründet gewesen sein. Daher war sie auch eher intuitiv und hat so vielleicht auch eine eigentliche Auseinandersetzung mit HEGEL verhindert." – Einer zu starken Vereinfachung des Kontrastes zwischen BURCKHARDT und HEGEL trat Eckhard HEFFTRICH schon vor vielen Jahren entgegen: „Der Widerwille gegen HEGEL ist eine Konstante in BURCKHARDTS Leben. Dennoch darf man die Behauptung aufrecht erhalten, BURCKHARDTS Verhältnis zu HEGEL sei nicht eindeutig gewesen. Liest man die historischen Meditationen des Baslers in der Absicht, seine Nähe wie seine Ferne zu HEGEL zu bestimmen, und betrachtet man mit dem Bewußtsein der Zweideutigkeit des Verhältnisses die entschiedene Wendung des jungen BURCKHARDT gegen HEGEL, so drängt sich die folgende Überlegung auf: Von Anfang an trieb es BURCKHARDT über die bloße historische Forschung hinaus. Mußte er sich da nicht mit dem Instinkt der Selbstbewahrung gegen ein Denken wehren, das die Geschichte unter den Begriff zwang, um ihr so einen immanenten oder auch nur impliziten Sinn abzugewinnen? Wer nach HEGEL und trotz HEGEL die Geschichte als ein Mittel der Erkenntnis benützen wollte, mußte HEGEL meiden." Vgl. HEFFTRICH, Hegel und Jacob Burckhardt, S. 11 f. Eine sehr große Nähe der beiden Denker sieht Jörn RÜSEN; vgl. DERS., Die Uhr, der die Stunde schlägt, S. 203: „Die Gemeinsamkeit zwischen BURCKHARDT und HEGEL springt ins Auge: Für beide ist Geschichte letztlich konstituiert durch den in der Intentionalität menschlichen Handelns manifestierten Geist." Vgl. ebd., S. 204: „Der Schritt von HEGEL zu BURCKHARDT läßt sich charakterisieren als Schritt von der Chronologie zur Typologie der Entwicklung des Geistes zur Freiheit." Vgl. auch LÖWITH, Burckhardts Stellung.

[18] GANZ, Einleitung zu: BURCKHARDT, Über das Studium, S. 23 f.

BURCKHARDTS Studienzeit lassen sich also die Umrisse seines Geschichtsdenkens deutlich erkennen."[19] Weitere Impulse für eine umfassendere Sicht
auf die Geschichte erfolgten durch BURCKHARDTS wiederholte und zum Teil
lang andauernden Italienaufenthalte, nicht zuletzt auch durch seinen kunst-
geschichtlichen Ansatz.[20] *Vordergründig* aber hält BURCKHARDT immer wie
in seinen Briefen an NIETZSCHE an seiner Ablehnung geschichtsphilosophi-
scher Konstruktionen fest, so auch in seinen Vorlesungen *Über das Studium
der Geschichte*, in denen er einen „Verzicht auf alles Systematische" postu-
liert.[21]

> Kein Anspruch auf „weltgeschichtliche Ideen", sondern nur auf Wahrnehmungen.
> Wir geben Querschnitte durch die Geschichte und zwar in möglichst vielen Rich-
> tungen. Vor allem: keine Geschichtsphilosophie [.]
> Die bisherige Geschichtsphilosophie [:]
> Sie ist ein Centaur, denn Geschichte, d. h. das Coordiniren, ist = Nichtphilosphie
> und Philosophie, d. h. das Subordiniren, ist = Nichtgeschichte [.][22]

BURCKHARDT schließt sich mit dieser Argumentation Arthur SCHOPEN-
HAUER an, der im zweiten Band seines Werkes *Die Welt als Wille und Vorstellung* feststellt, dass die Geschichte „zwar ein Wissen, jedoch keine Wissenschaft" sei.[23] Das „kecke Anticipiren eines Weltplanes" in HEGELscher

---

[19] GANZ, Einleitung zu: BURCKHARDT, Über das Studium, S. 24.

[20] Vgl. HEIMPEL, Zwei Historiker, S. 22: „Italien wurde [...] auch das Tor zur Universalgeschichte, nachdem sich BURCKHARDT eben mit dem Neujahrsblatt von 1846 über
Die Alemannen und das Christentum von den schweizerischen, deutschen, frühmittelal-
terlichen Themen und Plänen seiner wissenschaftlichen Anfänge gewissermaßen verab-
schiedet hatte." Über BURCKHARDT als Verfasser des *Cicerone* vgl. ebd.: „Aber der
Kunsthistoriker spricht auch im Cicerone als Universalhistoriker."

[21] BURCKHARDT, Über das Studium, S. 225.

[22] BURCKHARDT, Über das Studium, S. 225. Vgl. auch ebd., S. 249: „Wir wollen keine Historiker und vollends keine Universalhistoriker bilden. – Unsern Maßstab entneh-
men wir hier von derjenigen Fähigkeit welche jeder academisch Gebildete bis zu einem
gewissen Grade in sich entwickeln sollte." – Diese und ähnliche Aussagen BURCKHARDTS
haben bei einem Teil der Forschung dazu geführt, ihn als einen regelrecht unsystemati-
schen Denker einzuordnen; vgl. HARDTWIG, Geschichtsschreibung zwischen Alteuropa
und moderner Welt, S. 356: „Somit enthüllt sich in BURCKHARDTS sporadischen, kaum
systematischen, begrifflich schwer faßbaren Bestimmungen der leise und verhüllte
Nachklang des metaphysischen Vollbegriffs des Geistes." Vgl. dazu RÜSEN, Die Uhr,
der die Stunde zählt, S. 189. Anm. 4: „BURCKHARDTS eigenes Dementi des Systematischen wurde in der Regel unkritisch von seinen Interpreten übernommen."

[23] SCHOPENHAUER, Die Welt als Wille und Vorstellung. Bd. 2. Kap. 38, S. 511. Vgl.
ebd.: „[...] denn ihr fehlt der Grundcharakter der Wissenschaft, die Subordination des
Gewußten, statt deren sie bloße Koordination desselben aufzuweisen hat." Vgl. zum
Verhältnis von BURCKHARDT und SCHOPENHAUER u. a. KAEGI, Biographie. Bd. 6, S. 110 ff.
KAEGI kann belegen, dass BURCKHARDTS Begegnung mit SCHOPENHAUER erst relativ spät,

Manier führt nach BURCKHARDT nur „zu Irrtümern, weil es von einem irrigen Princip ausgeht."[24] In einem merkwürdigen Kontrast dazu stehen seine Ausführungen zu den Möglichkeiten geschichtlicher Betrachtung im 19. Jahrhundert.

> Die ganze Weltgeschichte, soweit die Quellen reichlicher fließen, könnte ebendasselbe lehren, allein diese Zeit lehrt es am unmittelbarsten und deutlichsten. Es ist also ein Vortheil für die geschichtliche Betrachtung in heutiger Zeit, daß der Pragmatismus viel höher und weiter gefaßt wird als früher. [...] Dazu haben sich durch den Austausch der Literaturen und durch den cosmopolitischen Verkehr des XIX. Jahrhunderts überhaupt die Gesichtspuncte unendlich vervielfacht. Das Entfernte wird genähert; statt eines einzelnen Wissens um Curiosa entlegener Zeiten und Länder tritt das Postulat eines Totalbildes der Menschheit auf. [...] So haben die Studien des XIX. Jahrhunderts eine Universalität gewinnen können wie die frühern nie.[25]

Dies gilt auch für BURCKHARDTS eigenes Werk, in dem sich – allen scheinbaren Vorbehalten gegen universalgeschichtliche Ansätze zum Trotz – wiederholt Hinweise auf eben solche Perspektiven finden; so bestimmt er in seiner *Griechischen Kulturgeschichte* die Geschichte der Griechen als „einen Teil der Universalgeschichte".

> *Unsere* Aufgabe, wie wir sie auffassen, ist: die *Geschichte der griechischen Denkweisen und Anschauungen* zu geben und nach Erkenntnis der lebendigen *Kräfte*, der aufbauenden und zerstörenden, zu streben, welche im griechischen Leben tätig waren. Nicht erzählend, wohl aber geschichtlich, und zwar in erster Linie, insofern ihre Geschichte einen Teil der Universalgeschichte ausmacht, haben wir die Griechen in ihren wesentlichen Eigentümlichkeiten zu betrachten, in denen, worin sie anders sind als der alte Orient und als die seitherigen Nationen, und doch den großen Übergang nach beiden Seiten bilden. *Hierauf*, auf die Geschichte des griechischen Geistes, muß das ganze Studium sich einrichten.[26]

---

nämlich ab 1870, stattfand, dafür aber umso intensiver verlief. Der Historiker fühlte sich mit dem Philosophen in einer gemeinsamen Abwehr gegen einen überschäumenden Optimismus verbunden. „In BURCKHARDTS Werk über das Studium der Geschichte sind zwei von den drei Hauptbegriffen, derjenige der Religion und derjenige der Kultur von SCHOPENHAUERischen Formeln mitgeprägt. Das metaphysische Bedürfnis als Wurzel der Religionen ist ein Gedanke SCHOPENHAUERS, und das ‚Spontane' als Kennzeichnung der kulturellen Schöpfungen ist ein verhüllter SCHOPENHAUERischer Begriff, [...]." Vgl. KAEGI, Biographie. Bd. 6, S. 113.

[24] BURCKHARDT, Über das Studium, S. 226.

[25] BURCKHARDT, Über das Studium, S. 248.

[26] BURCKHARDT, Griechische Kulturgeschichte. Bd. 1, S. 2. Vgl. auch ebd., S. 7: „Die griechische Kulturgeschichte ist hiemit ein ganz besonders klarer und übersichtlicher Ausschnitt aus der Geschichte der Menschheit." – Vgl. dazu HEUSS, Insitutionalisierung, S. 1949: „Sein [*gem.*: BURCKHARDTS] Aggregatzustand ist die Kultur, und gewonnen wird er in der menschlichen Begegnung mit all dem, was in der Geschichte sich selbst mitzuteilen vermag. Zufall kann es nun nicht sein, daß diese humanistische Bildungs-

Auch in den postum von Emil Dürr zusammengestellten *Historischen Fragmenten* Burckhardts finden sich zahlreiche universalhistorische Einordnungen und Wertungen.

> Unser Gegenstand ist diejenige Vergangenheit, welche deutlich mit Gegenwart und Zukunft zusammenhängt. Unsere leitende Idee ist der Gang der Kultur, die Sukzession der Bildungsstufen bei den verschiedenen Völkern und innerhalb der einzelnen Völker selbst. Eigentlich sollte man vor allem diejenigen Tatsachen hervorheben, von welchen aus die Fäden noch bis in unsere Zeit und Bildung hineinreichen.[27]

In seiner eigenen Historiographie wird Burckhardts Weltbild, von gelegentlichen Seitenblicken auf den asiatischen und den chinesischen Kulturraum abgesehen, im Wesentlichen als ein europäisch-mittelmeerisches erkennbar. Freilich geht er dabei weit über das hinaus, was man heutzutage unter einem „eurozentrischen" Geschichtsbild versteht.[28] Wichtiger als der räumliche Gesichtspunkt ist aber ohnehin der systematische. Hier besteht bei Burckhardt „ein entschiedener Zug zur Universalität der Sach-Aspekte, die mit jedem der verschiedenen Fach-Bereiche historischer Forschungen (Kunst, Politik, Sprache, Wirtschaft, Religion) berührt werden."[29] Er stellt aber nicht eine wie auch immer geartete Entwicklungslinie der Geschichte in den Vordergrund, sondern sucht gewissermaßen vor allem das Gegenteil davon: einen Fixpunkt in der Historie.[30] Diese Konstante bildet für Burckhardt schließlich der Mensch selbst.[31]

---

praxis, deren vorzüglichste Möglichkeit die Griechen liefern, schon beim jungen Burckhardt nicht nur aufblitzt, sondern eine Verbindung mit der Weltgeschichte eingeht. Das ist also für ihn auch denkbar, und Burckhardt wußte, was er sagte. Denn schließlich hatte er sich jahrzehntelang im akademischen Unterricht mit dieser Weltgeschichte herumschlagen müssen. Sie gehörte zur Wirklichkeit seines Lebens und war ihm deshalb schon ganz unentbehrlich. Wie hätte er sonst jemals die Möglichkeit gehabt zu seinen *Weltgeschichtlichen Betrachtungen*? Sie sind doch nichts anderes als das Fazit seiner täglichen Arbeit." Vgl. auch Blanckenhagen, Jacob Burckhardts Griechische Kulturgeschichte, S. 24: „Denn dies war ja nicht eine von der Gegenwart entfernte Spezialvorlesung – es war mit dem zeitgenössischen Leben aufs engste verbundene Weltgeschichte des griechischen Altertums." Vgl. auch Christ, Hellas, S. 74.

[27] Burckhardt, Historische Fragmente, S. 225.

[28] Vgl. Kaegi, Biographie. Bd. 6, S. 115: „Auch in den *Weltgeschichtlichen Betrachtungen* kann sein historisches Gesichtsfeld nicht europäozentrisches genannt werden; dazu ist zu viel Asien und Afrika mit im Spiel."

[29] Jähnig, Burckhardts Gedanke des ökumenischen Maßstabes, S. 267.

[30] Freilich ist der Entwicklungsgedanke in der Geschichte Burckhardt nicht völlig fremd wie schon das oben angeführte Zitat aus seinen *Historischen Fragmenten* belegt (siehe oben dieses Kap. Anm. 27). Hier bleibt letztlich ein nicht völlig aufzulösender Widerspruch in seiner Konzeption; vgl. dazu auch Rüsen, Die Uhr, der die Stunde schlägt, bes. S. 210: „Einerseits ist es ihm [*gem*.: Burckhardt] gelungen, ‚Entwicklung' jenseits einer Teleologie des Geschichtsganzen so zu denken, daß neue, typologische Einsichten in den Strukturzusammenhang menschlichen Handelns und Leidens und in

Unser Ausgangspunct: vom einzigen <bleibenden und> für uns möglichen Centrum, vom duldenden, <strebenden und> handelnden Menschen wie er ist und immer war und sein wird; daher unsere Betrachtung gewissermaßen pathologisch [.] Die Geschichtsphilosophen betrachten das *Vergangene* als Gegensatz und Vorstufe zu uns als Entwickelten; – Wir betrachten das *sich Wiederholende*, <Constante,> *Typische* als ein in uns Anklingendes, und Verständliches.[32]

Im Weiteren entwirft BURCKHARDT mit seiner *Lehre von den drei Potenzen* und der *Betrachtung der sechs Bedingtheiten* de facto sogar ein ‚typologisches Modell' der Geschichte.[33] Drei unterschiedliche menschliche Bedürfnisse – das politische, das metaphysische und das kritische – begründen jeweils eine der drei historischen Potenzen: den Staat, die Religion oder die Kultur. Während die beiden erstgenannten nach BURCKHARDT als "stabil" zu gelten haben, fasst er die Kultur als „bewegliche" Potenz auf.[34] Von vornherein interessiert ihn keine „Prioritätsfrage zwischen den Dreien", sondern "ihre gegenseitige Einwirkung auf einander".[35] Man hat daher auch schon mehrfach darauf hingewiesen, dass BURCKHARDT sich mit dieser Vorgehensweise in einer gewissen Nähe zu MONTESQUIEU befindet.[36]

seine prozessuale Dynamik möglich wurden. Zugleich aber ist damit die Prozeßdynamik menschlicher Vergesellschaftung, die typologisch als geschichtliche Tatsache höherer Ordnung erkennbar geworden ist, auf einzelne geschichtliche Abläufe partialisiert worden."

[31] Vgl. RÜSEN, Die Uhr, der die Stunde schlägt, S. 189: „BURCKHARDT versucht, den Entwicklungsgedanken des deutschen Historismus durch ein anthropologisches Interpretationsmuster zu ersetzen."

[32] BURCKHARDT, Über das Studium, S. 226 f.

[33] Vgl. aus der Fülle an Literatur v. a. GROSSE, Typus und Geschichte, bes. S. 429–449; RITZENHOFEN, Kontinuität und Krise, S. 123–183 mit Anm. S. 265–277; RÜSEN, Die Uhr, der die Stunde schlägt, S. 197 ff.; SCHULIN, Burckhardts Potenzen- und Sturmlehre; DERS., Kulturgeschichte und die Lehre von den Potenzen.

[34] BURCKHARDT, Über das Studium, S. 254.

[35] BURCKHARDT, Über das Studium, S. 254.

[36] Vgl. KAEGI, Eine Biographie. Bd. 6, S. 65: „Schon MONTESQUIEU hatte in seinem *Esprit des Lois*, der zu BURCKHARDTS Zeit etwas mehr als hundert Jahre alt war, der Idee der Freiheit, die in seinem berühmten Kapitel über die Verfassung Englands ihren klassischen Ausdruck fand, seine Lehre von den ‚Rapports' an die Seite gesetzt: Bedingtheiten, die der menschlichen Freiheit entgegentreten: die Notwendigkeiten der defensiven Macht, die Natur und das Klima, die Notwendigkeiten des Handels und der Wirtschaft." Vgl. auch ebd., S. 98. Genauso: SCHULIN, Burckhardts Potenzen- und Sturmlehre, S. 16 f. Vgl. auch GROSSE, Typus und Geschichte, S. 427 ff.

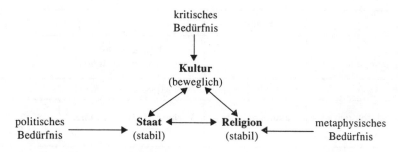

Abb. 3: Die „drei Potenzen" der Geschichte und ihre „sechs Bedingtheiten" nach Jacob BURCK-HARDT

Der Basler Historiker leitet aus dem Wechselspiel der Potenzen sein folgendes Programm ab.

> Anordnung: scheinbar die zweckmäßigste wäre:
> Cultur bedingt vom Staat
> Staat bedingt von Cultur
> Cultur bedingt von Religion
> Religion bedingt von Cultur
> Staat bedingt von Religion
> Religion bedingt vom Staat [,]
> wobei der Vortheil, daß jedesmal die Sache ihren Umschlag in den Gegensatz mit sich hätte.[37]

Innerhalb des so aufgespannten systematischen Grundgerüstes geht BURCKHARDT dann sechsmal chronologisch die Geschichte insgesamt durch.[38] Dabei stellt er Phasen einer starken Dominanz des „Staates" anderen gegenüber, in denen die „Religion" oder die „Kultur" tonangebend gewesen seien. Ihm gelingt somit die Entwicklung eines Interpretationsmusters, das die Herausstellung universalgeschichtlicher Parallelen ermöglicht. Jacob BURCKHARDTS Ansatz weist damit unmittelbar auf die typologische Betrachtungsweise der Geschichte durch Max WEBER voraus.[39]

[37] BURCKHARDT, Über das Studium, S. 293 f. Letztlich entscheidet sich BURCKHARDT für eine leicht variierte Anordnung, bei der er jeweils die beiden Bedingtheiten einer Potenz zusammenstellt und auf diese Weise nacheinander Kultur, Staat und Religion abhandelt; vgl. ebd., S. 294.

[38] Vgl. für das Weitere bes. SCHULIN, Burckhardts Potenzen- und Sturmlehre, S. 17–22.

[39] SCHULIN, Kulturgeschichte und die Lehre von den Potenzen, S. 96 ff. Vgl. GANZ, Einleitung zu: BURCKHARDT, Über das Studium, S. 35: „Die Formulierung der Lehre von den drei Potenzen und ihren wechselnden Bedingtheiten bedeutet einen Schritt von höchster Originalität: Durch sie überwindet BURCKHARDT die chronologisch ausgerichtete Geschichtsphilosophie, mit ihr schafft er sich das Instrument einer auf ungeschichtlichen Merkmalen basierenden Typologie, mit dessen Hilfe er versuchen kann, das Geschichtliche zu systematisieren."

	Kultur	Staat	Religion
Alte Weltkulturen		**„Doppelmacht"** **von Staat und Religion**	
Zusammenbruch der Alten Welt			
Griechisch-römische Antike	„Culturherd" Athen	**Vorherrschaft des Staates**	
Krise der Völkerwanderung			
Mittelalter		„Gewaltstaat" Friedrichs II.	**Vorherrschaft der Religion**
Renaissance und Reformation			
Neuzeit	„Culturherd" Florenz	**Vorherrschaft des Staates**	
Revolutionszeitalter			
Moderne	**Vorherrschaft der Kultur**		

Abb. 4: Abwechselnde Dominanzen der „drei Potenzen" und wichtige Abweichungen

Am Anfang der Geschichte der Hochkulturen[40] ist für BURCKHARDT eine sehr große Nähe von „Staat" und „Religion" festzustellen:

> die Religion verstärkt ihn durch ein Heiliges Recht, und verleiht ihm eine ganz unbedingte Herrschaft; alles Wissen und Denken, wie alle physische Kraft und Pracht ist in den Dienst dieser Doppelmacht gezogen; die höchste Intelligenz – Priester, Chaldäer, Magier – umsteht den Thron.[41]

Im Weiteren habe sich immer stärker der „Staat" als beherrschende Potenz herauskristallisiert. Sowohl für die griechischen Städte im Allgemeinen[42] als auch für Rom erkennt BURCKHARDT in ihr die maßgebliche Kraft. Allerdings könne man für die späteren πόλεις der Griechen, vor

---

[40] BURCKHARDT beschränkt sich explizit auf „wirkliche Culturstaaten" und will absehen „von Nomaden welche stellenweise, an einzelnen Tauschplätzen, Küstenplätzen etc. sich mit der Cultur einlassen." Vgl. BURCKHARDT, Über das Studium, S. 294. Vgl. auch DERS., Historische Fragmente, S. 225: „Der Geschichte im höheren Sinn gehören nur die Kulturvölker an, nicht die Naturvölker."

[41] BURCKHARDT, Über das Studium, S. 294.

[42] Vgl. BURCKHARDT, Über das Studium, S. 297: „Allein der Staat bestimmte und beherrschte die Cultur in hohem Grade < positiv und negativ > dadurch daß er von jedem Einzelnen vor Allem verlangte daß er Bürger sei."

allen die Kolonien, geltend machen, dass in ihnen „von Anfang an die Cultur (Handel, Gewerbe, freie Philosophie etc.) wesentlich das Bestimmende gewesen" sei und schließlich sogar der „Durchbruch der Democratie als Überwältigung des Staates durch die Cultur zu betrachten sei."[43] Höhepunkt dieser Entwicklung sei Athen gewesen, das heute mehr als „Culturherd", denn als „Staatswesen" interessiere.[44] *Rom* als Staat" hingegen „blieb seiner Cultur in allen Phasen überlegen [...].“[45]

Eine fundamental neue Konstellation ergab sich mit dem Sieg des Christentums und dem Werden der mittelalterlich-abendländischen Welt: fortan übernahm die „Religion" die dominierende Position im Potenzengefüge. Für BURCKHARDT ist dies „der größte Umschlag, der je vorgekommen" ist.[46] Seine letzten Nachwirkungen dauern im Grunde bis in seine eigene Zeit an.

> Folgt die Zeit der christlichen Kaiser und deren Explication in der byzantinischen Zeit: Seither Einmischung des Metaphysischen in alle Politik, Kriege u. s. w. irgendwie und an irgend einer Stelle. Wo es nicht Hauptursache ist, wirkt es doch mit zur Entschließung und Entscheidung. <oder es wird nachträglich hineingezogen, z. B.: in den jetzigen großen Krieg (1871).>[47]

Die Wiedererstarkung des „Staates" setzt für BURCKHARDT mit Kaiser Friedrich II. und seinem unteritalienischen Reich ein.[48] Es sollte aber noch lange dauern bis „der moderne, centralisirte Gewaltstaat" Friedrichs sich auch nur in Italien, geschweige denn im übrigen Europa durchsetzen konnte.[49] Die „früheste Vollendung des modernen Staates" findet BURCKHARDT dann „bei Ludwig XIV. und seinen Nachahmern, mit höchster und stark geübter Zwangsmacht fast über alle Zweige der Cultur."[50] Seit dem 18. Jahrhundert jedoch beginnt erst verdeckt, dann immer offensichtlicher die „moderne Cultur".[51] Diese Zeit, in die sich BURCKHARDT auch selbst noch einordnet, ist für ihn gleichbedeutend mit einer großen Krise. Denn nun nehme die „Kultur" den „Staat" so „weit als möglich in *ihren* Dienst und es

---

[43] BURCKHARDT, Über das Studium, S. 318.
[44] BURCKHARDT, Über das Studium, S. 318.
[45] BURCKHARDT, Über das Studium, S. 319.
[46] BURCKHARDT, Über das Studium, S. 311.
[47] BURCKHARDT, Über das Studium, S. 311.
[48] BURCKHARDT, Über das Studium, S. 299.
[49] BURCKHARDT, Über das Studium, S. 299.
[50] BURCKHARDT, Über das Studium, S. 300. Vgl. auch ebd., S. 322: „Dann kam allmälig der moderne, centralisirte Staat, welcher wesentlich über die Cultur herrschte und sie bedingte [...] göttlich verehrt und sultanisch waltend; die Königthümer von Spanien und Frankreich der Cultur schon dadurch ganz übermäßig überlegen, daß sie zugleich an der Spitze der großen religiösen Hauptpartei standen."
[51] BURCKHARDT, Über das Studium, S. 322.

beginnt der Streit darüber, wer den Andern bedingen oder bestimmen solle; große heutige Crisis des Staatsbegriffes."[52] Auch die „Religion" befinde sich seitdem in einer Defensivstellung, da sich die „Kultur" auch gegen sie wende, „gegen die catholische Kirche als reine Negation, gegen die protestantische Kirche als Auflösung in allgemeine Vernunft, als Umschlag in Aufklärung und Humanität, auch als individuelle Religiosität, je nach Gemüthern und Phantasien."[53]

Eingerahmt werden die jeweiligen epochenspezifischen Konstellationen der drei Potenzen stets durch historische Krisen, die BURCKHARDT – bei aller Verschiedenheit im Detail – insgesamt als „die beschleunigten Processe" der Weltgeschichte begreift:[54] „Der Weltproceß geräth plötzlich in furchtbare Schnelligkeit; Entwicklungen die sonst Jahrhunderte brauchen, scheinen in Monaten und Wochen wie flüchtige Phantome vorüberzugehen und damit erledigt zu sein."[55] In diesen Phasen finden die großen Umbrüche statt, die Auswirkungen auf eine Neugewichtung der drei Potenzen haben.

Während man die Potenzen von „Staat" und „Religion" durchaus in früheren historiographischen Ansätzen in der Form von weltlicher und kirchlicher Macht wiederfinden kann,[56] verursacht der BURCKHARDTsche Kultur-Begriff sehr viel mehr Probleme: BURCKHARDT verwendet ihn vor allem in seinem Werk über *Die Kultur der Renaissance in Italien* in der Tradition der Kulturgeschichtsschreibung seit VOLTAIRE[57] in einem so umfassenden Sinn, dass er staatliche Institutionen und religiöse Aspekte mit enthält. In seinen Vorlesungen *Über das Studium der Geschichte* hingegen ist „Kultur" – wie gerade ausgeführt – vor allem gegen „Staat" und „Religion" abgegrenzt, wenngleich der Ausdruck inhaltlich immer noch weit genug bleibt.

> Die Cultur hier: Der Inbegriff alles dessen was:
> zur Förderung des materiellen Lebens, und:
> als Ausdruck des geistigen und gemüthlich-sittlichen Lebens

---

[52] BURCKHARDT, Über das Studium, S. 300.

[53] BURCKHARDT, Über das Studium, S. 338.

[54] BURCKHARDT, Über das Studium, S. 342.

[55] BURCKHARDT, Über das Studium, S. 349. BURCKHARDT entwickelt eine regelrechte Typologie der Krisen; vgl. ebd., S. 346 ff. Vgl. dazu GROSSE, Typus und Geschichte, S. 580 ff.

[56] Vgl. KAEGI, Eine Biographie. Bd. 6, S. 98: „Das Merkwürdige an der Potenzenlehre BURCKHARDTS ist seine Beschränkung auf eine Dreizahl. In dieser Sache knüpfte er nicht bei MONTESQUIEU oder HERDER an, sondern bei der großen älteren Tradition der abendländischen Geschichtsbetrachtung, die nur zwei große Hauptmächte der Geschichte gekannt hatte: den Staat und die Kirche. So war es bei AUGUSTIN gewesen, bei OTTO von FREISING und noch bei BOSSUET."

[57] RÖTHLIN, Burckhardts Stellung, S. 397 ff.

spontan zu Stande gekommen ist, alle Geselligkeit, alle Techniken, Künste, Dichtungen und Wissenschaften. Die Welt des Beweglichen, Freien, nicht < notwendig > Universalen; desjenigen was keine Zwangsgeltung in Anspruch nimmt.[58]

Geradezu tröstlich wirkt in diesem Zusammenhang BURCKHARDTS eigenes Eingeständnis aus der Einleitung zu seiner *Griechischen Kulturgeschichte*: „Glücklicherweise schwankt nicht nur der *Begriff* Kulturgeschichte, sondern es schwankt auch die akademische Praxis (und noch einiges andere)."[59] Als historische Quellen einer Kulturgeschichte eignen sich nach BURCKHARDT insbesondere zufällig überlieferte Überreste.

Die Kulturgeschichte [...] lebt wichtigerenteils von dem, was Quellen und Denkmäler unabsichtlich und uneigennützig, ja unfreiwillig, unbewußt und andererseits sogar durch Erdichtungen verkünden, ganz abgesehen von demjenigen Sachlichen, welches sie absichtlich melden, verfechten und verherrlichen mögen, womit sie wiederum kulturgeschichtlich lehrreich sind. Sie geht auf das Innere der vergangenen Menschheit und verkündet, wie diese *war, wollte, dachte, schaute* und *vermochte*.[60]

Die enge Verwandtschaft zwischen der *Griechischen Kulturgeschichte* und den Vorlesungen *Über das Studium der Geschichte* ist oft bemerkt worden.[61] BURCKHARDT setzt in seiner Kulturgeschichte zumindest zum Teil das Programm seiner Potenzenlehre um: Er wendet sich gegen ein chronologisches Verfahren und bevorzugt stattdessen eine eher systematische

---

[58] BURCKHARDT, Über das Studium, S. 254.

[59] BURCKHARDT, Griechische Kulturgeschichte, S. 3. Werner KAEGI stellt zu diesem Sachverhalt fest, „daß BURCKHARDTS Begriff der Kultur keine scharfe Einheit zeigt. Er hat geschwankt, nicht nur *vor* 1868, sondern auch *nach* den *Weltgeschichtlichen Betrachtungen*." Vgl. KAEGI, Eine Biographie. Bd. 6, S. 104 f. – Vgl. zu BURCKHARDTS Begriff der Kulturgeschichte i. Allg. u. a. GILBERT, Geschichte – Politik oder Kultur?, S. 49–90; JAEGER, Bürgerliche Modernisierungskrise, S. 86–181 mit Anm. S. 285–309; MAIKUMA, Der Begriff der Kultur, S. 221–339; PAPATHANASSIOU, Kulturwissenschaftliche Ansätze, *passim*.

[60] BURCKHARDT, Griechische Kulturgeschichte, S. 3.

[61] BLANCKENHAGEN, Jacob Burckhardts Griechische Kulturgeschichte, S. 7: „[...] es ist wichtig zu sehen, wie die *Griechische Kulturgeschichte* und die *Weltgeschichtlichen Betrachtungen* einander durchdringen." Vgl. auch ebd., S. 8: „[...] beide Bücher sind Geschwister." Für Peter GANZ erscheint die *Griechische Kulturgeschichte* vor dem Hintergrund der BURCKHARDTschen Vorlesungen *Über das Studium der Geschichte* „als eine Exemplifizierung seines Geschichtsdenkens und seiner Strukturtypologie." Vgl. GANZ, Einleitung zu: BURCKHARDT, Über das Studium, S. 13. Vgl. auch CHRIST, Von Gibbon zu Rostovtzeff, S. 149. – Vgl. allg. zur *Griechischen Kulturgeschichte*: KAEGI, Eine Biographie. Bd. 7, S. 1–107; BLANCKENHAGEN, Jacob Burckhardts Griechische Kulturgeschichte; CHRIST, Jacob Burckhardts Weg; DERS., Hellas, S. 69–80 mit Anm. S. 444–446; DERS., Von Gibbon zu Rostovtzeff, S. 136 ff.; GILBERT, Geschichte – Politik oder Kultur?, S. 49–90; Wilfried NIPPEL, Art. „Jacob Burckhardt, Griechische Kulturgeschichte", in: REINHARDT, Hauptwerke, S. 81–84; MOMIGLIANO, Einleitung zu: Jacob Burckhardts *Griechischer Kulturgeschichte*.

Ordnung. Die insgesamt neun Abteilungen der vierbändigen *Griechischen Kulturgeschichte* lassen sich im Großen und Ganzen seinen drei Potenzen der Geschichte zuweisen. Nacheinander handelt Jacob BURCKHARDT über *Die Griechen und ihr[en] Mythos, Staat und Nation, Religion und Kultus, Die Erkundung der Zukunft, Die Bildende Kunst, Poesie und Musik, Philosophie, Wissenschaft und Redekunst*; der zweite Band endet mit dem Versuch einer *Gesamtbilanz des griechischen Lebens*, im vierten Band bietet er einen historischen Längsschnitt über den *hellenische[n] Mensch[en] in seiner zeitlichen Entwicklung*. BURCKHARDT erfuhr, wenn auch erst postum, für diese Art der Anordnung viel Kritik der *viri eruditissimi* seiner Zeit und auch noch in späteren Jahren wurde seine Gliederung „merkwürdig" gefunden oder auf inhaltliche Lücken in seiner nicht gerade schmalen Kulturgeschichte hingewiesen.[62] Allein, als BURCKHARDTS sehr persönliches Konzept einer griechischen Kulturgeschichte unter universalhistorischen Gesichtspunkten wurde sie nicht wieder eingeholt.[63] Seine *Griechische Kulturgeschichte* kann den Spezialisten im Bereich der Altertumswissenschaften auch heute noch belehren, und sei es nur, dass sie ihm zeigt, „zu welch gewaltigem Gesamtorganismus der kleine Beitrag gehört, den er selber zu produzieren versucht."[64]

Der ganze Umfang der universalgeschichtlichen Perspektiven im darstellenden Werk BURCKHARDTS wird allerdings erst deutlich, wenn man neben der griechischen Geschichte auch die anderen drei Epochen betrachtet, über die er intensiv gearbeitet hat: die Zeit Konstantins des Großen, die Zeit der Renaissance in Italien und das moderne Revolutionszeitalter.[65] In jedem Fall wird eine Epochenschwelle überschritten: die Schwelle zwischen den alten Weltkulturen und der neuen hellenistischen Zeit, die ihre Fortsetzung im *Imperium Romanum* erfuhr; die Schwelle zwischen Antike und Mittelalter; die Schwelle zwischen Mittelalter und Neuzeit und schließ-

---

[62] Vgl. BLANCKENHAGEN, Jacob Burckhardts Griechische Kulturgeschichte, S. 9: „Ich finde diese Gliederung aus vielen Gründen merkwürdig und gar nicht unmittelbar einsichtig." Vgl. MOMIGLIANO, Einleitung zu Jacob Burckhardts *Griechischer Kulturgeschichte*, S. 191: „Die Darstellung BURCKHARDTS ist auf die drei Hauptthemen von Religion, Staat und Kultur ausgerichtet und sie vernachlässigt unter anderem das Recht, die Wirtschaft, das [*sic!*] Kriegskunst, die Erziehung, das Familienleben, die Freundschaft oder die Liebe."

[63] Vgl. CHRIST, Hellas, S. 80: „Insbesondere seine *Griechische Kulturgeschichte* überragt wie ein mächtiges Massiv jene Hügel, die spätere Autoren aufgeworfen haben. Es hat zwar nicht an Versuchen gefehlt, ein kulturhistorisches Gesamtbild des antiken Hellas zu entwerfen, doch erreichte keines dieser Projekte BURCKHARDTS Dimensionen und geistigen Rang."

[64] BLANCKENHAGEN, Jacob Burckhardts Griechische Kulturgeschichte, S. 25.

[65] Vgl. zu Folgenden bes. JÄHNIG, Burckhardts Gedanke des ökumenischen Maßstabes, S. 269 f.

lich die Schwelle zur Moderne hin.[66] Sämtliche von BURCKHARDT behandelten Epochen besitzen eine überragende Bedeutung innerhalb der europäischen Geschichte.[67] Daher kann man auch mit Dieter JÄHNIG „von einer tektonischen Universalität sprechen: ein ‚zusammenfassendes Betrachten‘ im Hinblick auf den Zusammenhang des geschichtlichen Gefüges unserer Welt.“[68] Aus diesem Grund kommt den im Wesentlichen aus der europäischen Geschichte gewonnenen Erkenntnissen BURCKHARDTS oft eine über ihren Ursprung hinausreichende universalhistorische Bedeutung zu.[69]

2. EDUARD MEYER

Da die wichtigsten Stationen der Biographie Eduard MEYERS auch in jüngerer Zeit wiederholt ausgeführt worden sind,[70] genügt an dieser Stelle ein knapper Überblick. Feststeht, dass seine Interessen von Beginn seines Schaffens an universalgeschichtlich ausgerichtet waren.

[66] Vgl. die von Hermann HEIMPEL überlieferte Bemerkung BURCKHARDTS, der zufolge dieser „sein Interesse an der Geschichte mit einer Vorliebe für die Zeiten erklärt, die ‚rittlings‘ ‚über der Scheide zweier Epochen schweben‘.“ Vgl. HEIMPEL, Zwei Historiker, S. 23. Vgl. dazu auch LÖWITH, Der Mensch, S. 215–325.

[67] Eine gewisse Nähe zu den „vier Zeitaltern“ VOLTAIRES ist offensichtlich. Dieser sah nach dem klassischen Griechenland, dem Rom Caesars und Augustus' und der italienischen Renaissance die vierte und vollkommenste aller geschichtlichen Epochen im Zeitalter Ludwig XIV. Maßstab für ihn war dabei neben der Entfaltung von Kunst und Wissenschaft vor allem der allgemeine Aufschwung der menschlichen Vernunft; vgl. Erich PELZER, Art. „Voltaire, Le siècle de Louis XIV“, in: REINHARDT, Hauptwerke, S. 701–704; hier: S. 701 f. Vgl. auch GILBERT, Geschichte – Politik oder Kultur?, S. 51.

[68] JÄHNIG, Burckhardts Gedanke des ökumenischen Maßstabes, S. 270.

[69] Vgl. JÄHNIG, Burckhardts Gedanke des ökumenischen Maßstabes, S. 270: „Vor diesem Horizont einer tektonisch-temporalen Universalität gelangt der Anschein regionaler Partikularität in BURCKHARDTS Arbeit, die Frage also, ob in seinem Fall und im Ganzen seiner Lebensarbeit nicht doch nur von okzidentalgeschichtlichen Betrachtungen gesprochen werden dürfte, in ein anderes Licht. In seinem Fall kommt dem Europa-Studium selbst ein ‚globales‘ Gewicht zu.“

[70] Vgl. zu Eduard MEYER bes.: MEYER, Autobiographische Skizze; MAROHL, Bibliographie; WILCKEN, Gedächtnisrede; OTTO, Eduard Meyer und sein Werk; CHRIST, Von Gibbon zu Rostovtzeff, S. 286–333; S. 370–372; DERS., Römische Geschichte und deutsche Geschichtswissenschaft, S. 93–101; DERS., Hellas, S. 99–125 mit Anm. S. 448–452; DERS., Art. „Eduard Meyer, Geschichte des Altertums“, in: REINHARDT, Hauptwerke, S. 427–430; CALDER III. / DEMANDT, Leben und Leistung, *passim*; WZBerlin 40 (1991) 9, *passim*; JANTSCH, Die Entstehung des Christentums, S. 20–31; S. 54–81; S. 254–267; S. 282–302; HOFFMANN, Eduard Meyer; MOMIGLIANO, Vorbemerkungen; Hartmut BEISTER, Art. „Meyer, Eduard“, in: BRUCH / MÜLLER, Historikerlexikon, S. 208–210; WEBER, Biographisches Lexikon, S. 383 f. Zur Biographie MEYERS bis 1879 vgl. bes.: HOFFMANN, Die Selbsterziehung des Historikers mit bisher unveröffentlichten Briefen MEYERS im Anhang; vgl. ebd. S. 242–254.

Früh trat bei mir das Interesse für Geschichte lebhaft hervor. Daß sich dasselbe vorwiegend der alten Geschichte zuwandte, beruhte vor allem darauf, daß mir hier die Quellen in weitem Umfang zugänglich waren und daß ich durch den Versuch, korrekte geschichtliche Karten zu zeichnen, auf STRABO geführt wurde [...]. Daneben empfand ich aber stark den Trieb, auf Grund der Geschichte zu einer umfassenden und einheitlichen Weltanschauung zu gelangen und daher die Geschichte möglichst universell gerade auch nach der Seite des geistigen Lebens hin zu erfassen.[71]

Bereits als Gymnasiast erlernte er neben Griechisch und Latein, Französisch und Englisch auch Hebräisch und die Grundlagen des Arabischen.[72] Das heute unvorstellbar hohe Niveau des Hamburger Johanneums und der MEYERschen Studien als Schüler dieser Anstalt lässt sich eindrucksvoll daran ablesen, dass MEYERS spätere Habilitationsschrift über die *Geschichte des Königreiches Pontos* nach seiner eigenen Aussage „bereits in der Prima entstanden" sei.[73] Vor diesem Hintergrund musste ihm das übliche altertumswissenschaftliche Studium zu eng erscheinen.

Mein Studium ist die Geschichte des Alterthums, die Erforschung desselben in allen Richtungen, in seiner Entwickelung und seinem Verfall, in seinem geistigen Leben und den Anschauungen, den Bestrebungen, die jede Periode desselben bewegten, kurz, die möglichst genaue Erkenntnis dieser ersten Epoche der Entwickelung des menschlichen Geistes.[74]

Über die Konsequenzen hinsichtlich des notwendigen Sprachenerwerbs war sich MEYER vollkommen im Klaren.

Wenn Du also die Erkenntnis des gesammten Alterthums als meine Aufgabe betrachtest, so wird Dir auch klar sein, wie unentbehrlich dazu die Kenntnis des Sanskrit, des Arabischen, des Hebräischen ist. Das Hebräische zunächst bedarf ich, um das alte Testament, d. h. die Geschichte der Juden und ihre Anschauungen kennen zu lernen; dies ist also unumgänglich nothwendig. Das Arabische aber ist der Schlüssel zu den semitischen Sprachen; es ist nothwendig zu einer genauen Erkenntnis der semitischen Sprachen, und damit eines wesentlichen Theils des semitischen Geisteslebens. Doch dies ist nicht der einzige Grund, aus dem ich arabisch treiben muss; nur durch eine Kenntnis der bekannten semitischen Sprachen wird die Erkenntnis der unbekannten ermöglicht. Nur durch sie sind die Keilschriften zu lesen, nur durch sie wird das Urtheil darüber, möglich ob ein Volk arisch oder semitisch war.[75]

Während seines Studiums in Bonn und Leipzig vertiefte MEYER daher seine Sprachkenntnisse weiter, lernte an der Universität „gründlich Ara-

---

[71] MEYER, Autobiographische Skizze, S. 9.

[72] HOFFMANN, Die Selbsterziehung des Historikers, S. 213 f.

[73] MEYER, Autobiographische Skizze, S. 9.

[74] Brief Eduard MEYERS an seinen Vater ca. Mitte Juli 1872; zitiert nach: HOFFMANN, Die Selbsterziehung des Historikers, S. 245.

[75] Brief Eduard MEYERS an seinen Vater ca. Mitte Juli 1872; zitiert nach: HOFFMANN, Die Selbsterziehung des Historikers, S. 246.

bisch sowie etwas Persisch und Türkisch, bei KUHN Sanskrit, bei EBERS Ägyptisch" und brachte sich darüber hinaus im Selbststudium die Grundlagen des Assyrischen bei.[76] Nach seiner orientalistischen Promotion über den ägyptischen Gott Seth im Alter von zwanzig Jahren ging MEYER als Hauslehrer mit dem englischen Generalkonsul Sir Philip Francis nach Konstantinopel, wo er den Orient aus eigener Erfahrung kennenlernte. Über MEYERS damals schon stark ausgeprägtes wissenschaftliches Sendungsbewusstsein informiert ein Brief an den jüngeren Bruder Kuno.

> Dieser mein Rath läuft nun schnurstracks dem entgegen, was Dir von *allen* Menschen dieser Zeit gepredigt werden wird; Groß wie Klein: concentrire Dich. Allerdings, das ‚sich so frühzeitig wie möglich concentriren' gibt sehr schöne ‚große' Klein-Geister, es gibt ausgezeichnete Fachmänner, die ihre Carriere machen, Schritt vor Schritt, ihren Fuß dahinsetzend, wo ihr Vorgänger ihn weggenommen, ohne je die Linie zu verlassen, ohne Extravaganzen, *ohne Gedanken*. Wir aber, meine ich, sollten streben, etwas mehr zu sein; wir sollen uns ein hohes Ziel nehmen, wenn wir es auch nicht erreichen; wir sollen uns um die Regel wenig kümmern, aber um die Ausnahmen.[77]

1879 erreichte den 24-jährigen MEYER eine Anfrage des Cotta-Verlages, ob er ein Handbuch der Geschichte des Altertums für die gymnasiale Oberstufe bearbeiten wolle. MEYER erklärte sich zur Übernahme der Aufgabe unter der Bedingung bereit, dass für ein solches Werk „die Anlage des HEERENschen Handbuchs", das heißt die universalhistorische Tradition, unbedingtes Vorbild sein müsste.[78] COTTA akzeptierte und Eduard MEYER

[76] MEYER, Autobiographische Skizze, S. 10; WILCKEN, Gedächtnisrede, S. 119: „In die Keilschriften hat er sich zunächst selbst hineingearbeitet, nachdem er Eberhard SCHRADERS Schrift über die *Babylonisch-assyrischen Keilschriften* in *einer* Nacht begeistert durchgelesen hatte."

[77] Brief Eduard MEYERS an den Bruder Kuno vom 22. Februar 1876; zitiert nach: HOFFMANN, Die Selbsterziehung des Historikers, S. 251. MEYER fährt fort: „Diese Weisheit nun aber behalte fein für dich und laß keinen Menschen Deine Geheimnisse wissen, bis Du findest, daß Du sie bei ihm nicht profanieren wirst. Mir hat jeder Mensch gesagt: ‚Was willst du denn eigentlich? Bist du denn verrückt? Du bildest Dir doch nicht ein, das alles thun zu können?' Bis ich endlich seit meinem vierten Semester Menschen traf, die desselbigen Weges wandelten. Darum noch einmal: Laß Dich nicht beirren, sondern vertraue Dir und nur Dir allein." – Der *materiellen* Risiken eines entsprechenden Studiums ist sich MEYER nur zu gut bewusst: „Wie eine Biene überall den Honig sammeln ist doch etwas zu gefährlich um es gerade weg als Ziel hinzustellen; und heute ARISTOPHANES, morgen GÖTHE, übermorgen das Todtenbuch, und dann den RIGVEDA oder HAFIZ oder MACAULAY lesen, ist doch keine Beschäftigung die Aussicht auf eine sichere Lebensstellung eröffnet. Und daran muß man doch auch einmal denken, und diese Frage liegt mir jetzt eigentlich zum ersten Male im Leben herum." Vgl. Eduard MEYERS Brief an Richard PIETSCHMANN vom 16./18. Oktober 1875; zitiert nach: HOFFMANN, Die Selbsterziehung des Historikers, S. 249.

[78] Brief von Eduard MEYER an den Verleger COTTA vom 9. Juli 1879; zitiert nach: HOFFMANN, Die Selbsterziehung des Historikers, S. 253.

hatte die wissenschaftliche Aufgabe seines Lebens gefunden. Fortan sollte die *Geschichte des Altertums* absolut im Zentrum seines Schaffens stehen.[79] Praktisch alle seine mitunter sehr gewichtigen separat publizierten Beiträge, unter anderem über die Pelasger, HERODOT, THUKYDIDES oder chronologische Fragen lassen sich seinem Hauptwerk beiordnen; sie vertiefen Details, für die dort kein Raum war oder greifen der endgültigen Darstellung dort voraus.[80] Trotz dieses gewaltigen Energieaufwandes war es MEYER nicht vergönnt, sein Werk bis zu dem von ihm angestrebten Abschluss, dem Untergang der antiken Welt, zu führen. Seine *Geschichte des Altertums* ist Fragment geblieben;[81] die Darstellung reicht nur bis in die

---

[79] Christhard HOFFMANN hat die Ambivalenz der MEYERschen Lebensentscheidung treffend herausgestellt; vgl. DERS., Die Selbsterziehung des Historikers, S. 241: „Das breit gestreute Interesse der Studienzeit wurde nun gebündelt und auf ein einziges Ziel hin ausgerichtet. Dieses bedeutete zweifellos eine Verengung: die meisten der religionswissenschaftlichen Ideen und Pläne blieben unausgeführt, die umfassenden anthropologischen Fragestellungen gingen in der Routine der historischen Kleinarbeit mehr oder weniger unter. Man kann jedoch auch die andere Seite akzentuieren, und die ist hier vielleicht noch wichtiger: gerade weil Eduard MEYER nicht den Weg eines ‚normalen' Historikers gegangen war, weil er nicht einer bestimmten Schule angehörte, sondern sich in bemerkenswerter Unabhängigkeit und ‚Selbsterziehung' in die verschiedenen Disziplinen hineingearbeitet hatte, war er in der Lage, das zu werden, was in einer Zeit zunehmender Spezialisierung und Fächerdifferenzierung der Wissenschaft paradox und provokativ erscheinen mußte und was auf jeden Fall singulär war: er wurde zum *Universalhistoriker* des Altertums."

[80] Vgl. MEYER, Forschungen. Bd. 1, S. III: „Die in diesem Bande vereinigten Aufsätze bilden eine Ergänzung zum zweiten Bande meiner *Geschichte des Alterthums*." Vgl. MEYER, Forschungen. Bd. 2, S. V: „Die in dem vorliegenden Bande vereinigten Untersuchungen sollten eine Ergänzung zum dritten Bande meiner *Geschichte des Alterthums* bilden, […]." Später verfuhr MEYER nicht anders, als er die „Innere Geschichte Roms von 66 bis 44 v. Chr." während des Ersten Weltkrieges behandelte, obwohl er innerhalb seines Hauptwerkes noch weit vom ersten vorchristlichen Jahrhundert entfernt war. Vgl. auch WILCKEN, Gedächtnisrede, S. 127: „Alle seine Monographien, die an Gesamtumfang seine Altertumsgeschichte weit überragen, sind als Vorarbeiten oder als Stützen oder Ergänzungen zu ihr gedacht. Sie alle sind Bausteine für den Riesenbau, den er seit seiner Jugend vor Augen sah." Einen kleinen Eindruck des gewaltigen MEYERschen Œuvres (Monographien, Zeitschriftenbeiträge, Lexikonartikel und Rezensionen) erhält man schon bei einem Blick in die von Heinrich MAROHL zusammengestellte Bibliographie, die nicht weniger als 570 Titel aufführt; vgl. ebd., S. 13–66.

[81] Vgl. EHRENBERG, Nachruf auf: Eduard Meyer, S. 148: „Diese *Geschichte des Altertums* ist nicht ein Geschichtswerk wie viele andere. Man charakterisiert den Unterschied am besten durch ein Bild. Das ist kein wohlgefügtes Gebäude mit Pfeilern und Säulen, mit Giebeln und Türmen, sondern ein kyklopisches Mauerwerk, riesig, ungefügt und ungefüge, von grandiosem Willen und souveränem Geist getürmt und gestaltet. Und es scheint zu diesem Bilde zu passen, daß das Werk […] ein Torso ist." Vgl. die fundierten Überblicke über MEYERS GdA bei CHRIST, Hellas, S. 104–121; DERS., Von Gibbon zu Rostovtzeff, bes.: S. 298–317.

Mitte des vierten vorchristlichen Jahrhunderts.[82] Dennoch ist ihr Einfluss,
auch unter Berücksichtigung der anderen Werke MEYERS auf die althistori-

[82] Die zu Forschungszwecken i. d. R. herangezogene jeweils letzte Auflage der GdA
stellt den Bearbeiter vor nicht unbeträchtliche philologische Probleme. Darauf wies
schon frühzeitig Walter OTTO hin, als er anlässlich einer Rezension der 1937 erstmals
von Hans Erich STIER besorgten zweiten Auflage des dritten Bandes der GdA diesen als
„ein eigenartiges *mixtum compositum*, das auf der einen Seite keine zweite völlig neu-
bearbeitete Auflage und andererseits auch nicht einfach einen Abdruck des Alten darstellt", bezeichnete; vgl. OTTO, Eduard Meyers Geschichte des Altertums, S. 316. MEYER
selbst hatte es nicht mehr geschafft, sein Hauptwerk auf den neuesten Stand zu bringen.
Nur die beiden ersten Bände sind noch von ihm selbst redigiert worden. Für alle späteren
Bände folgender Auflagen gilt, dass sie durch STIER nicht nur stilistische, sondern auch
sachliche Änderungen erfuhren, so sind zum Beispiel Lücken in der altorientalischen
Geschichte mit Texten MEYERS aus anderen Werken aufgefüllt und von MEYER vorgese-
hene Anmerkungen getilgt worden; vgl. STIER, Vorwort zu: MEYER, GdA III, S. VI;
S. IX. Vgl. auch STIER, Vorwort zu: MEYER, GdA IV / 1, S. V. OTTO hält das STIERsche
Ver-fahren rundheraus für unwissenschaftlich; vgl. OTTO, Eduard Meyers Geschichte
des Altertums, S. 316: „Eduard MEYERS *Geschichte des Altertums* gehört zu jener Gruppe
großer Geschichtswerke, die bei einer Neuauflage, wenn diese nicht von der Hand ihres
Urhebers durchgeführt wird, keinerlei Änderungen erfahren dürfen. Wer würde etwa auf
den Gedanken kommen, GIBBONS *History of the Decline and Fall of the Roman Empire*
oder RANKES Werke oder DROYSENS *Geschichte des Hellenismus* irgendwie geändert
herauszugeben! Wer hat je daran gedacht, MOMMSENS *Römische Geschichte* zu ‚moderni-
sieren'!" Ganz aktuell liest sich die folgende Begründung OTTOS: „Bei großen Werken
der Historiographie ist fürwahr jede Änderung, irgendein Eingriff durch spätere Heraus-
geber ein Fehlgreifen. Sind sie doch nicht nur Hand- oder Lesebücher, die geschichtliches Wissen über irgendeine Periode der Weltgeschichte vermitteln, sondern zugleich
selbst geschichtliche Dokumente für die Zeit, in der sie entstanden sind, zeigen sie uns
doch, da sie von führenden Geistern einer Periode herrühren, das Wesen dieser Zeit oft
viel anschaulicher als sogar manche Bücher, die von Nachfahren über diese geschrieben
werden." Ebd., S. 316 f. – Trotz OTTOS richtiger Mahnung schritt STIER auf dem einmal
eingeschlagenen Weg fort; vgl. DERS., Vorwort zu: MEYER, GdA V (1958), S. VII: „Auch
diesmal ist der größte Teil der […] handschriftlichen Notizen Ed.[uard] MEYERS in seinem Handexemplar in den Text bzw. die Anmerkungen aufgenommen worden, mochten
sie auch nicht für eine Veröffentlichung in der Form bestimmt sein." (Hervorhebung
vom Vf.). – Heute wird, allgemein gültigen ‚wissenschaftlichen Gepflogenheiten' fol-
gend, i. d. R. die jeweils letzte Auflage der GdA-Bände bzw. Teilbände als Textgrundlage herangezogen; vgl. CALDER III. / DEMANDT, Leben und Leistung, S. IX; CHRIST, Von
Gibbon zu Rostovtzeff, S. 370. Während vergleichbare philologische Missstände in der
NIETZSCHE- und WEBER-Forschung im Rahmen von neuen Gesamtausgaben längst zu den
erforderlichen editorischen Anstrengungen führten, scheint sich die aktuelle MEYER-
Forschung der Tragweite des Textproblemes überhaupt nicht bewusst zu sein. Bis zur
Wiederherstellung einer vollständigen wirklich auf Eduard MEYER zurückgehenden GdA
bleibt dem Verfasser daher mangels entsprechender philologischer Vorarbeiten und zur
Wahrung des Verständnisses innerhalb des wissenschaftlichen Diskurses nur, sich der
üblichen Zitierweise anzuschließen. Ohnehin kommt im speziellen Zusammenhang mit
MEYERS *theoretischer Konzeption* seiner Universalgeschichte vor allem dem ersten noch
von ihm selbst bearbeiteten Teilband seiner GdA die herausragende Bedeutung zu.

sche Profession des 20. Jahrhunderts kaum zu überschätzen, galt und gilt manchem in der ‚Zunft' ihre prinzipielle Konstruktion bis heute als unübertroffen.[83]

Dabei war sich MEYER seiner wichtigsten ‚Vorgänger' oder doch zumindest Vorbilder stets bewusst: Der schon erwähnte Arnold Hermann Ludwig HEEREN und dessen universalhistorisch konzipierte Staatengeschichte des Altertum wirkte ebenso als ‚Impulsgeber' wie Barthold Georg NIEBUHR mit seinen weltgeschichtlich ausgerichteten Schriften.[84] In einer noch viel unmittelbareren Weise allerdings fußte Eduard MEYER auf dem Werk von Max DUNCKER (1811–1886), der in seinem bewegten Leben neben allen seinen politischen Tätigkeiten auch noch Zeit zum wissenschaftlichen Arbeiten fand.[85] Unter anderem verfasste er eine umfangreiche *Geschichte des Altertums*,[86] in der es ihm vor allem darum ging, die Erkenntnisse der Historiker seiner Zeit mit denen der Linguisten und Orientalisten zusammenzuführen.[87] Diesem ‚synthetischen Ansatz' erwies MEYER dann auch in seiner Darstellung der *Geschichte des Altertums* seine Reverenz.

> Die Geschichte des alten Orients ist erst im Lauf des 19. Jahrhunderts durch die stetig fortschreitende Erschließung seiner Denkmäler und seiner Sprachen und Literaturen der historischen Forschung und Darstellung zugänglich gemacht worden. [...] Als dann die Entdeckungen von Jahrzehnt zu Jahrzehnt immer größeren Umfang annahmen, sind den Einzeluntersuchungen und den Geschichten der Einzelvölker alsbald auch Darstellungen gefolgt, die das neuerschlossene Material zusammenzufassen versuchten. Darin, daß er, obwohl ihm eigene Kenntnis der Sprachen fehlte, das in umsichtiger Weise vermocht hat, besteht die Bedeutung der *Geschichte des Altertums* von Max DUNCKER; jede der fünf, jedesmal total umgearbeiteten Auflagen seines Werks gibt einen trefflichen Überblick der jeweiligen Ergebnisse der Forschung.[88]

Von zentraler Bedeutung für Eduard MEYERS weltgeschichtliche Perspektiven ist der Begriff des „Kulturkreises". In ihm werden verschiedene

---

[83] Siehe oben Kap. I. Anm. 21 und unten Kap. IV, *passim.*

[84] Siehe oben Kap. I. Abb. 1.

[85] DUNCKER setzte sich aktiv für eine parlamentarische Regierung ein, war Mitglied des Frankfurter Paulskirchenparlamentes und wirkte nach dessen unrühmlichem Ende als zweiter Präsident der Gothaer Versammlung. Später wurde er zum loyalen Anhänger Bismarcks und wirkte an der Ausarbeitung der Verfassung des Norddeutschen Bundes mit; vgl. zu Max DUNCKER bes.: CHRIST, Hellas, S. 26–32 mit Anm. S. 438 f.; Christoph Frhr. VON MALTZAHN, Art. „Duncker, Max", in: BRUCH / MÜLLER, Historikerlexikon, S. 78.

[86] Die erste Auflage des Gesamtwerkes erschien 1852–1857 in sieben Bänden; Aufteilung des Stoffs und Bandzahl des Werks veränderten sich bei weiteren Auflagen, bis es bei der fünften Auflage (1878–1886) schließlich neun Bände wurden; vgl. CHRIST, Hellas, S. 26; S. 438. Anm. 17.

[87] CHRIST, Hellas, S. 28.

[88] MEYER, GdA I / 1, S. 251.

Menschen oberhalb der Grenzen von Rasse, Sprache und Volkstum zu einer historischen Einheit zusammengefasst.[89] „Kultur" fasst MEYER dabei auf als die „Gesamtheit der ineinander greifenden und zu einer Einheit verwachsenden Errungenschaften, welche in den Gemeinbesitz einer größeren oder kleineren Gruppe übergegangen sind und durch die Tradition vertreten werden."[90] Vor diesem Hintergrund muss MEYER folgerichtig eine nationalstaatliche Verengung des historischen Blickwinkels ablehnen.

> Aber der einzelne Staat lebt niemals isoliert, sondern steht, auch wenn er das Volkstum als Ganzes umfaßt und einen nationalen Charakter trägt, innerhalb eines Staatensystems, wo die Vorgänge in dem einen Staat ununterbrochen mit denen in allen anderen in Wechselwirkung stehen, und weiter innerhalb eines Kulturkreises; und auch die verschiedenen Staatensysteme und Kulturkreise stehen wieder in Berührung mit einander, in Austausch und Wechselwirkung. [...] Alle Geschichte, die wirklich ihr Ziel erreichen will, muß ihrer Betrachtungsweise und Tendenz nach notwendig universalistisch sein, sei es, daß sie das Gesamtgebiet behandelt, sei es, daß sie ein Einzelobjekt mit dieser inneren Beziehung auf das Ganze darstellt.[91]

Die Alte Geschichte kann danach nichts Anderes sein als ein Teil der Menschheitsgeschichte insgesamt. Aus dieser Grundhaltung heraus erklärt sich auch MEYERS Ablehnung des Plans von WILAMOWITZ-MOELLENDORFF, die Alte Geschichte aus dem allgemeinen Zusammenhang der anderen historischen Fakultäten zu lösen und sie in den Kanon der Altertumswissenschaften zu integrieren.

> Aber auch im Altertum sind die Aufgaben des Historikers wesentlich andere als die des klassischen Philologen. So nahe sich beide Disziplinen vielfach berühren – jede von ihnen ist eine der wichtigsten Hilfswissenschaften der anderen –, prinzipiell sind sie durchaus von einander geschieden, und die Verquickung beider, ihre Vereinigung unter dem Begriff der ‚Altertumswissenschaft' ist unberechtigt und Verwirrung stiftend, wie sie denn für die Behandlung der alten Geschichte unheilvoll genug geworden ist. [...] Die Geschichte des Altertums ist nie etwas anderes und darf nie etwas anderes sein, als ein Teil der einen, allgemeinen Geschichte, und das dürfen beide Teile, die alte und die moderne Geschichtsforschung, niemals vergessen.[92]

MEYER unterscheidet insgesamt drei „große Kulturkreise" in zwei „großen Hauptgebieten".[93] Auf der einen Seite sieht er den „vorderasiatisch-europäischen" Kulturraum, dessen vier kleinere Kulturkreise, den orienta-

---

[89] MEYER, GdA I / 1, S. 81 ff.

[90] MEYER, GdA I / 1, S. 175. Mit Recht weist Johanna JANTSCH auf den „umfassenden" Charakter des MEYERschen Kulturbegriffs hin und grenzt diesen im Weiteren vom BURCKHARDTschen deutlich ab; vgl. DIES., Die Entstehung des Christentums, S. 55 f.

[91] MEYER, GdA I / 1, S. 198 f.

[92] MEYER, Zur Theorie und Methodik, S. 65.

[93] MEYER, GdA I / 1, S. 199 f. Vgl. zu MEYERS grundsätzlichem wissenschaftlichen Ansatz JANTSCH, Die Entstehung des Christentums, S. 29–31.

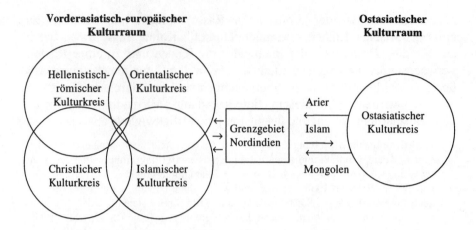

Abb. 5: Kulturkreise der Weltgeschichte nach Eduard MEYER

lischen und den hellenischen bzw. hellenistisch-römischen im Altertum, den christlichen und den islamischen in Mittelalter und Neuzeit, er zu zwei großen ‚(Doppel-)Kulturkreisen' zusammenfasst, nämlich einen *orientalisch-hellenischen* und einen *christlich-islamischen*. Auf der anderen Seite trennt er von diesem Komplex den *ostasiatischen* Kulturkreis. Für die beiden Kulturkreise des vorderasiatisch-europäischen Raums gelte, dass zwischen ihnen beständige starke Wechselwirkungen festzustellen seien, so dass „nur eine beide gleichmäßig berücksichtigende Gesamtbetrachtung das volle Verständnis ihrer Geschichte ermöglicht."[94] Die Beziehungen zum ostasiatischen Kulturkreis hingegen seien nur wenig ausgeprägt. Daher könne man seine Geschichte nicht mit der der westlichen Völker zu einer Einheit zusammenfassen.[95] Nur für Nordindien macht MEYER eine Ausnahme, da dieses "Grenzgebiet" an beiden Entwicklungen partizipiere.[96] „Weltgeschichte" bedeutet für MEYER „eine Zusammenfassung aller drei Gebiete zu einer wirklichen geschichtlichen Einheit mit ununterbrochener Wechselwirkung";[97] dies habe sich erst in den letzten Jahrhunderten angebahnt und sei schließlich „in den letzten Jahrzehnten zu voller Realität geworden".[98] Für die „älteren Stadien der Entwicklung" aber bleiben die „beiden großen Hauptgebiete" nach MEYER „nach wie vor gesonderte Einheiten mit selbständiger Geschichte."[99]

[94] MEYER, GdA I / 1, S. 199.
[95] MEYER, GdA I / 1, S. 199 f.
[96] MEYER, GdA I / 1, S. 200.
[97] MEYER, GdA I / 1, S. 200.
[98] MEYER, GdA I / 1, S. 200.
[99] MEYER, GdA I / 1, S. 200.

Welche wichtige Rolle bei MEYER der Autopsiegedanke einnimmt, geht eindrucksvoll aus seiner Stellungnahme zum Antrag von Kurt BREYSIG auf Gründung eines „Seminars für vergleichende Geschichtsforschung" an der Universität Berlin im Jahre 1908 hervor.[100] Hatte schon der Schüler und Student MEYER die Bedeutung von Sprachkenntnissen für die historischen Studien betont,[101] lehnte der Berliner Professor MEYER nun BREYSIGS Vorhaben gerade unter Berufung auf das ‚Sprachenproblem' des Universalhistorikers ab: „Über einen geschichtlichen Vorgang, eine Kultur, eine geistige und soziale Entwicklung kann nur urteilen, wer die Quellen selbständig zu benutzen und zu beurteilen vermag. Dafür ist aber die Kenntnis der Sprachen die erste und unentbehrlichste Voraussetzung."[102]

Mit einigem Recht hat Franz HAMPL auf den scheinbar prinzipiellen Widerspruch hingewiesen, der zwischen dieser ablehnenden Haltung gegenüber den vergleichenden historischen Studien BREYSIGS und MEYERS allgemeinen Ausführungen zum Geschichtsstudium in demselben Dokument deutlich wird.[103] Dort führt MEYER nämlich auch aus, „daß ein gedeihliches Studium der Geschichte die universalgeschichtliche Betrachtung niemals außer acht lassen darf und als letztes Ziel die Darlegung der geschichtlichen Entwicklung der gesamten Menschheit erstrebt."[104] Es ist klar, dass für MEYER in der Sache kein Konflikt bestand, da er selbst in erster Linie als *Universalhistoriker des Altertums* firmierte und sich in diesem Bereich in seiner Zeit mit Recht sprachlich ausreichend sicher fühlen konnte. Allerdings bleibt die Frage mehr als berechtigt, ob nicht etwa den MEYERSCHEN Sprachkenntnissen, die wohl in jeder Hinsicht überdurchschnittlich, aber eben doch auch nicht unbegrenzt waren, indirekt ein allzu großes Gewicht bei der Konstruktion des vorderasiatisch-europäischen Kulturraumes zukam. Kurz, es bleibt die Frage, ob die MEYERsche *Geschichte des Altertums* letztlich mehr über die Sprachkenntnisse ihres Autors verrät und weniger über die tatsächlichen inneren Zusammenhänge dieser Weltregion im Vergleich zu anderen.[105]

---

[100] Vgl. für die näheren Umstände bes. BROCKE, Kurt Breysig, S. 93 ff.

[101] Siehe oben MEYERS Brief an seinen Vater; dieses Kap. Anm. 75.

[102] MEYER in seinem Fakultätsgutachten von 1909; zitiert nach: BROCKE, Kurt Breysig, S. 94.

[103] HAMPL, Universalhistorische Betrachtungsweise, S. 143 ff. Siehe auch unten Kap. IV.

[104] MEYER in seinem Fakultätsgutachten von 1909; zitiert nach: BROCKE, Kurt Breysig, S. 94.

[105] Vgl. HAMPL, Universalhistorische Betrachtungsweise, S. 144: „Sein [*gem.*: MEYERS] und seiner Schüler und Nachfolger bekannter, unter rein sachlichen Gesichtspunkten unverständlicher Versuch, die Welt des Alten Orients einschließlich des Iran und die der Griechen und Römer als eine in sich geschlossene Einheit, nämlich die der Mittelmeerwelt, zu der die mesopotamischen und iranischen Völker schlechterdings nicht

Neben dem ‚Sprachenproblem' sah sich MEYER gerade als Universalhistoriker besonders stark mit der Frage nach dem Inhalt seiner Darstellung, also dem ‚Auswahlproblem', konfrontiert. In diesem Zusammenhang maß er der „Wirkung" einer Person oder eines Ereignisses das entscheidende Gewicht bei: *„historisch ist, was wirksam ist oder gewesen ist."*[106] Ab der zweiten Auflage seiner Einleitung in die *Geschichte des Altertums* führte MEYER angesichts der Unendlichkeit der einzelnen historischen Ereignisse auch dort diesen Gedanken weiter aus.

> So erhebt sich die Frage: welche dieser Vorgänge sind historisch, welche hat die geschichtliche Darstellung zu berücksichtigen? Die allgemeine Antwort darauf kann nur sein: historisch ist derjenige Vorgang der Vergangenheit, dessen Wirksamkeit sich nicht in dem Moment seines Eintretens erschöpft, sondern auf die folgende Zeit erkennbar weiter wirkt und in dieser neue Vorgänge erzeugt.[107]

Daher richtete sich sein Interesse auch besonders auf Phänomene von ausgesprochen großer historischer Wirkung.

> Je größer der Kreis ist, auf den die Wirkung eines historischen Ereignisses sich erstreckt, desto bedeutender ist dasselbe und desto größer das Interesse, das wir ihm zuwenden. Daher stehen im Vordergrunde desselben einerseits die großen kulturgeschichtlichen Erscheinungen, vor allem die Religion und die Schöpfungen der Literatur und Kunst, weil ihre Wirkungen am universellsten sind, andrerseits die entscheidenden politischen Ereignisse, die ihrem Wesen nach sich immer schon auf einen großen Kreis beziehen.[108]

Ähnlich wie SCHILLER stellt MEYER bei „Forschung" und „Darstellung" je unterschiedliche methodische Wege fest: „die Forschung ist aufsteigend, die Darstellung absteigend, jene sucht die ‚Ursachen', Anlässe, Motive, Gründe eines als Wirkung empfundenen Ereignisses, die Darstellung er-

---

gehören, zu betrachten, die das ‚Altertum' ausgemacht hätte, also gleichsam einen höheren Standpunkt zu gewinnen, von dem aus es berechtigt erschien, zwar die Akkader und Perser in eine ‚universalgeschichtliche' Betrachtung einzubeziehen, aber die Inder und Ostasiaten auszuklammern – dieser Versuch gewinnt vielleicht von hier aus betrachtet einen besonderen Akzent." Für Otto SEELS ähnliche Einschätzung siehe unten Kap. IV. Anm. 102. Ganz auf der Linie von Eduard MEYER hingegen befinden sich unter den späteren bes.: WERNER, Über Begriff und Sinn der Geschichte des Altertums; MORENZ, Die Einheit der Altertumswissenschaften; siehe unten Kap. IV. Anm. 89.

[106] MEYER, Zur Theorie und Methodik, S. 43. Vgl. insg. ebd., S. 43 ff.

[107] MEYER, GdA I / 1, S. 188. Vgl. auch DERS., Zur Theorie und Methodik, S. 45: „Auf die allgemeinen Gründe des historischen Interesses brauchen wir um so weniger des näheren einzugehen, da es für unsere Zwecke vollkommen genügt, daß es vorhanden ist. Objekt desselben kann ebensowohl ein einzelner Mensch sein, wie eine Gesamtheit, ein Volk, ein Staat, eine Kultur; aber keins dieser Objekte interessiert rein um seiner selbst willen, weil es nun einmal in der Welt ist oder gewesen ist, sondern lediglich um der Wirkung willen, die es ausgeübt hat und noch ausübt."

[108] MEYER, Zur Theorie und Methodik, S. 45 f.

zählt jene als historische Tatsachen und schreitet von ihnen zu ihren Wirkungen fort."[109] Freilich ist MEYER dabei klar, dass auch seine Kategorie der „Wirksamkeit" nicht die Standortgebundenheit des Historikers und somit eine gewisse Subjektivität in seiner Darstellung unterbinden kann:[110] „Zu allen Zeiten ist es nur unsere Erkenntnis der Geschichte zu der wir gelangen können, niemals eine absolute und unbedingt gültige."[111] Denn die Wirkungen, die sich in jeder Gegenwart feststellen lassen, sind ihrer Natur nach grundsätzlich unendlich, in ihrer Bedeutung aber unterschiedlich.[112]

> [...]: und so ist ein Vorgang in um so höherem Maße historisch, je intensiver und umfassender seine Wirkung ist oder gewesen ist. Daraus erhellt zugleich, daß auch die Auswahl immer nur relativ sein kann und notwendig stets ein subjektives Element enthält: sie richtet sich nach dem Urteil des Forschers, und dieses wird durch das Endziel bestimmt, das seine Darstellung erstrebt; von diesem aus bestimmt sich der Umfang des Stoffs, d. h. der wirkenden Tatsachen, die er berücksichtigt.[113]

Geschichte kann demnach „keine systematische Wissenschaft" sein.[114] Sie bleibt nach MEYER im Kern viel eher eine Kunst als eine Wissenschaft und ist auf die individuelle Intuition des jeweiligen Forschers angewiesen.[115]

> [...]: die rein mechanische Arbeit, die jedermann lernen und leisten kann, zählt immer nur gering, alle wahrhaft großen und wertvollen Schöpfungen dagegen [...] beruhen auf der in momentaner Intuition wurzelnden Erkenntnis eines schöpferischen Genius, die dann durch die Willensenergie angestrengtester Denkarbeit, also durch eine ganz individuelle, auf der Eigenart einer Einzelpersönlichkeit beruhende Tätigkeit, in eine weithin wirkende Schöpfung der Politik oder des Krieges, der Technik oder der sozialen Organisation, der Kunst oder Wissenschaft umgesetzt wird.[116]

---

[109] MEYER, Zur Theorie und Methodik, S. 49. Siehe zur Parallele mit SCHILLER oben Kap. II. Anm. 16 und 17. Vgl. dazu JANTSCH, Die Entstehung des Christentums, S. 290. Anm. 75: „Für einen direkten Einfluß der Gedanken SCHILLERS auf MEYER gibt es keine Anhaltspunkte, doch waren seine Vorstellungen im späten 19. Jahrhundert im Bildungsbürgertum so verbreitet, daß anzunehmen ist, daß sie MEYER bekannt waren." Vgl. auch SCHLESIER, Religion als Gegenbild, S. 393 f.

[110] Vgl. MEYER, Zur Theorie und Methodik, S. 54: „Die Gegenwart des Historikers ist ein Moment, das aus keiner Geschichtsdarstellung ausgeschieden werden kann, und zwar ebensowohl seine Individualität wie die Gedankenwelt der Zeit, in der er lebt."

[111] MEYER, Zur Theorie und Methodik, S. 54.

[112] MEYER, GdA I / 1, S. 188.

[113] MEYER, GdA I / 1, S. 188 f.

[114] MEYER, Zur Theorie und Methodik, S. 3.

[115] MEYER, Zur Theorie und Methodik, S. 4: „Das Äußerliche der Technik kann methodisch eingeübt werden; dagegen die Hauptsache, die innere Erfassung des Stoffs, die Erkenntnis des historischen Problems, die Entdeckung seiner Lösung kann nur aus dem Innern des Forschers heraus geboren werden."

[116] MEYER, Zur Theorie und Methodik, S. 4 f.

Bekanntlich entzündete sich besonders an diesen Aussagen MEYERS der Einspruch Max WEBERS.[117] Er warf MEYER unter anderem vor, dass er mit seiner Kategorie der „Wirksamkeit" nicht hinreichend zwischen zwei verschiedenen Aspekten unterscheide: nämlich der Wirkung eines historischen Phänomens auf ein anderes Ereignis („Kausalanalyse") und der Wirkung eines historischen Phänomens allein aufgrund des individuellen Forscherinteresses („Wertanalyse").[118] Primär für die Darstellung eines geschichtlichen Objektes durch einen Historiker ist nach Max WEBER die „unmittelbare ‚*Wertbeziehung*'" zum zu beschreibenden Phänomen.[119] Dabei sind die für die Auswahl entscheidenden Werte „jenseits des Historischen" angesiedelt.[120] Innerhalb des historischen Erkenntnisprozesses ist folglich die „Wertanalyse" der „Kausalanalyse" vorgeschaltet.[121]

> Unser an ‚Werten' orientiertes *Interesse*, nicht die sachliche Ursachenbeziehung unserer Kultur zu der hellenischen allein, wird den Umkreis der für eine Geschichte der hellenischen Kultur maßgebenden Kulturwerte bestimmen. Jene Epoche, welche wir zumeist – durchaus ‚subjektiv' wertend – als ‚Höhepunkt' der hellenischen Kultur ansehen, also etwa die Zeit zwischen Aeschylos und Aristoteles, kommt mit ihren Kulturgehalten als ‚Eigenwert' in jeder *Geschichte des Altertums*, auch derjenigen E[duard] M[EYERS] in Betracht, und das könnte sich erst ändern, falls irgendeine Zukunft zu jenen Kulturschöpfungen ebensowenig eine unmittelbare ‚*Wertbeziehung*' zu gewinnen vermöchte, wie zu dem ‚Gesang' und der ‚Weltanschauung' eines innerafrikanischen Volkes, […].[122]

[117] MEYERS weltgeschichtliche Stoßrichtung und seine für einen Historiker seiner Generation ungewöhnlich ausgeprägte Neigung, auch Probleme der Theorie und Methodik der Geschichte aufzugreifen, ließen seine Äußerungen auch für Max WEBER wichtig werden; vgl. hier bes.: WEBER, Zur Auseinandersetzung mit Eduard Meyer, *passim*; ferner: DERS., Objektive Möglichkeit und adäquate Verursachung, *passim*. Vgl. dazu bes.: DEININGER, Eduard Meyer und Max Weber, S. 145–153; NÄF, Eduard Meyers Geschichtstheorie, S. 296–299; BLANKE, Historiographiegeschichte als Historik, S. 399 ff. Vgl. allgemein zum Verhältnis MEYER-WEBER: MOMIGLIANO, Max Weber und die Althistoriker, S. 276–281; DERS., Und nach Max Weber?, S. 288–299. Für MOMIGLIANO handelt es sich bei dem Verhältnis MEYER-WEBER um ein herausragendes Beispiel für die „fruchtbare (und beinahe regelmäßige) Zusammenarbeit von Historikern und Soziologen (oder Anthropologen), die die althistorische Forschung zwischen 1890 und 1910 in ihren Grundzügen geprägt hatte." Ebd., S. 295.

[118] Vgl. WEBER, Zur Auseinandersetzung mit Eduard Meyer, S. 249 ff.

[119] WEBER, Zur Auseinandersetzung mit Eduard Meyer, S. 259.

[120] WEBER, Zur Auseinandersetzung mit Eduard Meyer, S. 249.

[121] Vgl. WEBER, Zur Auseinandersetzung mit Eduard Meyer, S. 251: „Und selbstverständlich ist nun jene Art der ‚Deutung', welche wir hier als ‚Wertanalyse' bezeichnet haben, die Wegweiserin dieser anderen, der ‚historischen', d. h. kausalen ‚Deutung'. Die Analyse jener wies die ‚gewerteten' Bestandteile des Objektes auf, deren kausale ‚Erklärung' das Problem dieser ist, jene schuf die Anknüpfungspunkte, an denen der kausale Regressus sich anspinnt, und gab ihm so die entscheidenden ‚Gesichtspunkte' mit auf den Weg, ohne welche er ja ohne Kompaß ins Uferlose steuern müßte."

[122] WEBER, Zur Auseinandersetzung mit Eduard Meyer, S. 259.

Ein zweiter Einwand WEBERS zielt auf die MEYERSCHE Verengung auf das rein kausal Wirksame aus der Perspektive des jeweiligen Betrachters ab: In der Kausalanalyse gelte es zwischen „Realgründen" und „Erkenntnisgründen" zu differenzieren.[123] Während bei ersteren tatsächlich eine unmittelbare Ursache-Wirkung-Verkettung zweier geschichtlicher Ereignisse vorläge, könne man bei letzteren ohne jede Rücksicht auf deren direkte Bedeutung für die Gegenwart etwas Grundsätzliches über ein historisches Phänomen lernen, das auf ähnliche geschichtliche Ereignisse übertragen werden kann. Geschichte ist bei Max WEBER kein irrationales Unterfangen; die Geschichtswissenschaft könne in der grundsätzlichen Annahme arbeiten, „objektiv' als Erfahrungswahrheit *gültig* zu sein".[124] Die MEYERSCHE Theorie-Schrift sei aber lediglich „ein Krankheitsbericht nicht des Arztes, sondern des Patienten selbst."[125] Eduard MEYER, von dem WEBER hochachtungsvoll als einem „unserer ersten Historiker" spricht,[126] wende seine eigenen theoretischen Prinzipien in der Praxis gar nicht an und das sei auch gut so.[127]

---

[123] Zur Demonstration dieser Begriffe verweist WEBER auf eine Studie von Kurt BREYSIG; vgl. WEBER, Zur Auseinandersetzung mit Eduard Meyer, S. 234 f.: Dieser habe gewisse typische Vorgänge bei der Staatenbildung der Tlinkit und Irokesen festgestellt, die nach BREYSIG „artvertretende Wichtigkeit" hätten und deshalb, weil sie für jede Staatenbildung beispielhaft seien, „fast *weltgeschichtliche* Bedeutung" aufwiesen. Nach WEBER ist nun „die Tatsache der Entstehung dieser Indianer-‚Staaten' und die Art, wie sie sich vollzog, für den kausalen Zusammenhang der universalhistorischen Entwicklung von ganz ungemein geringer ‚Bedeutung' geblieben." Vgl. ebd., S. 234. Es finde sich kein beweisbarer ursächlicher Zusammenhang mit irgendeinem wichtigen späteren Ereignis. „Dagegen wäre allerdings – wenn BR[EYSIG] recht hat – die Bedeutung der durch seine Analyse gewonnenen *Kenntnis* von dem Hergang jener Staatenbildung für unser *Wissen* von der Art, wie *generell* Staaten entstehen, von, nach seiner Meinung, epochemachender Bedeutung." Vgl. ebd., S. 235. Man gewinne nämlich einen „Typus". „M. a. W.: als historischer *Real*grund bedeutet jener Hergang nichts, – als möglicher *Erkenntnis*grund bedeutet (nach BR[EYSIG]) seine Analyse ungemein viel." Vgl. ebd.
[124] WEBER, Zur Auseinandersetzung mit Eduard Meyer, S. 261.
[125] WEBER, Zur Auseinandersetzung mit Eduard Meyer, S. 215.
[126] WEBER, Zur Auseinandersetzung mit Eduard Meyer, S. 215.
[127] Nicht zuletzt aus diesem Grund ist Franz HAMPLS Angriff auf MEYER wegen dessen Gedankens der Wirksamkeit ein Stück weit unverständlich; vgl. HAMPL, Universalhistorische Betrachtungsweise, S. 153 ff. Er stellt zunächst die Wichtigkeit von „Interesse" und „Wirksamkeit" bei MEYER heraus, um dann festzustellen, „daß das geschichtliche Interesse ganz unabhängig von der Wirksamkeit immer aus der subjektiven Einstellung und speziellen Fragestellungen resultiert." Vgl. ebd., S. 154. Diesen Gesichtspunkt hat MEYER nun wirklich klar genug selbst herausgestellt, indem er wiederholt auf die Subjektivität jeglicher historischen Darstellung verwiesen hat; siehe für einzelne Belege oben dieses Kap. Anm. 115 und 116. In einem zweiten Schritt stellt HAMPL unterschiedliche historische Personen (Echnaton, Ashoka und Netzahualcoyotl) und Ereignisse (Entwicklung perspektivischer Darstellung in Ägypten in der Zeit der 12. und 18. Dynastie; Entdeckung des heliozentrischen Weltbildes durch Aristarch) zusammen.

Eine Geschichte des Altertums, welche *nur* das auf *irgend*eine spätere Epoche *kausal* Wirkende enthalten wollte, würde, – *zumal wenn man die politischen Verhältnisse als das eigentliche Rückgrat des Historischen ansieht*, – durchaus ebenso leer erscheinen wie eine ‚Geschichte' GOETHES, welche ihn selbst, nach RANKESCHEM Ausdruck, zugunsten seiner Epigonen ‚mediatisiert', d. h. nur die Bestandteile seiner Eigenart und seiner Lebensäußerungen feststellt, welche in der Literatur 'wirksam' *geblieben* sind: die wissenschaftliche ‚Biographie' unterscheidet sich da prinzipiell nicht von anders abgegrenzten historischen Objekten.[128]

Außer zu genuinen Problemen des Altertums äußerte sich MEYER auch zu historischen Fragen anderer Epochen, vor allem auch der eigenen Gegenwart, wobei er jeden strikten Fortschritts- oder Linearitätsgedanken in der Weltgeschichte ablehnte.[129]

> So wiederholt sich in den äußeren und inneren Schicksalen der Völker immer von neuem der Kreislauf, in dem bereits der große maurische Historiker IBN CHALDÛN (1332–1406 n. Chr.) die Grundform geschichtlichen Lebens erkannt hat: ein rohes, kräftiges Volk [...] setzt sich in einem Kulturlande fest und schafft eine höhere Kultur oder übernimmt dieselbe von der unterjochten älteren Bevölkerung. Dann entsteht zunächst ein reiches, kräftiges Leben, ein gewaltiger Fortschritt, der von vielen bedeutenden Persönlichkeiten getragen wird. Aber mit der Aneignung der materiellen Kultur machen sich auch ihre zersetzenden Wirkungen geltend; die militärische Kraft und die staatliche Ordnung zerfällt, und so mag das bisher siegreiche Volk schon nach wenigen Generationen einem Nachfolger erliegen, an dem sich alsdann die gleichen Schicksale wiederholen.[130]

Ihnen allen sei gemeinsam, dass sie nur eine marginale Wirkung auf die folgende Zeit gehabt hätten; vgl. ebd., S. 154 f. Wenn man sich hier der Einfachheit halber HAMPLS Urteil hinsichtlich der direkten, also kausalen historischen Wirksamkeit bzw. Unwirksamkeit seiner Beispiele anschließt, kommt man dennoch nicht umhin, sie mindestens als „Erkenntnisgründe" im Sinne Max WEBERS anzusehen. Dessen wichtige Kritik am MEYERSCHEN Ansatz aber wird von HAMPL gar nicht erwähnt. Sein Lamentieren, dass die genannten geschichtlichen Persönlichkeiten „einfach außer Betracht" gelassen, die ägyptischen Künstler um „einen Platz im Rahmen universalhistorischer und allgemein historischer Forschung" betrogen und auch Aristarch ein „Platz in der Geschichte streitig" gemacht würde, ist vollkommen unnötig; vgl. ebd., S. 154 f. Im Übrigen wird gerade Echnaton von MEYER explizit als große Individualität genannt; vgl. MEYER, GdA I / 1, S. 151. Verständlich ist daher auch die Ratlosigkeit von Alfred HEUSS; vgl. DERS., Über die Schwierigkeit, Weltgeschichte zu schreiben, S. 633. Anm. 20: „Ich verstehe nicht, warum HAMPL der Kategorie der Wirkung nicht die ihr zukommende Bedeutung einräumt [...]. Die auf der Strecke gebliebenen weltgeschichtlichen Figuren (wie etwa Echnaton und andere) haben doch auf ihre Weise an dieser ‚Wirkung' teil, und sei es nur als ‚Kontrast'. Niemand macht ihnen diesen Platz streitig; wo Sieg ist, ist auch Scheitern." Siehe zur Position von HEUSS in der Frage unten Kap. IV. Anm. 153.

[128] WEBER, Zur Auseinandersetzung mit Eduard Meyer, S. 256.

[129] Vgl. MEYER, GdA I / 1, S. 179 ff. „Aber der Glaube, daß das so sein müsse, daß die Kultur der Menschheit ständig fortschreite, beruht nicht auf geschichtlicher Erfahrung." Vgl. ebd., S. 181.

[130] MEYER, GdA I / 1, S. 83 f. – Für IBN CHALÛN vgl. Bernd RILL, Art. „Ibn Khaldun", in: BRUCH / MÜLLER, Historikerlexikon, S. 151–152.

Vor allem anhand der *wirtschaftlichen* Entwicklung des Altertums formulierte Eduard MEYER nach der Jahrhundertwende seine eigene spezielle Auffassung zweier paralleler historischer Kreisläufe im vorderasiatisch-europäischen Kulturraum: Jedem Entwicklungsstadium des antiken Kulturkreises korrespondiere eine entsprechende Phase des mittelalterlich-modernen.[131]

> Das siebente und sechste Jahrhundert in der griechischen Geschichte entspricht in der Entwicklung der Neuzeit dem vierzehnten und fünfzehnten Jahrhundert n. Chr.; das fünfte dem sechzehnten.[132]

> Wir können bei dieser Zeit [*gem.*: „die Zeit der hellenistischen Welt"] nicht länger verweilen. Nur darauf möchte ich noch hinweisen, daß sie im Gegensatz zu den landläufigen Anschauungen [...] in jeder Hinsicht nicht modern genug gedacht werden kann. Nur darf man nicht das neunzehnte Jahrhundert zum Vergleich heranziehen, sondern das siebzehnte und achtzehnte, [...].[133]

> Und doch tritt jedem, der sehen will, offen vor Augen, daß es sich nicht um eine einheitliche, fortschreitende Entwicklung handelt, sondern um zwei parallele Entwicklungen, daß der Übergang vom Altertum zum Mittelalter nicht nur kulturell, literarisch, künstlerisch, politisch, sondern auch sozial eine Rückkehr ist zu Zuständen, welche das Altertum längst überwunden, aus denen die antike Kultur sich herausgebildet hatte. Die erste Epoche des Altertums, die homerische Zeit und ihre Parallelen, steht mit der ersten Epoche der christlich-germanischen Völker auf derselben Linie und verdient wie diese als *Mittelalter* bezeichnet zu werden; die Blütezeit des Altertums entspricht der Neuzeit, sie ist wie diese nach jeder Richtung eine moderne Zeit, in der die Anschauungen herrschen, die wir als *modern* bezeichnen müssen.[134]

In diesem Zusammenhang gewinnt vor allem der üblicherweise als Epochenbegriff verwendete Ausdruck „Mittelalter" eine besondere Färbung. Für MEYER wird er zu einem Terminus, „der eine Regel enthält, durch die bestimmte wirtschaftliche, politische und kulturelle Ordnungen mit einander verknüpft sind."[135]

> Mittelalterliche Zustände finden sich in bestimmten Epochen der Entwicklung nicht nur bei den christlich-germanischen Völkern, sondern ebenso bei den Völkern des Altertums, und die Anwendung der Regel auf diese Zustände leistet für ihre Ermittelung und erläuternde Darstellung große Dienste. Aber wollte man sich dem Glauben hingeben, damit bereits die Gestaltung im einzelnen erfassen und rekonstruieren zu können, so würde man in arge Irrtümer geraten.[136]

---

[131] Vgl. für das Weitere bes.: JANTSCH, Die Entstehung des Christentums, S. 54–58.
[132] MEYER, Die wirtschaftliche Entwicklung des Altertums, S. 118 f.
[133] MEYER, Die wirtschaftliche Entwicklung des Altertums, S. 141.
[134] MEYER, Die Sklaverei im Altertum, S. 188.
[135] MEYER, Zur Theorie und Methodik, S. 34. Anm. 1.
[136] MEYER, Zur Theorie und Methodik, S. 34. Anm. 1.

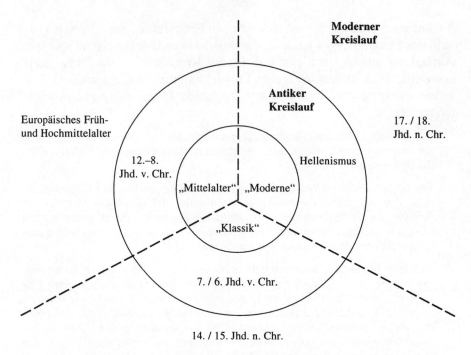

Abb. 6: Parallele Kreisläufe der vorderasiatisch-europäischen Kulturkreise nach Eduard MEYER

Grundsätzlich herrsche in der staatlichen Gestaltung des Mittelalters die „Kleinstaaterei" vor; anders als im „griechischen Mittelalter" sei diese im „christlichen Mittelalter" nicht zur „vollen Herrschaft" gelangt, weil letzteres noch über die „*Idee* der Universalität" verfügt habe. Ebenso sei die „feudale Gestaltung der naturwirtschaftlich-patriarchalischen Ordnungen" nicht nur dem christlichen Mittelalter eigen, sondern finde ihre Parallelen auch im mittleren ägyptischen Reich und in Japan. „Erst diese ‚singuläre' Gestaltung des einzelnen macht das Wesen der historischen Erkenntnis aus, nicht etwa die Aufstellung der allgemeinen Regel."[137] Das entsprechende Kapitel in MEYERS Geschichte des Altertums ist daher auch als „Das griechische Mittelalter" überschrieben.[138] Obwohl MEYER historischen Ge-

---

[137] MEYER, Zur Theorie und Methodik, S. 34. Anm. 1.

[138] MEYER, GdA III. Kap. V; vgl. ebd., S. 230 ff. Vgl. auch ebd., S. 267: „Die Zeit, welche jetzt [*gem.*: nach den großen Wanderungen] beginnt, bedarf eines zusammenfassenden Namens, der sie von der mykenischen Zeit wie von der folgenden, mit den Ständekämpfen beginnenden Epoche bestimmt scheidet; wir können sie mit einem der Geschichte der christlichen Völker entlehnten Ausdruck als das griechische Mittelalter bezeichnen." Diese Bezeichnung hat sich in der Forschung nicht durchsetzen können. Dennoch scheint MOMIGLIANOS Anmerkung, dass sich Eduard MEYERS „ganzes Bild der Geschichte des Altertums [...] auf eine Gleichsetzung zwischen der frühen Eisenzeit und

setzen und Typisierungen prinzipiell ablehnend gegenübersteht,[139] wird hier doch eine gewisse inhaltliche Nähe zu Max WEBERS Gestaltung des „Idealtypus" deutlich.

> Er *ist* nicht eine *Darstellung* des Wirklichen, aber er will der Darstellung eindeutige Ausdrucksmittel verleihen. Es ist also die ‚Idee' der *historisch* gegebenen modernen verkehrswirtschaftlichen Organisation der Gesellschaft, die uns da nach ganz denselben logischen Prinzipien entwickelt wird, wie man z. B. die Idee der ‚Stadtwirtschaft' des Mittelalters als ‚genetischen' Begriff konstruiert hat. Tut man dies, so bildet man den Begriff ‚Stadtwirtschaft' *nicht* etwa als einen *Durchschnitt* der in sämtlichen beobachteten Städten tatsächlich bestehenden Wirtschaftsprinzipien, sondern ebenfalls als einen *Idealtypus*. Er wird gewonnen durch einseitige *Steigerung eines* oder *einiger* Gesichtspunkte und durch Zusammenschluß einer Fülle von diffus und diskret, hier mehr, dort weniger, stellenweise gar nicht, vorhandener *Einzel*erscheinungen, die sich jenen einseitig herausgehobenen Gesichtspunkten fügen, zu einem in sich einheitlichen *Gedanken*bilde. In seiner begrifflichen Reinheit ist dieses *Gedanken*gebilde nirgends in der Wirklichkeit empirisch vorfindbar, es ist eine *Utopie*, und für die *historische* Arbeit erwächst die Aufgabe, in jedem *einzelnen Falle* festzustellen, wie nah oder wie fern die Wirklichkeit jenem Idealbilde steht, inwieweit also der ökonomische Charakter der Verhältnisse einer bestimmten Stadt als 'stadtwirtschaftlich' im begrifflichen Sinn anzusprechen ist.[140]

MEYER ist weit davon entfernt, seinen ‚doppelten historischen Kreislauf' als „blind wirkendes Naturgesetz" darzustellen. Stets könnten individuelle Faktoren, vor allem die führenden Persönlichkeiten, eine Trendwende verursachen.[141] Auch wendet sich MEYER im Prinzip gegen jede Form des historisierenden Prophetentums;[142] allein, spätestens im Verlauf des

dem Mittelalter" gründe, zu pauschal; vgl. MOMIGLIANO, Max Weber und die Althistoriker, S. 274 (Hervorhebung vom Vf.). Karl CHRIST urteilt, dass MEYER hier zu einem „Opfer seiner Analogien" geworden sei; vgl. DERS, Hellas, S. 113. Siehe auch die Kritik von Julius KAERST unten Kap. IV.

[139] MEYER, Zur Theorie und Methodik, S. 26 ff.; S. 45 ff.; DERS., Die wirtschaftliche Entwicklung des Altertums, *passim*.

[140] WEBER, Die ‚Objektivität' sozialwissenschaftlicher und sozialpolitischer Erkenntnis, S. 190 f. Vgl. zu den Parallelen zwischen WEBER und MEYER *in diesem Punkt* bes.: DEININGER, Eduard Meyer und Max Weber, S. 145 ff.; NÄF, Eduard Meyers Geschichtstheorie, S. 296 ff.; TENBRUCK, Max Weber und Eduard Meyer, S. 353 ff. „Unverkennbar wird hier [*gem.*: bei MEYER] praktisch der Standpunkt vertreten, den Max WEBER in der *Wissenschaftslehre* bezogen hat." Vgl. ebd., S. 356.

[141] MEYER, GdA I / 1, S. 84.

[142] Vgl. MEYER, Zur Theorie und Methodik, S. 35: „Daher ist wohl eine Vermutung über den Gang der zukünftigen historischen Entwicklung möglich, aber eine bestimmte Voraussage auf Grund angeblich historischer Gesetze, die das Eintreten einer Entwicklung für notwendig und unvermeidlich erklärt, ist eben so unzulässig, wie etwa die Voraussage des Weltuntergangs auf Grund theologischer oder philosophischer Spekulationen. [...] Daß es keine historischen Gesetze gibt, beruht nicht auf einer intellektuellen Schwäche der Geschichtsforscher oder dem Mangel an genügendem Beobachtungsmate-

Ersten Weltkrieges unterlag er selbst mehr und mehr der Suggestion seiner eigenen Vorstellung.[143] Zu stark war in ihm das Bewusstsein erwacht, dass „die Welt in der wir gelebt haben" wohl auf immer „in weiter Ferne versunken hinter uns" liegt.[144] „Die Weltlage zur Zeit des hannibalischen Krieges" erinnerte MEYER schon vor Ausbruch des Ersten Weltkrieges „auf das lebhafteste an die unserer Gegenwart."[145] Während des Krieges wird ihm das Deutsche Reich vollends zum Rom des Zweiten Punischen Krieges; England *zwinge* Deutschland wie einst Hannibal die römische Republik in die übermäßige Expansion.[146] Das Jahr 1914 bildete für MEYER

rial, sondern auf dem Wesen der Geschichte selbst. Für die Geschichte ist alles, was im Leben der Natur und der Menschen gesetzmäßig ist, einfach Voraussetzung […]." Vgl. auch MEYER, Vorläufer des Weltkrieges, S. 538: „Doch es ist Zeit, innezuhalten. Denn die Parallelen, die sich hier dem Blick eröffnen, gehören der Zukunft an, und es ist nicht die Aufgabe des Historikers zu prophezeien." Vgl. auch MEYER, Spenglers Untergang, S. 23 f.: „Indessen mag der Einblick, den ein Historiker in die wirkenden Kräfte des geschichtlichen Lebens und in seine eigene Gegenwart gewonnen hat, auch noch so tief dringen: der Versuch, Geschichte vorauszubestimmen, muß immer problematisch bleiben; […]." (Hervorhebungen vom Vf.).

[143] Vgl. zu MEYERS Aktivitäten und Ansichten während des Ersten Weltkrieges bes. seinen Briefwechsel mit dem jungen Victor Ehrenberg: MEYER, Briefe; AUDRING / HOFFMANN / UNGERN-STERNBERG, Einleitung zu: MEYER, Briefe. Ferner: UNGERN-STERNBERG, Politik und Geschichte; DERS., Eduard Meyer und die deutsche Propaganda.

[144] Karte Eduard MEYERS an Victor EHRENBERG vom 23. Oktober 1914; zitiert nach MEYER, Briefe. Nr. 3, S. 39. Vgl. auch das folgende Schreiben MEYERS an EHRENBERG vom 20. November 1914; vgl. ebd. Nr. 5, S. 41: „[…] die alte Welt ist versunken, und überall erheben sich ganz neue Probleme, deren Lösung Niemand absehen kann."

[145] MEYER, Der Gang der Alten Geschichte, S. 256. Anm. 1.

[146] Vgl. für MEYERS Publizistik während des Ersten Weltkrieges bes. die Aufsatz-Sammlung in DERS., Weltgeschichte. Vgl. DERS., Vorwort, S. IX: „[…] und wo wäre unter unseren Feinden eine Gestalt, die auch nur entfernt an seine Größe [gem.: Hannibals] heranreichte?" Vgl. DERS., Die Entwicklung der römischen Weltherrschaft, S. 77: „Die Krisis, die wir durchleben, ist die des Hannibalischen Krieges, nur noch unendlich viel größer und furchtbarer." Vgl. auch den Brief Eduard MEYERS an Victor EHRENBERG vom 10. Oktober 1915; zitiert nach MEYER, Briefe. Nr. 20, S. 62: „Dass wir damit über die nationale Basis unseres Staats hinausgreifen, ist schmerzlich, aber nicht zu ändern: wir haben es nicht gewollt, aber unsere Feinde haben uns in eine Politik hineingezwungen, wie es die römische seit dem hannibalischen Kriege gewesen ist." Vgl. auch den Brief MEYERS an EHRENBERG vom 6. April 1918; vgl. ebd. Nr. 46, S. 101: „Zugleich werden wir dadurch nur noch viel mehr auf die Wege Roms gedrängt: wir sind jetzt überall dabei, eine Masse von Vasallenstaaten zu schaffen, die nur durch uns eine gesicherte Existenz haben, und werden so in die Welthändel nur noch immer mehr hineingezogen." Vgl. auch MEYER, Die Entwicklung der römischen Weltherrschaft, S. 39: „Lebt doch die Parallelität der Entwicklung bei der alten und der modernen Geschichte uns allen im Bewußtsein, nur daß die Entwicklung, die dort in dem beschränkten Rahmen der Mittelmeerwelt verläuft, hier auf gewaltig erweitertem Gebiet sich abspielt […]."

schon drei Jahre später „den Wendepunkt der modernen Entwicklung", von da aus könne es nur noch „bergab" gehen.[147] Als der Ausgang des Krieges feststand, war jedoch ein weiteres Festhalten an der Analogie ‚Deutsches Reich = Rom' und ‚England / Vereinigte Staaten = Karthago' schlechterdings nicht mehr möglich. Der deutsche Weg hatte stärker „bergab" geführt, als vorausgesehen. Daher schwenkte MEYER mit der gesamten deutschen Geschichtswissenschaft und der historisch-politischen Publizistik um: „nun wurde die drohende angelsächsische Weltherrschaft mit dem in immer dunkleren Farben gemalten Machtaufstieg Roms korreliert, während man sich für die historische Befragung des eigenen Schicksalswegs ganz der Perspektive des besiegten Karthago verschrieb."[148] Für die eigene Zeit erwartete MEYER keinen Aufschwung mehr;[149] es bleibe nur noch das Epigonentum.[150] Für den weiteren Verlauf des 20. Jahrhunderts erwartete er „ein Jahrzehnte lang sich fortsetzendes Ringen zwischen Deutschland und England".[151] In dieser grundsätzlichen Einschätzung der Weltlage aus deutscher Sicht sowie – allerdings mit deutlichen Einschränkungen – auch der kulturmorphologischen Konzeption ergaben sich vielfältige Parallelen zum *Untergang des Abendlandes* von Oswald SPENGLER.[152]

[147] Brief Eduard MEYERS an Victor EHRENBERG vom 10. April 1917; zitiert nach MEYER, Briefe. Nr. 39, S. 90. Vgl. auch MEYER, Vorläufer des Weltkrieges, S. 507: „Mit dem Ausbruch des Weltkrieges am 4. August 1914 hat eine neue Epoche der Weltgeschichte begonnen." Vgl. ebd., S. 510: „So wird, wer die weltgeschichtliche Entwicklung in ihrem Zusammenhang überschaut, kaum zweifeln können, daß mit dem jetzigen Kriege die moderne Kultur ihren Höhepunkt überschritten hat und dem Niedergang sich zuwendet, [...]."

[148] LEHMANN, Krise und Untergang, S. 80.

[149] Vgl. MEYER, Spenglers Untergang, S. 4: „[...] seit dem 4. August 1914 steht es fest, daß die moderne europäische Kultur in den letzten Jahrzehnten des neunzehnten Jahrhunderts ihren Höhepunkt überschritten hat und die Entwicklung in den absteigenden Ast eingemündet ist."

[150] MEYER, Spenglers Untergang, S. 3.

[151] MEYER, Die Einwirkung des Weltkrieges auf die Kultur, S. 27.

[152] Zwischen den beiden sehr ungleichen Gelehrten entwickelte sich sogar eine Freundschaft, vgl. zu ihrem Verhältnis bes.: DEMANDT, Eduard Meyer und Oswald Spengler, *passim*; LEHMANN, Krise und Untergang, S. 88 ff.; DERS., Eduard Meyer, Oswald Spengler und die Epoche des Hellenismus, *passim*; bes.: S. 187 ff.; NÄF, Eduard Meyers Geschichtstheorie, S. 306 ff. – MEYER war für SPENGLER „der bedeutendste Historiker seit RANKE" (DERS., Untergang des Abendlandes, S. 611), auch urteilte MEYER über das *opus magnum* SPENGLERS in einer monographischen Rezension insgesamt erstaunlich positiv; vgl. MEYER, Spenglers Untergang, S. 6: „Das Werk ist nicht ein ephemeres Erzeugnis, sondern ein bleibender und auf lange Zeit hinaus nachhaltig wirkender Besitz unserer Wissenschaft und Literatur."

Im Gegensatz dazu spielt im *historiographischen Werk* Eduard MEYERS „*freier Wille* und *Zufall*"[153], vor allem in Verbindung mit dem Einfluss der Einzelpersönlichkeit, eine viel gewichtigere Rolle.[154] Insgesamt gebe es „drei große Gruppen von Gegensätzen", die in der Geschichte stetig wiederkehrten.[155]

> [...]: äußere Vorgänge und Einwirkungen und innere Bedingungen und Motive; Tradition, Stillstand und Gebundenheit an das Überkommene und Fortschritt, freie, das Alte bekämpfende und Neues schaffende Bewegung; universelle, von Persönlichkeiten ausgehende Tendenzen.[156]

Letztlich fasst MEYER sämtliche Gegensatzpaare aber unter der Überschrift „individuelle und allgemeine Faktoren" zusammen.[157] Somit stehen sich nach ihm in der Geschichte stets beharrende Kräfte („Tradition") und fortschrittliche Kräfte („Individualitäten") gegenüber:[158] „Wie schon angedeutet, ist der Kampf um den religiösen und kulturellen Fortschritt zugleich ein Kampf der Individualität gegen die Macht der Tradition; denn aller Fortschritt geht von einzelnen Persönlichkeiten aus."[159]

> Zu allen Zeiten treten solche inspirierte Persönlichkeiten auf. Oft sind es nur Träumer und Visionäre, gar nicht selten auch Geistesgestörte, manchmal auch schlaue Betrüger, die durch den Schein der Göttlichkeit und des Wunders, der sie umgibt, großen Anhang finden und zu dauernder Macht gelangen, z. B. neue Staaten oder Dynastien begründen mögen. Aber daneben stehen die Persönlichkeiten, die ganz von dem Ernst und der Wucht der religiösen Gedanken beherrscht sind, so daß sie sich in ihnen verkörpern und all ihr Tun und Reden beherrschen, die Bahnbrecher einer neuen religiösen Idee und damit einer inneren Umwandlung der traditionellen Kultur und ihrer Anschauungen.[160]

---

[153] MEYER, Zur Theorie und Methodik, S. 16. Vgl. ebd.: „Nun sind *freier Wille* und *Zufall*, was auch die Gegner behaupten mögen, vollkommen feste und klare Begriffe; und tatsächlich spielen beide trotz aller Theorien in allem menschlichen Leben (und also auch in der Geschichte) eine ungeheure Rolle." Vgl. weitere Ausführungen ebd., S. 16 ff.

[154] Auch in diesem Fall gibt es deutliche Berührungspunkte mit Max WEBER, und zwar vor allem mit dessen Charisma-Theorie; vgl. dazu grundlegend: TENBRUCK, Max Weber und Eduard Meyer; DEININGER, Eduard Meyer und Max Weber; zusammenfassend: HATSCHER, Charisma und Res Publica, S. 50 ff.; dort auch weitere Literatur, bes.: S. 51. Anm. 97.

[155] MEYER, GdA I / 1, S. 173.

[156] MEYER, GdA I / 1, S. 173.

[157] Vgl. die Kapitelüberschrift bei MEYER, GdA I / 1, S. 173: „Individuelle und allgemeine Faktoren als Grundmächte des geschichtlichen Lebens".

[158] Im Sprachgebrauch MEYERS können sowohl „Gruppen und Völker", z. B. das Volk Israel, als auch „Einzelpersonen" über „Individualität" verfügen; vgl. MEYER, GdA I / 1, S. 175.

[159] MEYER, GdA I / 1, S. 145 f.

[160] MEYER, GdA I / 1, S. 150.

Einen entsprechend hohen Stellenwert nehmen in MEYERS Darstellung der *Geschichte des Altertums* dann auch die seines Erachtens großen Indivudalitäten ein, an deren Anfang für ihn die „religiösen Reformatoren" stehen:[161] „In ihnen offenbart die Individualität zum ersten Male ihre volle geschichtliche Kraft und erficht ihren ersten entscheidenden Sieg."[162]

Historiographisch setzt MEYER, nachdem er in der Einleitung seines Werkes auf „Elemente der Anthropologie"[163] und theoretisch-methodische Fragen der Geschichtswissenschaft[164] eingegangen ist, mit einer Darstellung über die ältere ägyptische Geschichte bis zur Hyksoszeit ein.[165] Im Folgenden spannt er den Bogen über die Geschichte Babyloniens und der Semiten,[166] Kleinasiens und der Welt der Ägäis[167] bis hin zu den Anfängen in Europa;[168] Beschreibungen der Indogermanen[169] und der Arier[170] sowie ein grundsätzlicher anthropologischer Rückblick[171] beschließen den zweiten Halbband. Im Weiteren steht das ägyptische Weltreich im Zentrum,[172] dessen Behandlung er mit der Epoche der großen Völkerwanderung um 1200 v. Chr. beendet. Danach stellt er die Geschichte der Phoeniker,[173] Israeliten[174] und Assyrer[175] dar, um sich dann dem „Ausgang der altorientalischen Geschichte" und dem Aufstieg des Achaimenidenreiches zu widmen.[176] Wissenschaftsgeschichtlich auffällig für seine Zeit, versucht MEYER hierbei auch den persischen Führern gerecht zu werden.[177]

---

[161] MEYER, GdA I / 1, S. 150 f.

[162] MEYER, GdA I / 1, S. 151. Hier nennt MEYER im Weiteren explizit Zoroaster und die israelitischen Propheten, Hesiod von Askra und Echnaton.

[163] MEYER, GdA I / 1, S. 1–183.

[164] MEYER, GdA I / 1, S. 184–252.

[165] MEYER, GdA I / 2, S. 3–327.

[166] MEYER, GdA I / 2, S. 329–683.

[167] MEYER, GdA I / 2, S. 687–808.

[168] MEYER, GdA I / 2, S. 809–845.

[169] MEYER, GdA I / 2, S. 846–895.

[170] MEYER, GdA I / 2, S. 896–931.

[171] MEYER, GdA I / 2, S. 932–944.

[172] MEYER, GdA II / 1; DERS., GdA II / 2, S. 6–60.

[173] MEYER, GdA II / 2, S. 61–186.

[174] MEYER, GdA II / 2, S. 187–361.

[175] MEYER, GdA II / 2, S. 362–436; DERS., GdA III, S. 3–96.

[176] MEYER, GdA III, S. 128–201.

[177] Vgl. über Kyros MEYER, GdA III, S. 188: „Der Adel seines Wesens leuchtet uns in gleicher Weise entgegen aus den Berichten der Perser, die er zur Weltherrschaft führte, der Juden, die er befreite und der Hellenen, die er unterwarf." Bei Darius wird dessen edle und einfache Art hervorgehoben; er stehe „an der Wende zweier Zeitalter; wie er die Entwicklung des alten Orients abschließt, gibt er der Folgezeit ihre Gestaltung." Vgl. ebd., S. 199.

Trotz seines solchermaßen imposanten historiographischen Baues der ägyptischen und vorderorientalischen Historie steht für MEYER unstrittig fest: „Das Zentrum der Geschichte des Altertums bildet die Geschichte der griechischen Kultur."[178] In dieser macht er die Tyrannen als die „ersten politischen Individualitäten in der griechischen Geschichte" aus.[179] Der spätere Gesetzgeber Solon wird bei MEYER zu einer „der idealsten Gestalten, welche die Geschichte kennt",[180] einem Staatsmann, „der das Wirkliche und Erreichbare klar erkennt".[181] Als bedeutendste Einzelpersönlichkeit unter den Griechen rühmt MEYER jedoch Themistokles: „Gewaltiger als Themistokles hat kein Grieche in den Lauf der Geschichte eingegriffen."[182] Perikles fällt dagegen im MEYERschen Urteil ab. Er sei seinen Fähigkeiten nach eher mit „einem der großen englischen Parlamentarier zu vergleichen"[183] und erreiche „die staatsmännische Höhe eines Themistokles" auf keinen Fall.[184] Zwar sollte für MEYER die politische Geschichte stets „das Zentrum der Geschichte bleiben, solange das menschliche Leben sein Wesen nicht von Grund aus ändern sollte."[185] Dennoch kommen in seiner Darstellung auch religionsgeschichtliche und kulturhistorische Aspekte zu ihrem Recht. Kennzeichnenderweise sieht Eduard MEYER den Gipfel der gesamten griechischen Geistesgeschichte wiederum in einer Person verdichtet, nämlich in Sokrates: „Er ist der energischste Vertreter des Intellektes, den die Geschichte des menschlichen Denkens kennt."[186] In ihm erreiche der „Individualismus der neuen Zeit den Gipfel."[187] Wie den Christen im antiken Rom bzw. Vertretern der modernen Sozialdemokratie wären ihm die schlimmsten Verbrechen unterstellt worden,[188] und doch habe die „griechische Nation" letztlich erst durch Sokrates „die einzigartige Stellung, die sie in der Geschichte der Menschheit einnimmt", erlangen können.[189] Als „letzte große Gestalt unter den Feldherrn und Staatsmännern der griechischen Geschichte" beschreibt MEYER Epameinondas.[190]

---

[178] MEYER, Der Gang der Alten Geschichte, S. 215.

[179] MEYER, GdA III, S. 565.

[180] MEYER, GdA III, S. 601.

[181] MEYER, GdA III, S. 602.

[182] MEYER, GdA IV / 1, S. 493. Schon weiter oben beschwört MEYER „Themistokles' welthistorische Größe"; vgl. ebd., S. 293.

[183] MEYER, GdA IV / 1, S. 657.

[184] MEYER, GdA IV / 1, S. 699.

[185] MEYER, Zur Theorie und Methodik, S. 46.

[186] MEYER, GdA IV / 2, S. 168.

[187] MEYER, GdA IV / 2, S. 168.

[188] MEYER, GdA IV / 2, S. 172.

[189] MEYER, GdA IV / 2, S. 172.

[190] MEYER, GdA V, S. 462.

Um 350 v. Chr. erreicht dann die Geschichte Griechenlands und damit auch MEYERS Darstellung in der *Geschichte des Altertums* ihren Schlusspunkt.

> So bietet Griechenland dasselbe Bild in Ost und West. Jede Macht ist vernichtet, geblieben ist nur noch die Ohnmacht und der unabsehbare Hader im Inneren wie nach außen, der die Kraft der Nation verzehrt und aus sich selbst heraus niemals ein Ende finden kann. In derselben Zeit, wo die griechische Kultur ihr Höchstes geleistet hat und reif geworden ist, zur Weltkultur zu werden, hat die Nation politisch alle Bedeutung verloren. Sie ist in Stücke zerschlagen, und die Trümmer liegen da, eine leichte Beute für jeden, der sich bücken will, sie aufzuheben. Das ist der Ausgang der griechischen Geschichte.[191]

Den weiteren Verlauf der *Geschichte des Altertums* hat MEYER in seinem Hauptwerk nicht mehr ausgeführt. Zwar behandelte er in einzelnen Skizzen, Vorträgen und Monographien unter anderem noch *Alexander den Großen und die absolute Monarchie*, die *Geschichte der Gracchen, Caesars Monarchie und das Principat des Pompeius, Kaiser Augustus* und *Ursprung und Anfänge des Christentums.* Auch stellte er in seinen Abhandlungen über *Die wirtschaftliche Entwicklung des Altertums* und *Die Sklaverei im Altertum* sowie in dem „für eine in Amerika geplante Universalgeschichte"[192] verfassten Beitrag *Der Gang der Alten Geschichte* noch reichlich historisches Material bereit, doch konnte er es nicht mehr in seine Gesamtkonzeption einpassen.[193] Dennoch beeindruckt auch heute noch die gewaltige Gelehrtenleistung der *Geschichte des Altertums*, in der es MEYER aufgrund eigener Quellenauswertung schaffte, Aufstieg und Fall der wichtigsten Großmächte im vorderasiatischen Staatssystem detailliert vom zweiten vorchristlichen Jahrtausend an bis zum Niedergang Griechenlands zu beschreiben.

Am Ende des 19. bzw. zu Beginn des 20. Jahrhunderts stehen sich damit im Kern zwei unterschiedliche Weltgeschichten althistorischer Provenienz gegenüber: auf der einen Seite die universal ausgerichtete Kulturgeschichte des Altertums im Sinne Jacob BURCKHARDTS, auf der anderen Seite die umfassende Staatengeschichte des Altertums nach Eduard MEYER. Eine ‚Schule' im engeren Sinne haben beide Historiker nicht begründet,

---

[191] MEYER, GdA V, S. 514.

[192] MEYER, Der Gang der Alten Geschichte, S. 214.

[193] Karl CHRIST hat sich darum bemüht bei seinen Übersichten über das MEYERsche Gesamtwerk stets auch die ‚Fortsetzung' der GdA zu skizzieren; vgl. DERS., Von Gibbon zu Rostovtzeff, bes.: S. 317–326; DERS., Hellas, bes.: S. 121–123. Vgl. CHRIST, Von Gibbon zu Rostovtzeff, S. 311: „Obwohl Eduard MEYERs *Geschichte des Altertums* mit dem Ausgang der griechischen Geschichte im engeren Sinne, d. h. im Jahre 350 v. Chr. abbricht, liegen von ihm doch in der Gestalt von Monographien und Einzelstudien so viele Äußerungen auch zu den späteren Epochen des Altertums vor, daß sich sein Gesamtbild der Antike wenigstens in den entscheidenden Linien ermitteln läßt."

was freilich auch daran liegen mag, dass beider Werke nur auf Grund sehr spezifischer biographischer und allgemeinwissenschaftlicher Voraussetzungen geschrieben werden konnten.[194] *Nach* BURCKHARDT und MEYER setzte sich der Trend zur Spezial- und Einzeluntersuchung immer mehr durch.

---

[194] CHRIST, Von Gibbon zu Rostovtzeff, S. 158; S. 333. Vgl. BLANCKENHAGEN, Jacob Burckhardts Griechische Kulturgeschichte, S. 24: „Die *Griechische Kulturgeschichte* ist im einzig möglichen, begnadeten Augenblick entstanden. [...] Keiner könnte, schon seit mehr als zwei Generationen, etwas ähnliches unternehmen, da keiner mehr Spezialist in griechischer Philologie, Geschichte, Archäologie, Religionswissenschaft, Epigraphik und Philosophie ist, ja heute jeder bestenfalls nur ein wirklicher Kenner eines kleinen Teils von einer dieser Disziplinen."

IV. WELTGESCHCHTLICHE PERSPEKTIVEN
IM 20. JAHRHUNDERT

Schon zu seinen Lebzeiten wurde Eduard MEYERS Werk zur entscheidenden Herausforderung für alle Historiker, die sich selbst in einer universalhistorischen Tradition sahen. Nach seinem Tod bestimmte es fast vollständig die althistorische Tradition der Universalgeschichte. Nahezu durchgehend sah man in MEYER „den ersten und wohl auch den letzten echten Universalhistoriker des Altertums."[1] Dabei fand allerdings nur selten eine wirkliche Auseinandersetzung im Sinne von „Traditionskritik" mit seinem Ansatz statt; der „Rekonstruktionsversuch" blieb vorherrschend.[2] Eine Ausnahme von dieser Regel bildete Julius KAERST,[3] der sich seit 1899 in einer Reihe

---

[1] BENGTSON, Universalhistorische Aspekte, S. 117. Vgl. auch WILCKEN, Gedächtnisrede, S. 126: „Nach dem Vorbild, das MEYER gegeben hat, kann und darf der universalhistorische Gedanke aus der althistorischen Forschung nicht wieder verschwinden, wie einst nach NIEBUHR." Vgl. auch MORENZ, Die Einheit der Altertumswissenschaften, S. 204. Selbst als während des Dritten Reichs der universalhistorische Ansatz insgesamt stark unter Druck geriet, blieb doch der positive Bezug auf die individuelle Leistung Eduard MEYERS erhalten: Für Helmut BERVE ist Eduard MEYER „ein Gelehrter von so einzigartiger Stoffbeherrschung"; vgl. BERVE, Rez. von: CAH[1]. Bd. 4–7, S. 66. Vgl. auch BERVE, Zur Kulturgeschichte, S. 217: „[...] eine einheitliche wissenschaftliche Bearbeitung der Geschichte der Kultur des Alten Orients durch eine universal gerichtete Gelehrtenpersönlichkeit nach Art Eduard MEYERS ist heute zur Unmöglichkeit geworden." Fritz SCHACHERMEYR spricht von „Eduard MEYERS titanischer Geschichte des Alterthums"; vgl. SCHACHERMEYR, Die Aufgaben der Alten Geschichte, S. 589. Für BERVES und SCHACHERMEYRS rassistisch-verengte Haltung gegenüber universalhistorischen Ansätzen siehe unten.

[2] Für entsprechende Belege siehe oben Kap. I. Anm. 21.

[3] Vgl. zu Julius KAERST bes.: CHRIST, Hellas, S. 184–189 mit Anm. S. 458 f.; VOGT, Julius Kaerst; WEBER, Biographisches Lexikon, S. 282 f. KAERST – nur zwei Jahre nach Eduard MEYER geboren und wie dieser im Jahr 1930 gestorben – kam nur über weite Umwege auf die Würzburger Professur für Alte Geschichte. Nach seiner Promotion mit 20 Jahren und weiteren drei Semestern Studium trat der GUTSCHMID-Schüler zunächst in den gymnasialen Schuldienst ein; vgl. VOGT, Julius Kaerst, S. VIII. Nach den Worten seines Nachfolgers Joseph VOGT aber fand KAERST wohl „in dieser Arbeit keine volle Befriedigung." Vgl. ebd., S. IX. „Das Pädagogische war nicht die Stärke seiner Begabung." Vgl. ebd. Neben dem Unterricht am Gymnasium verfolgte KAERST weiter den Gedanken an eine akademische Laufbahn. Schließlich zwangen ihn gesundheitliche Gründe sich zwischen den ‚zwei Berufen' zu entscheiden. Vgl. VOGT, Julius Kaerst, S. IX: „Die doppelte Aufgabe des Unterrichts und der wissenschaftlichen Arbeit hatte die Gesundheit des 40jährigen stark mitgenommen. ‚Die Pistole ist verschossen', sagte

von Aufsätzen immer wieder zum Problem der weltgeschichtlichen Betrachtungsweise zu Wort meldete.[4]

KAERST zählte zu den ganz wenigen Althistorikern dieser Zeit, die BURCKHARDTS *Griechischer Kulturgeschichte* positiv gegenüberstanden.[5] In seiner Argumentation gegen den MEYERSCHEN Parallelismus-Ansatz fußt KAERST allerdings auf der Universalitätsvorstellung Leopold von RANKES, für den „der Gesichtspunkt einer *Kontinuität* des geschichtlichen Lebens von entscheidender Bedeutung" gewesen sei.[6] Bei einer parallelen Interpretation der Geschichte von Altertum und Neuzeit, die von der Idee zweier abgeschlossener Kreise ausgeht, erhielten die Unterschiede zwischen beiden Epochen ein zu geringes Gewicht.[7] KAERST gesteht zwar zu, dass gerade auf dem Gebiet der wirtschaftlichen Entwicklung Analogien zwischen antiker und neuer Geschichte auszumachen seien, doch warnt er davor, diese Detail-Ergebnisse zu überschätzen.[8] Zudem sei für bestimmte Entsprechungen zwischen „modernen Denkern" und „den Vertretern der politischen Theorie im Altertum" neben ähnlichen Grundbedingungen auch „die direkte Einwirkung der Antike zu erkennen."[9] Berührungspunkte zwischen

---

der Arzt allzu pessimistisch von seiner Gesundheit. In dieser Not hat KAERST den Entschluß gefaßt, künftig allein der wissenschaftlichen Forschung und Lehre zu leben."

[4] Vgl. KAERST, Die Geschichte des Altertums; DERS., Die universalhistorische Auffassung; DERS., Studien zur Entwicklung und Bedeutung; DERS., Rez. von: MEYER, Spenglers Untergang.

[5] Vgl. KAERST, Die Geschichte des Altertums, S. 58 f.: „Eine ganz eigentümliche Stellung nimmt in der Entwicklung der modernen Geschichtsforschung und Geschichtsschreibung derjenige Historiker ein, der wohl als der bedeutendste Vertreter der eigentlichen Kulturgeschichtsschreibung im XIX. Jahrhundert gelten kann, Jacob BURCKHARDT. Daß er einen großen Einfluß auf eine tiefere Auffassung geschichtlichen Lebens gehabt hat, werden auch diejenigen Forscher zugeben müssen, die der aus seinem Nachlaß herausgegebenen *Griechischen Kulturgeschichte* ablehnend gegenüberstehen."

[6] KAERST, Studien zur Entwicklung und Bedeutung, S. 156. Für KAERSTS Anlehnung an RANKE vgl. KAERST, Die universalhistorische Auffassung, S. 3: „[...]; die Anschauung vom Universalhistorischen, die ich hier zu begründen versucht habe, stimmt im wesentlichen überein mit derjenigen, die RANKE immer vertreten hat, [...]." Vgl. auch: DERS., Rez. von: MEYER, Spenglers Untergang, S. 228: „Vielleicht kommt die parallelistische Auffassung Ed. MEYERS [...] der Ansicht SPENGLERS etwas mehr entgegen, als ich es bei meiner stärker von RANKE beeinflußten Anschauung für richtig halte." (Hervorhebungen vom Vf.). – Zu MEYERS Vorstellung einer Parallelentwicklung von Altertum und neuerer Zeit siehe oben Kap. III.2.

[7] KAERST, Die universalhistorische Auffassung, S. 10.

[8] Vgl. KAERST, Die universalhistorische Auffassung, S. 10 f.: „Die wirtschaftlichen Verhältnisse sind außerordentlich wichtig als äußere Grundlage des geschichtlichen Lebens, sie bezeichnen aber nicht den eigentlichen tiefsten Lebensinhalt der geschichtlichen Entwicklung, [...]."

[9] KAERST, Die universalhistorische Auffassung, S. 16 f. Vgl. auch DERS., Studien zur

antiken und modernen Anschauungen gäbe es auch hinsichtlich der natur-
rechtlichen Lehren; allerdings hätten diese im Altertum eben nicht wie in
der Neuzeit zur Formulierung von Grundrechten geführt. Dies hänge mit
der grundsätzlich verschiedenen Stellung des Individuums in der antiken
Welt zusammen.[10] Ferner sei auch eine „Auffassung des *Nationalen* als des
eigentlichen *Prinzips der Entwicklung*" genuin modern.[11]

> Es ist die *Eigenart* des modernen historischen Lebens gegenüber dem des Alter-
> tums, die hauptsächlich gegen die Annahme einer Parallelentwicklung spricht. In
> zwei großen Gesamterscheinungen der Neuzeit findet diese Eigenart einen beson-
> ders deutlichen Ausdruck. Wir sehen hier, daß neue Kräfte geschichtlichen Lebens
> und neue Ziele geschichtlichen Handelns in den großen Prozeß der allgemeinen
> Entwicklung eintreten. Es ist zunächst ein neues *Persönlichkeitsideal*, das die gei-
> stige und sittliche Wesensentfaltung des modernen Menschen beherrscht und be-
> stimmt. Und weiter ist es eine neue Ausgestaltung *nationalen* Wesens, die der mo-
> dernen Menschheit im ganzen neue Bahnen ihres geschichtlichen Lebens gewiesen
> hat.[12]

Julius KAERST konnte sich mit seinen Bedenken gegen Eduard MEYER
nicht durchsetzen. Ohnehin schien Anfang der dreißiger Jahre im Deutschland des aufziehenden Nationalsozialismus die große Zeit weltgeschichtlicher Betrachtungen abgelaufen zu sein.[13] Für den Bereich der Alten Ge-

Entwicklung, S. 161: „Es sind antike Anschauungen, antike Organisationsformen, antike Denk- und Weltzusammenhänge, die ein christliches Gewand angelegt haben, die in
der christlichen Anschauung eigentümlich ausgeprägt und fortgebildet werden."

[10] KAERST, Die universalhistorische Auffassung, S. 21 ff.

[11] KAERST, Die universalhistorische Auffassung, S. 28 f.

[12] KAERST, Studien zur Entwicklung und Bedeutung, S. 172 f. Vgl. auch DERS., Die
universalhistorische Auffassung, S. 8 ff.

[13] Vgl. insgesamt zu dem Komplex ‚Alte Geschichte und Nationalsozialismus' bes.:
LOSEMANN, Nationalsozialismus und Antike; NÄF, Von Perikles zu Hitler?; WILLING,
Althistorische Forschung in der DDR, S. 16–26; neuerdings auch den von Beat NÄF
herausgegebenen Sammelband *Antike und Altertumswissenschaft in der Zeit von Fa-
schismus und Nationalsozialismus* mit Forschungsbibliographie und -bericht; vgl. NÄF,
Zu den Forschungen; LOSEMANN, Bemerkungen zur Forschungslage. Auf die besondere
Problematik der Wissenschaftsgeschichtsschreibung über die Zeit zwischen 1933 und
1945 ist bereits oben hingewiesen worden; siehe oben Kap. I. Anm. 29. Vgl. dazu auch
NÄF, Einleitung, S. 9: „In der Jahrtausende überdauernden wissenschaftlichen Beschäftigung mit dem Altertum bildet der Zeitabschnitt von Faschismus und NS zwar nur eine
kurze Epoche, aber doch deutlich eine Epoche, bei welcher ein Innehalten heute noch
immer wichtiger erscheint als bei anderen Zeitabschnitten." – Volker LOSEMANN hat als
ein Pionier dieser Forschungsrichtung selbst erleben müssen, welche Probleme sich ihm
und Karl CHRIST auftaten, als sie Mitte der 1960er Jahre darangingen, das Verhältnis von
Althistorikern zum Nationalsozialismus näher auszuleuchten. Ein Ende 1968 von CHRIST
auf den Weg gebrachter entsprechender DFG-Projekt-Antrag wurde „von den zuständi-
gen Fachvertretern in ‚Rekordzeit' mit negativen Konsequenzen ‚bearbeitet'." Vgl.

schichte ist in diesem Zusammenhang die Kontroverse zwischen Walter OTTO und seinem ehemaligen Schüler Helmut BERVE von Bedeutung.[14] 1931, nur ein Jahr nach dem Tod von MEYER und KAERST, nutzte BERVE eine Rezension neu erschienener Bände der *Cambridge Ancient History* zur Generalabrechnung mit dem weltgeschichtlichen Ansatz. Es sei nun an der Zeit, sich endgültig von der Universalhistorie, „jenem spekulativen Abweg", zu verabschieden, um sich fortan nur noch „einer handfesten Sachlichkeit" zu widmen.[15]

LOSEMANN, Bemerkungen zur Forschungslage, S. 79. Auch LOSEMANNS knapp gehaltene Ausführungen zu seinen eigenen Erfahrungen im Zusammenhang mit der Bearbeitung und Drucklegung seiner Marburger Promotionsschrift *Antike und Nationalsozialismus* aus dem Jahre 1975 machen deutlich, welche Schwierigkeiten noch in den 1970er Jahren zu bewältigen waren; vgl. ebd., S. 80 f.

[14] Vgl. dazu: BERVE, Rez. von: CAH[1]. Bd. 4–7 (1931); OTTO, Zur Universalgeschichte des Altertums (1932); BERVE, Zur Kulturgeschichte des Alten Orients (1935); OTTO, Zum Problem der Universalgeschichtsschreibung (1937); BERVE, Rez. von: CAH[1]. Bd. 8–11 (1939); OTTO, Eduard Meyers Geschichte des Altertums (1940). Der Streit nahm an Heftigkeit stetig zu, wurde von Walter OTTO zunächst ohne Nennung seines Gegners geführt bis er 1940 endlich von den „BERVESCHEN Forderungen" spricht. – Volker LOSEMANN ist sich zwar der Tatsache bewusst, dass die „Diskussion über das Verhältnis von Universal- und Nationalgeschichte" – neben anderen inhaltlich-thematischen Aspekten – unbedingt in eine „umfassende Analyse der Entwicklung des Faches Alte Geschichte von 1933 bis 1945" hineingehört, doch umgeht er diese Aufgabe, indem er sich rein auf die „‚äußere' Geschichte der althistorischen Disziplin" konzentriert; vgl. DERS., Nationalsozialismus und Antike, S. 16. Erwähnung findet der Streit auch bei MOMIGILANO, Rez. von: BERVE, Storia Greca, S. 351.

[15] BERVE, Rez. von: CAH[1]. Bd. 4–7, S. 67. Vgl. zu Helmut BERVE bes.: Hartmut BEISTER, Art. „Berve, Helmut", in: BRUCH / MÜLLER, Historikerlexikon, S. 28 f.; WEBER, Biographisches Lexikon, S. 42 f.; CHRIST, Neue Profile (*Helmut Berve*), S. 125–187; S. 352 f.; DERS., Hellas, S. 202–221; S. 246–251 mit Anm. S. 463 f., S. 472 f.; S. 300 ff. mit Anm. S. 479; HEUSS, Nachruf auf: Helmut Berve; DERS., De se ispe, S. 779 ff.; LOSEMANN, Antike und Nationalsozialismus, S. 48; S. 80–85; S. 109 f.; S. 206 f.; S. 219–223; S. 230 f.; NÄF, Von Perikles zu Hitler?, S. 146 ff. Vgl. bes. zu BERVES Geschichtsbild: KLOFT, Politische Geschichte versus Wirtschaftsgeschichte; BICHLER, Alexander der Große und das NS-Geschichtsbild, S. 357 ff.; REBENICH, Der Fall Helmut Berve; ULF, Ideologie als Grundlage, S. 315 ff. – MOMIGLIANO fand schon 1959 anlässlich der Publikation der zweiten Auflage von BERVES *Griechischer Geschichte* in italienischer Sprache die richtigen Worte für die erstaunliche Karriere dieses deutschen Gelehrten auch nach 1945: „Die Übersetzung des Werks von BERVE scheint mir vor allem insofern nützlich, als sie einen der wichtigsten nationalsozialistischen Historiker bei uns bekannt macht. Es ist ohne Frage notwendig und angebracht, daß die nationalsozialistische Geschichtsschreibung in allen ihren Entwicklungsphasen während, vor und nach der nationalsozialistischen Machtausübung in Italien bekannt wird." Vgl. MOMIGLIANO, Rez. von: BERVE, Storia Greca, S. 358. Vgl. auch CHRIST, Hellas, S. 246: Helmut BERVE „war keineswegs ein Konjunkturritter, sondern vielmehr ein überzeugter Anhänger der nationalsozialistischen Weltanschauung. Er verstand sich als deren wissenschaftlich kompe-

Universalität erscheint nun weder als eine Scheuer für den gesamten Stoff, noch als ein über die Dinge hinweg errichtetes Gedankengerüst, sondern dynamisch, als einer der Grundfaktoren historischer Betrachtung, nahe verwandt dem Prinzip der Auswahl, ohne das Geschichte unmöglich ist, wirksam ähnlich wie die Entwicklungsidee oder der Schicksalsgedanke. Unter ihrem Aspekt hat sich geschichtliche Erkenntnis, die ja das einzelne als Teil des ganzen Lebensstromes ergreifen will, zu vollziehen. Objekt bleibt oder wird von neuem das historische Geschehnis selbst, das allein durch Auswahl zu fassen und in seinen Werten, die weniger in der Breite als in der Tiefe liegen, zu erschließen ist.[16]

1935 verstärkte und verschärfte Helmut BERVE noch seinen Angriff auf weltgeschichtliche Methoden und Inhalte zugunsten einer völkischen Nationalgeschichte.

> Die Universalgeschichte muß zurücktreten, sie hat den Hintergrund abzugeben, die Folie für die wertbetonte Nationalgeschichte. Um es mit Namen des 19. Jahrhunderts zu sagen: TREITSCHKE, nicht RANKE ist die Losung der Zeit, und das nicht nur für die deutsche Geschichte! Ohne entschiedene Wertung des Stoffes, – nicht einer subjektiven, sondern einer volksverbundenen und volksverbindlichen – wird auch in der Altertumswissenschaft künftig nicht mehr zu arbeiten sein.[17]

Für BERVE wird der Rassengedanke zur beherrschenden Kategorie; seine Ausführungen gipfeln darin, dass man „fremdrassige, uns wesensfremde" Völker *per se* nicht verstehen könne. Inhaltlich folgerichtig spricht er der universalhistorischen Betrachtungsweise im Ganzen ihr „Lebensrecht" ab.[18] In seiner Replik aus dem Jahr 1937 kommt Walter OTTO zunächst – sozusagen ‚pflichtgemäß' – auch auf die neue ‚Disziplin' der „Rassengeschichte" zu sprechen, allerdings nicht ohne deren momentan noch so geringe wissenschaftliche Höhe zu bedauern.[19] Dann fährt er fort:

---

tenter Repräsentant in der deutschen Althistorie, […]." Dieser Auffassung schließt sich auch Stefan REBENICH in seinem kürzlich erschienenen Beitrag zum „Fall Helmut Berve" an. Auf der Grundlage umfangreichen Archivmaterials folgert REBENICH: „Als den Nationalsozialisten am 30. Januar 1933 die Macht übergeben wurde, hatte BERVE längst die Bausteine einer vitalistischen, rassistischen und aristokratisch-elitären Betrachtung der Antike zu einem eindrucksvollen Gebäude zusammengefügt, das unverkennbare Affinitäten zur nationalsozialistischen Weltanschauung aufwies." Vgl. DERS., Der Fall Helmut Berve, S. 469 f. Vgl. auch ebd., S. 477.

[16] BERVE, Rez. von: CAH[1]. Bd. 4–7, S. 67.

[17] BERVE, Zur Kulturgeschichte, S. 220.

[18] BERVE, Zur Kulturgeschichte, S. 229 f. Vgl. ebd., S. 228: „Mir scheint, daß hier auch der Punkt ist, wo der Rassengedanke, dessen Wert und Sinn die Gegenwart uns wieder bewußt gemacht hat, für die historische Wissenschaft wirklich tiefere Bedeutung gewinnt; er verbindet sich nämlich mit dem Problem des geschichtlichen Verstehens überhaupt." – Vgl. REBENICH, Der Fall Helmut Berve, S. 466: „Zum Subjektivismus der intuitiven Schau tritt die Ablehnung der universalhistorischen Konzeption, die etwa Eduard MEYER verfochten hatte, […]."

[19] OTTO, Zum Problem der Universalgeschichtsschreibung, Sp. 1133. Auch OTTOS

Schließlich könnte der Skeptiker auch noch die Frage erheben, wie der Historiker, da er ja letzten Endes nur Artgleiches wirklich erfassen könne, imstande sei, bei den Völkern, denen er sich völkisch verbunden fühle, die manchmal recht bedeutsamen artfremden Einflüsse richtig zu verstehen, die auf diese eingewirkt haben.[20]

Jedenfalls erwächst auch dem deutschen Historiker die Aufgabe, ausgehend von der nun einmal gegebenen natürlichen Grundlage, dem Boden des eigenen Volkstums, dem Individuellen wie dem Gemeinsamen im Leben der Völker, sowie ihrem ganzen Wesen nachzuspüren und damit zugleich dem allgemeinen Sinn des menschlichen Daseins. Er braucht darüber ebensowenig, wie dies RANKE getan hat, die Erforschung des einzelnen, all jenes, was ihm innerlich besonders nahesteht, zu vernachlässigen. Aber nur, wenn er es auch versteht, die einzelnen Phänomene mit dem nötigen Weitblick in die Weltgeschichte einzubetten, wird er wirklich imstande sein, das Einzigartige wie das Typische in ihrer geschichtlichen Eigenart und Bedeutung voll zu erfassen. Deshalb darf die Parole für uns nicht lauten: RANKE *oder* TREITSCHKE, sondern: *RANKE und TREITSCHKE*.[21]

utilitaristische Bemerkungen zur Weltgeschichte sind wohl eher als ‚Tribut' an die ‚neue Zeit' zu verstehen; vgl. DERS. Zum Problem der Universalgeschichtsschreibung, Sp. 1170: „Gerade ein selbsterarbeitetes näheres Wissen um die große geschichtliche Wahrheit des starken Verschiedenseins der Völker neben jener Einheit, die im geschichtlichen Leben trotz aller Vielfältigkeit immer wieder begegnet, dürfte sich auch politisch auswirken und dem bestunterrichteten Volke einen Vorsprung geben. Für jedes Volk, das in die Welt hinausdrängt, sollte schon um dessentwillen die Universalgeschichte ein stets im Auge behaltenes Ziel sein." – OTTO setzte sich zeitlebens für die Notwendigkeit weltgeschichtlichen Arbeitens im MEYERschen Sinne ein. Dabei wagte er allerdings bei aller Hochachtung, die er MEYER gegenüber aufbringt, auch Kritik an ihm, in dessen Werk ihn weniger einzelne ägyptologische Fehler störten, als vielmehr die oft apodiktische Urteilsform MEYERS insgesamt; vgl. OTTO, Zur Universalgeschichte des Altertums, S. 207 f.: „Dagegen ist es schon bedenklicher, wenn solche Ungenauigkeiten, wie es doch zuweilen geschieht, sich sogar in grundsätzlichen Urteilen auswirken, zumal gerade diese sich oft recht apodiktisch geben; im Interesse der Benützer, die zumeist über die erforderlichen Fachkenntnisse nicht verfügen dürften, denen daher die Nachprüfung oft so gut wie unmöglich ist, wünschte man sich solches apodiktisches Urteilen sehr viel seltener, [...]." Auch sei MEYER grundsätzlich „die Erkenntnis und richtige Wertung der irrationalen Kräfte" nicht gegeben gewesen; vgl. OTTO, Eduard Meyer und sein Werk, S. 4. Beim Erscheinen der von Hans Erich STIER besorgten zweiten Auflage von MEYER, GdA III kommentiert OTTO gar: „Nur mit Wehmut wird jeder, der Eduard MEYER nahegestanden hat, diesen Band seiner Geschichte des Altertums in die Hand nehmen. Zeigt doch diese posthume Veröffentlichung besonders ein-dringlich, wie auch das höchste Streben selbst eines großen Mannes nicht zur Erreichung des gesteckten Zieles ausreicht, wenn die Zeitumstände ihn nicht begünstigen." Vgl. OTTO, Eduard Meyers Geschichte des Altertums, S. 309. Zu OTTOS Einwänden gegen die Herausgebertätigkeit von STIER siehe oben Kap. III.2. Anm. 82. – Vgl. zu Walter OTTO bes.: CHRIST, Hellas, S. 189-191 mit Anm. S. 459 f. BENGTSON, Nachruf auf: Walter Otto; WEBER, Biographisches Lexikon, S. 427 f.

[20] OTTO, Zum Problem der Universalgeschichtsschreibung, Sp. 1133.

[21] OTTO, Zum Problem der Universalgeschichtsschreibung, Sp. 1170 f.

1940 schließlich weist OTTO mit der gebotenen Deutlichkeit daraufhin, dass in der logischen Konsequenz des rassistischen Ansatzes von Helmut BERVE nur historischer Provinzialismus entstehen kann.

> Bei strenger Erfüllung der BERVESchen Forderungen würden z. B. der alte Orient ebenso wie der moderne und z. T. auch die Vorgeschichte als Forschungsgebiet der deutschen Wissenschaft ausscheiden. Eigentlich sollten dann auch Bücher, die hierüber berichten, von denen, die so urteilen, nicht besprochen und gewertet werden, da diese ja über etwas, was ihnen letzten Endes fremd ist, ihr Urteil abgeben. Ferner müßten Lehrstühle für die Kunde Ostasiens oder für Amerikanistik von den deutschen Universitäten verschwinden; denn Wissenschaftler sind selbstverständlich nicht dazu da, irgendwelche ‚Kuriositäten' über artfremde Völker zusammenzutragen.[22]

BERVES Äußerungen belegen einmal mehr, dass der biologische Rassismus der Nationalsozialisten jede wirkliche historische Forschung behinderte, letztlich jegliche wissenschaftliche Tätigkeit *ad absurdum* führte.[23] Im Hinblick auf universalhistorische Themen und Methoden wird diese allgemeine Tatsache besonders klar und so mag man in BERVES entsprechender Abwehrhaltung – *horribile dictu* – ein Stück weit eine Art von Konsequenz erkennen. Anders verhält es sich in diesem Punkt mit Fritz SCHACHERMEYR, der sich in der ‚Hochschätzung' der rassenbiologischen Grundlagen mit

---

[22] OTTO, Eduard Meyers Geschichte des Altertums, S. 312.

[23] MOMIGLIANO zeichnet BERVES Weg vom Wissenschaftler zum Propagandisten des Dritten Reichs, der in einer Parallelisierung von THUKYDIDES und Adolf HITLER als Geschichtsdenkern gipfelt, knapp nach; vgl. DERS., Rez. von: BERVE, Storia Greca, S. 350 ff.; bes. S. 353. Hingegen scheinen die Ausführungen von Alfred HEUSS über seinen akademischen Lehrer BERVE, was für HEUSS sehr ungewöhnlich ist, allzu positiv: „Der Nationalsozialismus war ihm [*gem.*: Helmut BERVE] von hause aus widerwärtig, aber nachdem er den Staat erobert hatte, glaubte und fürchtete er, sich und die von ihm vertretene Sache nur unter Signalisierung eines positiven Verhältnisses zu ihm behaupten zu können." Vgl. HEUSS, Nachruf auf: Helmut Berve, S. 763. Das ist erstaunlich, weil BERVES erste klare Absage an die Universalgeschichte, letztlich an vertiefte historische Reflexionen überhaupt, bereits 1931 publiziert wurde; vgl. BERVE, Rezension von: CAH¹. Bd. 4–7. Zudem symbolisieren BERVES Hauptwerke über das *Alexanderreich* und die *Tyrannis bei den Griechen* mit ihrem rein prosopographischen Zugang geradezu das von HEUSS anderen Ortes scharf abgelehnte altertumswissenschaftliche Spezialistentum, das nach dem Muster eines „scientistischen Modells" vorgehe und „in der Form eines esoterischen Handbuches nur der gelehrten Zunft dient." Vgl. HEUSS, De se ipse, S. 795; DERS., Geschichtsschreibung und Geschichtsforschung, S. 2251 f. – Stefan REBENICH verweist zudem darauf, dass „die in BERVES Nachlaß erhaltenen Programme" die HEUSS-sche Lesart „nicht unbedingt" bestätigen; vgl. REBENICH, Der Fall Helmut Berve, S. 473. Bei den von BERVE gehaltenen Lehrgängen an der Leipziger Heimatschule ist der Besuch von Juden explizit ausgeschlossen; auch sonst waren die Veranstaltungen „soweit von den Ankündigungen geschlossen werden darf, durchaus zeit- und ideologiekonform." Vgl. REBENICH, Der Fall Helmut Berve, S. 473.

BERVE einig wusste. In vorauseilendem Gehorsam ‚erkannte‘ SCHACHER-
MEYR bereits 1933 in der „rassenbiologischen Einstellung" den entscheidenden Ansatzpunkt für seine „nordische Weltgeschichte".[24]

> Die Rassenforscher haben es längst erkannt, daß der Niedergang, ja die Auflösung
> des Volkstums der Griechen und Römer auf den Einfluß nichtnordischen Blutes und
> der damit artfremden Geistigkeit zurückzuführen ist. Diese beiden heterogenen
> Komponenten des Nordischen und Nichtnordischen vermag man nach richtiger
> Besinnung nicht anders denn als *Freund* und *Feind* zu betrachten.[25]

Folgerichtig stellt SCHACHERMEYR an den Anfang seines voluminösen
während des Weltkrieges geschriebenen Werks *Indogermanen und Orient*
ein Kapitel über „Rassenbiologische Grundlagen".[26] In dem Buch bemüht
sich SCHACHERMEYR an die Stelle des altüberkommenen Gegensatzes von
Orient und Okzident eine „*nordsüdlich* gestaffelte *Dreiheit*" zu setzen, „in
welcher sich die rassische Aufgliederung und auch der Raum der Alten
Welt" besser abbilden lasse.[27] Während im Norden die ständige Kälte und
im Süden die dauernde Hitze den Menschen stark zu schaffen mache, sieht
SCHACHERMEYR zwischen diesen „*kargeren* Gebieten" einen bevorzugten
„*Fruchtlandgürtel*", den er auch „*Vorzugsraum*" nennt.[28] Im nächsten Schritt
setzt sich SCHACHERMEYR mit „der *ursprünglichen Rassenaufgliederung* in
den hierfür in Frage kommenden Teilen Europas und Asiens" auseinander.[29] Besonders wichtig erscheint ihm in diesem Kontext die Unterscheidung verschiedener Schädelausformungen.[30] Immerhin begrüßt er es dann
doch noch, dass er für seine Darstellung zusätzlich zu dem „Skelettmateri-
al" auch auf „bildliche Darstellungen der verschiedenen Rassentypen und
die Dokumente ihrer geistigen und seelischen Haltung" zurückgreifen

---

[24] SCHACHERMEYR, Die Aufgaben der Alten Geschichte, S. 596. Vgl. ebd, S. 595:
„Unter *nordischer Weltgeschichte* verstehe ich eine Zusammenschau der geschichtlichen Manifestationen des nordischen Elementes, die sich erkenntnismäßig und darstel-
lerisch als Relief vom Hintergrund der nichtnordischen Substrate, Völker und Kulturen
abzuheben hat." Vgl. zu Fritz SCHACHERMEYR bes.: CHRIST, Hellas, S. 251–254; S. 302–
311 mit Anm. S. 473 f.; S. 479 f.; LOSEMANN, Antike und Nationalsozialismus, S. 47 f.;
S. 98 ff.; S. 177; S. 206; S. 227; WEBER, Biographisches Lexikon, S. 496 f. Vgl. bes. zu
SCHACHERMEYRS Geschichtsauffassung: NÄF, Der Althistoriker Fritz Schachermeyr; DERS.,
Von Perikles zu Hitler?, S. 135 ff.; BICHLER, Alexander der Große und das NS-Geschichtsbild, S. 353 ff.

[25] SCHACHERMEYR, Die Aufgaben der Alten Geschichte, S. 596 f.

[26] SCHACHERMEYR, Indogermanen und Orient, S. 1–25.

[27] SCHACHERMEYR, Indogermanen und Orient, S. 1.

[28] SCHACHERMEYR, Indogermanen und Orient, S. 1 ff.; Zitate: S. 4.

[29] SCHACHERMEYR, Indogermanen und Orient, S. 5.

[30] Vgl. SCHACHERMEYR, Indogermanen und Orient, S. 5: „Natürlich macht es bei
einem entsprechend erhaltenen Material keine besonderen Umstände, Langschädel,
Rundschädel und Steilschädel zu scheiden."

kann.[31]   Kaum verwundern kann es, wenn im Weiteren die „nordische Rasse" als die aktivste und im „Nordischen" allein „der Gestalter einer weitumfassenden Weltengeschichte" gesehen wird.[32] Dieselbe läuft bei SCHACHERMEYR nun als das „Ringen der starken Rassen um den Vorzugs-raum" ab,[33] bei dem die „starken Rassen" vom Norden aus gegen die „schwachen Rassen", die den Mittelraum besetzt halten, anstürmen.[34]

Nun wurde unlängst behauptet, dass die rassistischen Bezüge im Werk SCHACHERMEYR lediglich ephemerer Natur seien.[35] Dazu müsste der Beweis erbracht werden, dass sie keinen Einfluss auf die eigentliche Konzeption und Argumentation in seinen Publikationen gehabt hätten, jedoch ist das Gegenteil der Fall: Nach SCHACHERMEYR hält sich auch der Polisgedanke „durchaus im Rahmen nordischer Werthaltungen und stellt gegenüber der Adelsidee sogar noch eine tieferschürfende Ausformung nordischer Mög-lichkeiten dar."[36] Die Situation in Athen nach Perikles begreift SCHACHER-MEYR als „Kulturniedergang und Entnordung im Griechentum".[37] Miss-gunst habe sich gegen „die Auslese der Erbtüchtigeren" ausgebreitet.[38]

---

[31] SCHACHERMEYR, Indogermanen und Orient, S. 7.

[32] SCHACHERMEYR, Indogermanen und Orient, S. 8.

[33] SCHACHERMEYR, Indogermanen und Orient, S. 17.

[34] SCHACHERMEYR, Indogermanen und Orient, S. 18.

[35] Vgl. NÄF, Der Althistoriker Fritz Schachermeyr, S. 95: „Als die Bezüge auf die rassentheoretischen Autoren nach 1945 obsolet wurden, allen voran seit 1933 immer wieder auf Hans F. K. GÜNTHER, war es für SCHACHERMEYR ein Leichtes, sie aus seiner Geschichtskonzeption ebenso zu eliminieren wie eindeutig kompromittierende Formu-lierungen. In der Tat kann man SCHACHERMEYRS *Lebensgesetzlichkeit in der Geschichte* als Werk zur Geschichtsphilosophie, und nicht zur Rassentheorie, lesen. Es ist dann, wie der Autor zu manch anderem Werk jeweils schreibt, ein echter SCHACHERMEYR." Eben-falls sehr wohlwollend ist die Annahme von Beat NÄF, dass SCHACHERMEYR selbst wohl die „tieferen Abhängigkeiten seiner Geschichtskonzeption von der Rassenlehre" „gar nicht mehr bewusst" waren; vgl. NÄF, Der Althistoriker Fritz Schachermeyr, S. 98. Vgl. auch DERS., Von Perikles zu Hitler?, S. 145: „Die Beziehungen SCHACHERMEYRS zum Nationalsozialismus waren eng. Als etablierter Historiker trat SCHACHERMEYR der Partei bei, und mit seinen Schriften wollte er im nationalsozialistischen Sinne bilden. Dennoch sind SCHACHERMEYRS Schriften nicht einfach nur ein Abbild nationalsozialistischer Ideo-logie. Ihre geschichtstheoretischen Gedanken bilden ein selbsterarbeitetes Gefüge, [...]." Vgl. hingegen CHRIST, Hellas, S. 310: „Der ehrgeizige junge ‚Deutsch-Österreicher', der auf einen Lehrstuhl im ‚Reich' berufen worden war, engagierte sich dort zunächst sowohl aus echter Überzeugung wie aus Anpassung an die nationalsozialistische Ideolo-gie auf den Gebieten der Rassenlehre wie der Geschichtsbiologie, später – nach dem Verlust seines Grazer Ordinariats – auf jenen der Universalgeschichte, Geschichtsphilo-sophie und der Kulturmorphologie."

[36] SCHACHERMEYR, Indogermanen und Orient, S. 193.

[37] SCHACHERMEYR, Indogermanen und Orient, S. 193.

[38] SCHACHERMEYR, Indogermanen und Orient, S. 194.

Entscheidend ist und bleibt für den Autor das Blut: „Die Griechen haben sich inzwischen in ihrer Blutbeschaffenheit und damit in ihrer *Natur* verändert. Die nordische Komponente vermag nicht mehr des Steuers Herr zu bleiben. Vermischung und Ausmerzung haben sie ihrer Leitfunktion entthront."[39] Entlarvend sind auch die Ausführungen SCHACHERMEYRS über die Juden, die für ihn „ein Gemisch von wüstenländischen, armenoiden und westischen Elementen mit spärlicher nordischer Beimischung" bilden.[40] Sie folgten „ihrem parasitären Ausbreitungstrieb"; „Zweck und Ziel des Daseins" der Juden ‚erkennt' SCHACHERMEYR – ganz auf der Linie Adolf HITLERS – in der „Erringung der *Weltherrschaft*".[41] Vor diesem Hintergrund wirken SCHACHERMEYRS Bekenntnisse kurz vor seinem Tod 1987 geradezu grotesk: „Von der Nordischen Rasse hielt ich nicht allzuviel Positives, um so mehr aber von den mittelmeerischen Rassen. Die Semiten stellte ich als nomadisch mit den Nordischen als gleichbedeutend. Von den Juden sprach ich stets mit Achtung."[42] Nicht nur, dass SCHACHERMEYR hier schlichtweg lügt, wie ein Blick in seine eigenen Publikationen zwischen 1933 und 1945 zeigt, sondern darüber hinaus hält er offensichtlich auch noch mit über neunzig Jahren am Rassenbegriff im geschichtlichen Kontext fest. Es ist vollkommen verfehlt, den österreichischen Althistoriker, der wie BERVE nach 1945 nach einer kurzen Unterbrechung seine Karriere fortsetzen konnte, in die von ihm selbst gewünschte Nähe zu den auf „Kulturerhaltung" zielenden Benediktinern zu stellen.[43] Richtiger scheint es doch wohl, SCHACHERMEYR als das zu bezeichnen, was er war: ein überzeugter Rassist und Antisemit, ein exponierter Nationalsozialist innerhalb der Alten Geschichte und ein bedenkenloser Opportunist, der nach dem „Anschluss" seiner Heimat ans „Reich" und der dann bald erfolgten „Beurlaubung" des „Halbjuden" Franz SCHEHL im April 1939 endlich nach Österreich zurückkehren und seinen Platz als Ordinarius an der Universität in Graz einnehmen konnte.[44] SCHACHERMEYRS und BERVES Beiträge markieren einen Tiefpunkt

---

[39] SCHACHERMEYR, Indogermanen und Orient, S. 196.

[40] SCHACHERMEYR, Indogermanen und Orient, S. 334 ff.; Zitat: S. 334.

[41] SCHACHERMEYR, Indogermanen und Orient, S. 335. SCHACHERMEYR spart bei seinen teilweise nur noch widerlich zu nennenden Darstellungen kein nationalsozialistisches Stereotyp aus: „Es scheint sich ja in der Tat so zu verhalten, daß bei Kreuzung mit anderen Rassen gerade im Geistigen die Dominanzen zugunsten des jüdischen Erbteiles ausschlagen." Vgl. SCHACHERMEYR, Indogermanen und Orient, S. 343.

[42] Zitiert nach NÄF, Der Althistoriker Fritz Schachermeyr, S. 94. Anm. 43. Offensichtlich hatte SCHACHERMEYR seine Hoffnung, dass sein „Landsmann Hitler" „dieser Art von Deutschen schon *mores* lehren" würde, getrogen; vgl. ebd.

[43] NÄF, Der Althistoriker Fritz Schachermeyr, S. 86; S. 99. Man wünschte sich bei NÄF hier auch einen Hinweis auf die Tatsache, dass im Dritten Reich zwischen „kulturschaffenden, -erhaltenden und -zerstörenden Rassen" unterschieden wurde.

[44] LOSEMANN, Antike und Nationalsozialismus, S. 41; S. 202.

in der althistorischen weltgeschichtlichen Tradition und darüber hinaus in der Disziplingeschichte der Alten Geschichte in Deutschland insgesamt. Sie lassen sich nicht als reine Ergebenheitskundgebungen den neuen Machthabern gegenüber entschuldigen, sondern geben in ihrer gesamten Konzeption selbst die nationalsozialistische Weltanschauung wieder. Letztlich gehören ihre Schriften, zumal die aus der Zeit des Dritten Reichs, genauso, vielleicht sogar noch eher in eine Untersuchung über die Anfälligkeit von Akademikern dem Nationalsozialismus gegenüber als in eine Abhandlung zu ihrem ‚eigentlich intendierten' Sachthema.[45]

Komplizierter liegt der Fall mit Franz ALTHEIM.[46] Einerseits trat er – anders als viele seiner Kollegen – der NSDAP bis zum Ende des Dritten Reichs nicht bei und hatte es wohl nach dem zweiten Weltkrieg diesem Umstand zu verdanken, dass er seine Lehrtätigkeit in Halle zunächst fortsetzen konnte.[47] Andererseits wurden gerade seine Forschungen, besonders seine kostspieligen Reisen nach Skandinavien, in den Balkan und den Mittelmeerraum, finanziell massiv von Hermann Göring und Heinrich Himmler unterstützt. Seine Monographien über *Die Soldatenkaiser* bzw. *Die Krise der Alten Welt* wurden nicht nur in einer auffallend aufwendigen Ausstattung in der von der SS betreuten Reihe „Forschungs- und Lehrgemeinschaft ‚das Ahnenerbe'" publiziert, sondern auch noch mit einem „Geleitwort" von Himmler versehen.[48] Während gegen ALTHEIM noch 1935 der ‚Vorwurf'

---

[45] Zumindest können BERVES und SCHACHERMEYRS (Mach-)Werke nicht mit den von Volker LOSEMANN angesprochenen „wissenschaftlichen Arbeiten hohen Ranges" gemeint sein, die zwischen 1933 und 1945 in Deutschland erschienen seien; vgl. LOSEMANN, Antike und Nationalsozialismus, S. 16. Vgl. stattdessen: MOMIGLIANO, Rez. von: BERVE, Storia Greca, S. 358: „Der Nationalsozialismus ist eine Erscheinung, die anhand von Originalbelegen untersucht werden muß, denn nur sie können uns begreiflich machen, wie durchaus fähige Intellektuelle einer Religion haben anhängen können, die ihre größten Heiligtümer in Dachau und Auschwitz errichtete."

[46] Vgl. zu Franz ALTHEIM bes.: CHRIST, Römische Geschichte und deutsche Geschichtswissenschaft, S. 246–254; LOSEMANN, Antike und Nationalsozialismus, S. 123–139; S. 234–240; Hartmut WOLFF, Art. „Altheim, Franz", in: BRUCH / MÜLLER, Historikerlexikon, S. 4; WEBER, Biographisches Lexikon, S. 5 f.

[47] Vgl. WILLING, Althistorische Forschung in der DDR, S. 30: „Da ALTHEIM kein ‚PG' gewesen war, fiel er durch das Raster des sowjetischen Entnazifizierungsschemas." Schon 1947/48 konnte er im Gebiet der damaligen SBZ seine *Weltgeschichte Asiens* unter der „Lizenz Nr. 113 der Sowjetischen Militärverwaltung in Deutschland" publizieren; vgl. ebd. Bd. 1; 2, S. IV.

[48] „Ein Volk lebt so lange glücklich in Gegenwart und Zukunft, als es sich seiner Vergangenheit und der Größe seiner Ahnen bewußt ist." Vgl. ALTHEIM, Die Soldatenkaiser, S. 1 = DERS., Die Krise der Alten Welt. Bd. 1, S. 1. Für die „großzügige Unterstützung seitens des Herrn Preußischen Ministerpräsidenten und Generalfeldmarschalls H. Göring und des Reichsführers *SS* H. Himmler" bedankt sich ALTHEIM im Vorwort; vgl. DERS., Die Soldatenkaiser, S. 5; DERS., Die Krise der Alten Welt. Bd. 1, S. 7. – ALTHEIM

erhoben wurde, „die Geschichte des Altertums zu schreiben, als ob es das Problem der Rasse nicht gäbe", lässt sich spätestens seit 1937 seine Verbindung zum „Ahnenerbe" nachweisen.[49] Franz ALTHEIM demonstrierte, dass man auch im Dritten Reich und sogar mit höchster Rückendeckung universalhistorische Studien betreiben konnte; so überschreibt er die Einleitung zu seinem 1939 erstmals erschienenen Buch *Die Soldatenkaiser* programmatisch mit der Überschrift „Geschichte als Universalgeschichte".[50] ALTHEIM spricht sich hier dezidiert gegen ein übertriebenes Spezialistentum und die „Enge des Fachgelehrtentums" aus.[51]

> Geschichtliches Denken ist heute nur als universalgeschichtliches möglich; geschichtliche Fragen berühren uns erst, wenn sie unter universalgeschichtlichem Blickwinkel gesehen werden. Nur wer das Ganze ins Auge faßt, vermag die Besonderheit – und gerade die nationale Besonderheit der Teile zu begreifen. Wir erheben die Forderung, jede Einzelgeschichte eines Volkes aus dem Blick auf das Ganze der Geschichte heraus zu behandeln. Wir müssen uns daran gewöhnen, nicht in *einer* Kultur, sondern in Kulturen, in Reichen und großen Räumen zu denken. Nur wer Wüste und Puszta, wer Nomadenleben und Schamanismus kennt, kann der Städtekultur des Mittelmeerraumes gegenüber den rechten Standpunkt gewinnen. Ebenso muß man die Denkmäler der altmediterranen Welt in sich aufgenommen haben, um der Einzigartigkeit der nordischen Welt und der klassischen Antike gerecht zu werden.[52]

ALTHEIMS weiterreichende „herodoteische Forderung" der Autopsie in einem „Zeitalter nicht nur des Bücherschreibens, sondern auch des Bücher-

---

hat sein Werk mehrfach überarbeitet, ohne dabei allerdings etwas an der grundsätzlichen Struktur zu verändern – das voranstehende Himmler-Wort freilich ist in der Ausgabe von 1952 getilgt; vgl. ALTHEIM, Die Soldatenkaiser (1939), DERS., Die Krise der Alten Welt. Bd. 1; 3 (1943); DERS., Niedergang der Alten Welt. Bd. 1–2 (1952). Auch in anderen, späteren Werken ALTHEIMS finden sich zum Teil identische Formulierungen immer wieder wiederholt; vgl. unten dieses Kap. Anm. 52. Zur grundsätzlichen Darstellung seines Ansatzes wird daher im Weiteren vor allem auf *Die Soldatenkaiser*, seine erste wichtige Monographie in diesem Zusammenhang, zurückgegriffen.

[49] LOSEMANN, Antike und Nationalsozialismus, S. 124 f. Das Zitat von Alfred BAEUMLER als Mitglied der NSDAP-Hochschulkommission gegen die Berufung ALTHEIMS auf das Extraordinariat für Klassische Philologie an der Universität Frankfurt a. M. findet sich ebd., S. 124.

[50] ALTHEIM, Die Soldatenkaiser, S. 9.

[51] ALTHEIM, Die Soldatenkaiser, S. 10.

[52] ALTHEIM, Die Soldatenkaiser, S. 12. Vgl. DERS., Die Krise der Alten Welt. Bd. 1, S. 12: „Der Rahmen ist weit, sehr weit gespannt. Von den Wüsten- und Steppengebieten Nordafrikas erstreckt er sich bis an die Grenzen Indiens, von den Säulen des Hercules bis an die Mündung des Huang-ho." Vgl. DERS., Weltgeschichte Asiens. Bd. 2, S. 4: „Geschichtliches Denken ist heute allein noch als weltgeschichtliches möglich; geschichtliche Fragen berühren uns nur dann, wenn sie unter weltgeschichtlichem Blickwinkel gesehen werden."

erlebens" wird für seine materiell weniger gut ausgestatteten Kollegen wohlfeil geklungen haben;[53] zumal ALTHEIMS Reisen selten *nur* der wissenschaftlichen Erkenntnis dienten. Wissenschaftliche, kulturpolitische und rein politische Interessen verschränkten sich miteinander und machten seine Berichte nicht nur für die Forschungsförderung des „Ahnenerbes" interessant.[54] Es ist daher einerseits auch keine Überraschung, dass ALTHEIM nicht nur von diesem, sondern auch von Göring und dem Auswärtigen Amt Unterstützung zuteil wurde.[55] Andererseits muss man ALTHEIM zugeben, dass die Fotografien von Felsenbildern und Festungsbauten, Tempelanlagen und Skulpturen, die seinen Werken in reicher Anzahl beigefügt sind – in ihrer Mehrzahl handelt es sich um Aufnahmen von Erika TRAUTMANN – nicht nur Staffage sind.[56] Franz ALTHEIM bringt sie tatsächlich zum Sprechen, bindet sie als „Quellen" in seine Darstellung der Zeit „vom Ausgang des Commodus bis zum Regierungsantritt Diocletians" ein.[57] Erklärtermaßen geht es ihm „allein um die Ursprünge: um die Erfassung der Kräfte, die dieses Jahrhundert zur geschichtlichen Wende werden ließen"; nachgeordnet sind „das gesamte literarische Leben, Wirtschaft und Verwaltung".[58] Fundamental für ALTHEIMS universalhistorische Konzeption ist das Gegen-

[53] ALTHEIM, Die Soldatenkaiser, S. 12.

[54] Vgl. LOSEMANN, Antike und Nationalsozialismus, S. 128: „ALTHEIM registrierte nicht nur pro- und antideutsche Stimmungen, sondern äußerte sich auch zum jüdischen Einfluß und zu antisemitischen Bestrebungen in den jeweiligen Gastländern. Während er in Schweden 1938 ‚große politische Antriebe' vermißte, sorgte er sich in Rumänien um das Schicksal der ‚Eisernen Garde' und die unheilvolle ‚Rolle der jüdischen Mme. Lupesco'." Vgl. für weitere entsprechende Beispiele ebd., S. 128 ff. Andererseits setzte sich ALTHEIM auch für Verfolgte ein: „Die Verbindung ALTHEIMS zu Himmlers ‚Ahnenerbe' gab ihm [...] die Möglichkeit, zur Rettung der Tochter Karl Kerényis aus Auschwitz beizutragen." Vgl. LOSEMANN, Bemerkungen zur Forschungslage, S. 87. Gerade mit Blick auf ALTHEIM verbietet sich eine allzu einfache Schwarz-Weiß-Malerei; vgl. auch KLINGEMANN, NS-Wissenschaftspolitik, S. 188: „Franz ALTHEIM ist dabei wohl der inter-essanteste Fall, weil es ihm nach einhelligem Urteil gelang, das Ahnenerbe für seine Zwecke einzuspannen."

[55] LOSEMANN, Antike und Nationalsozialismus, S. 130.

[56] In seinem Buch *Die Soldatenkaiser* sind die zum großen Teil vorzüglichen Abbildungen noch über den gesamten Band verteilt, in der nächsten Version des Stoffes – *Die Krise der Alten Welt* – finden sich die Aufnahmen jeweils am Ende als Abbildungstafeln zusammenfasst. Bei beiden Verfahren wird der Bezug zum Text hergestellt: einmal findet man unter den Fotos jeweils die entsprechenden Seitenangaben, auf denen die Abbildung besprochen wird; vgl. ALTHEIM, Die Soldatenkaiser. Ein anderes Mal findet man am Rand des Darstellungsteils Verweise auf die Nummern der Abbildungstafeln; vgl. DERS., Die Krise der Alten Welt. – In der Nachkriegsversion, die in einem anderen Verlag erschien, fehlen die TRAUTMANN-Fotografien vollständig; vgl. ALTHEIM, Niedergang der Alten Welt. Bd. 1–2.

[57] ALTHEIM, Die Soldatenkaiser, S. 13.

[58] ALTHEIM, Die Soldatenkaiser, S. 13.

über von „Reich und Randvolk"[59]: Auf der einen Seite finde man „drei große Reiche und, mit ihnen zusammenfallend, drei Kulturkreise".[60]

> Am weitesten westlich die Länder um das Mittelmeer, die ihre staatliche Form im *Imperium Romanum* gefunden haben. Sodann Iran [...]. Als drittes und letztes bleibt zu nennen das chinesische Reich. Die Beziehungen, die zwischen den drei Staatsgebilden obwalteten, waren verschiedener Art. Verbindungen, die in unmittelbarem, sei es kriegerischem oder friedlichem Austausch bestanden, gab es in stärkstem Maß zwischen Iran und Rom. Aber auch zwischen diesen beiden und China werden die Fäden deutlich. Der Handel hat sie in erster Linie geknüpft; er hat solche Verknüpfungen die Jahrhunderte hindurch aufrecht erhalten.[61]

Auf der anderen Seite ständen die nomadischen „Randvölker" der Germanen, Sarmaten, Araber und Hunnen, die die alten Kulturreiche immer wieder von Neuem herausfordern.

> Die Analogie geschichtlichen Schicksals bedingt die Hervorbringung analoger geschichtlicher Bildungen. Wie in Iran und China die Abwehr der Reiter- und Steppenvölker einen guten Teil der Kräfte in Anspruch nahm, so vollzog sich diese Abwehr hüben und drüben in gleichen Formen. Nicht nur das Reich der Mitte suchte sich durch ein System von Sperranlagen gegen den unliebsamen Nachbarn zu schützen: Iran hat zu demselben Mittel seine Zuflucht genommen.[62]

In den „großartigen Sperranlagen" findet ALTHEIM dann auch den direkten Vergleichspunkt zu Rom.[63] Auch in der „Übernahme barbarischer Kampfformen und Truppengattungen", um sich der Nomaden besser erwehren zu können, seien die drei alten Reiche vergleichbar.[64]

> Es hebt sich bereits in Umrissen das Bild dieses dritten nachchristlichen Jahrhunderts ab. Iran, das China der ausgehenden Han, das römische *Imperium* – sie alle sind durch eine Reichsbildung, überhaupt durch ein staatliches Gefüge von vergleichsweiser Stärke und Beharrlichkeit ausgezeichnet. Hochgezüchtete Altkulturen, in ihre Spätform eintretend und reif geworden, umgeben sich mit Formen, die sich verfestigen, die zu erstarren beginnen. Allenthalben sind sie von unruhig wogenden, im Werden begriffenen Bereichen umgeben: den altgewordenen Hochkulturen tritt eine noch gestaltlose, aber zukunftsträchtige Welt ‚barbarischer' Randvölker gegenüber.[65]

Wobei ALTHEIM das Prädikat „barabarisch" ausdrücklich nicht als „Werturteil" verstanden haben will, sondern „lediglich zur Kennzeichnung des

---

[59] ALTHEIM, Die Soldatenkaiser, S. 43 ff.

[60] ALTHEIM, Die Soldatenkaiser, S. 43.

[61] ALTHEIM, Die Soldatenkaiser, S. 43 f.

[62] ALTHEIM, Die Soldatenkaiser, S. 58. Vgl. DERS., Die Krise der Alten Welt. Bd. 1, S. 77; DERS., Niedergang der Alten Welt. Bd. 1, S. 77.

[63] ALTHEIM, Die Soldatenkaiser, S. 59.

[64] ALTHEIM, Die Soldatenkaiser, S. 59.

[65] ALTHEIM, Die Soldatenkaiser, S. 59 f. Vgl. DERS., Die Krise der Alten Welt. Bd. 1, S. 77; DERS., Niedergang der Alten Welt. Bd. 1, S. 77.

Gegensatzes zu den Hoch- und Altkulturen",[66] schließlich ist Geschichte auch für ihn letztlich Rassenkampf.

> Völker, die geschichtlich noch ungeprägt, zum Teil noch kaum berührt waren, pochten an den Toren des römischen Reiches. Und auf dessen eigenem Boden meldeten sich andere Stämme und Rassen zu Wort, deren unverbrauchte Kraft bereit war, das schwindende italische Volkstum in der Führung des Imperiums zu ersetzen. Damit sind die Triebkräfte genannt, die wir heute als die bewegenden betrachten.[67]

In diesem weltgeschichtlich bedeutsamen Ringen stehen nach ALTHEIM „hier Orientalen, dort ein nordisch-indogermanischer Stamm, hinter dem sich als Erben die Germanen erheben" gegenüber.[68] Nur vor dieser Folie sind seine Anstrengungen zu verstehen, aus dem römischen Kaiser C. Iulius Verus Maximinius Thrax (235–238) mit aller Gewalt einen „Kaiser germanischen Blutes" zu machen.[69]

> In urwüchsig-strotzender Kraft gebärdete sich dieses Germanentum auf dem Thron. Noch war es sich einer Aufgabe nicht bewußt: in Tun und Lassen folgte es allein den Trieben seiner ungebändigten Natur. Nie kam Maximin der Gedanke, als Kaiser und Feldherr habe er eine Schlacht wirklich zu leiten. Er glaubte nicht anders, als daß er in vorderster Reihe kämpfen müsse: nach den mit eigener Hand vollbrachten Taten bewertete er sich und andere.[70]

Für ein derartig positives Bild vom Germanentum erntete ALTHEIM dann auch das Lob einschlägiger NS-Stellen. Die Rezensionen der Kollegen vom Fach hingegen fielen weniger schmeichlerisch aus.[71] Aus einem größeren

---

[66] ALTHEIM, Die Soldatenkaiser, S. 60. Anm. 1.

[67] ALTHEIM, Die Soldatenkaiser, S. 13 f.

[68] ALTHEIM, Die Soldatenkaiser, S. 14. Anderen Ortes spricht ALTHEIM auch von dem Kontrast zwischen „einer weiblichen und orientalischen" und einer „männlichen Welt des Westens und Nordens"; vgl. DERS., Die Krise der Alten Welt. Bd. 3, S. 110.

[69] ALTHEIM, Die Soldatenkaiser, S. 245 ff.; DERS., Die Krise der Alten Welt. Bd. 3, S. 115 ff.; DERS., Der Niedergang der Alten Welt. Bd. 2, S. 290 ff. „Man wird ihn als Kaiser germanischen Blutes anerkennen müssen." Vgl. ALTHEIM, Die Soldatenkaiser, S. 249 = DERS., Die Krise der Alten Welt. Bd. 3, S. 119 = DERS., Der Niedergang der Alten Welt. Bd. 2, S. 295. Schon LOSEMANN wies darauf hin, dass in allen drei Fassungen ALTHEIMS Plädoyer für die germanische Abkunft dieses Kaisers unverändert bleibt; vgl. LOSEMANN, Antike und Nationalsozialismus, S. 127. Maximinius Thrax, der nach der Ermordung von Severus Alexander von den Soldaten der Rheinarmee zum Kaiser ausgerufen wurde, gilt landläufig als erster „Soldatenkaiser"; vgl. knapp zum historischen Hintergrund: Hans-Georg PFLAUM, Das römische Kaiserreich, in: Propyläen Weltgeschichte. Bd. 4 (1963), S. 317–428; hier: S. 409 f.; Otto HILTBRUNNER, Art. „Maximinius Thrax", in: KlP. Bd. 3 (1969), Sp. 1111–1112; H. D. MEYER, Art. „Maximinius Thrax", in: LAW, Sp. 1873.

[70] ALTHEIM, Die Soldatenkaiser, S. 249. Vgl. DERS., Die Krise der Alten Welt. Bd. 3, S. 123; DERS., Niedergang der Alten Welt. Bd. 2, S. 299.

[71] LOSEMANN, Antike und Nationalsozialismus, S. 127 f.; ENSSLIN, Rez. VON: ALT-

zeitlichen Abstand ist festzuhalten, dass ALTHEIMS universalhistorisches Konzept sowohl in seiner Anlage als auch in seiner Durchführung qualitativ erheblich über dem von SCHACHERMEYR steht. Gleichwohl trägt es doch unverkennbar deutliche Zeichen seiner Entstehungszeit, ist es letztlich auch ein Beispiel für den fatalen Versuch, einen biologischen Rassismus für die Geschichtswissenschaft fruchtbar zu machen. Sicherlich macht dies nicht jede Detailbeobachtung unbrauchbar, doch sollte man, wenn man das Werk heute überhaupt noch zur Hand nimmt, seine tendenziösen Grundannahmen zur Kenntnis nehmen.

Gegen Ende des Zweiten Weltkrieges schrieb Ernst KORNEMANN schließlich noch seine zweibändige *Weltgeschichte des Mittelmeerraums von Philipp II. bis Mohammed*, die erst nach seinem Tod durch Hermann BENGTSON herausgegeben wurde.[72] KORNEMANN, der sich selbst stets als „Universalhistoriker des Altertums" betrachtet hatte,[73] unternahm hier nach seiner Emeritierung den Versuch einer Synthese seiner weitgestreuten Interessen und Arbeitsschwerpunkte: Nach Darstellung der „geopolitischen Grundlegung" und den „ethnographischen Voraussetzungen" seiner *Weltgeschichte* gibt KORNEMANN einen knappen Überblick über die Geschichte der Meder, Perser und Assyrer sowie der persisch-griechischen Auseinandersetzungen bis zum vierten vorchristlichen Jahrhundert.[74] Anschließend handelt er in drei großen Kapiteln jeweils die „Weltherrschaft der Makedonen"[75], die „Weltherrschaft der Römer, die Hegemonie Italiens und des Westens"[76] und „Die Spätantike: Neurom und Neupersien" ab.[77] Über Mohammed hinaus führt er sein Werk schließlich bis zum Tod Friedrichs II. von Hohenstaufen im Jahre 1250. „Zum letztenmal starb ein Weltenkaiser, ein Pantokrator von

---

HEIM, Die Soldatenkaiser. Vgl. MOMIGLIANO, Rez. von: ALTHEIM, Die Soldatenkaiser, S. 131: "At present one regrets to see him [*gem.*: Franz ALTHEIM], even if temporarily, among those who abandon themselves to the fascination of barbarism."

[72] Vgl. zu Ernst KORNEMANN bes.: CHRIST, Römische Geschichte und deutsche Geschichtswissenschaft, S. 133–144; HEUSS, Nachruf auf: Ernst Kornemann; BENGTSON, Gedenkblatt für Ernst Kornemann; WEBER, Biographisches Lexikon, S. 317 f. Vgl. für KORNEMANNS Geschichtsbild bes. ULF, Ideologische Grundlagen, S. 320 ff. Zu den Entstehungsbedingungen der *Weltgeschichte* vgl. BENGTSON, Gedenkblatt für Ernst Kornemann, S. 642: „In den letzten Jahren arbeitete er mit einer stark reduzierten Bibliothek. Er hatte allen irdischen Ballast abgeworfen und erstrebte nur noch das Ziel, seine ‚Weltgeschichte' zu Ende zu führen. Bei seinem Tod lag das Manuskript glücklicherweise lückenlos vor, aber es war noch nicht druckreif, doch ist es gelungen, dem Werk die endgültige Form zu geben, [...]."

[73] BENGTSON, Gedenkblatt für Ernst Kornemann, S. 641.

[74] KORNEMANN, Weltgeschichte des Mittelmeerraumes, S. 1–61.

[75] KORNEMANN, Weltgeschichte des Mittelmeerraumes, S. 62–346.

[76] KORNEMANN, Weltgeschichte des Mittelmeerraumes, S. 347–767.

[77] KORNEMANN, Weltgeschichte des Mittelmeerraumes, S. 770–1012.

stark antiker Formung. Mit ihm ging das heroische Zeitalter des Römischen Kaisertums der Deutschen eigentlich zu Ende."[78] KORNEMANNS Werk ist strukturell und inhaltlich nichts Anderes als der Versuch einer Fortsetzung der MEYERschen *Geschichte des Altertums* an der Stelle, wo diese abbricht.[79] Mit ihrem oft allzu pathetischen Stil und der vergleichsweise deutlich geringeren Durchdringung des historischen Stoffs fällt KORNEMANNS *Weltgeschichte des Mittelmeerraumes* jedoch stark gegenüber dem MEYERschen Werk ab.[80]

Aufs Ganze betrachtet blieb die Phase des Nationalsozialismus in Deutschland somit eine schlechte Zeit für eine glaubwürdige universalhistorische Betrachtungsweise im wissenschaftlichen Sinn. Gegenüber der dumpfen Beschränktheit der nationalsozialistischen Rassenideologie wirkt die Tradition des MEYERschen Geschichtsmodells geradezu weltoffen.[81]

---

[78] KORNEMANN, Weltgeschichte des Mittelmeerraumes, S. 1010.

[79] So schon Hermann BENGTSON in seinem Herausgebervorwort zur Sonderausgabe von KORNEMANNS Werk in einem Band (1967); vgl. KORNEMANN, Weltgeschichte des Mittelmeerraumes, S. IX: „Der Verfasser […] knüpfte mit seinem großen Werk an die *Geschichte des Altertums* Eduard MEYERS an, die ungefähr in der Mitte des 4. Jahrhunderts v. Chr. abbricht." – In KORNEMANNS eigener Darstellung sucht man einen entsprechenden Hinweis vergeblich; stattdessen lenkt er mit seiner Widmung den Blick auf Alfred von GUTSCHMID: „meinem großen Vorgänger auf dem Tübinger Lehrstuhl, […], dem bahnbrechenden Forscher auf dem Gebiete der Universalgeschichte des Altertums." Vgl. KORNEMANN, Weltgeschichte des Mittelmeerraumes, S. V.

[80] CHRIST, Römische Geschichte und deutsche Geschichtswissenschaft, S. 143: „Jede Bewunderung für die moderne und zugleich persönliche Konzeption, die hier vorliegt, wird indessen gedämpft durch die Feststellung, daß es sich bei dem zentralen römischen Teil in erstaunlichem Umfang um ein – nicht adäquat gekennzeichnetes – Konzentrat der *Römischen Geschichte* handelt." Letztlich demonstrierte KORNEMANNS Darstellung nur die grundsätzliche Fruchtbarkeit des MEYERschen Konzepts auch für die Zeit nach dem 4. Jahrhundert v. Chr. Wenn auch die *Weltgeschichte des Mittelmeerraumes* nach CHRIST keinen Ersatz für die ungeschriebene Fortsetzung der *Geschichte des Altertums* bilden kann, zeigt sie doch „wenigstens den Rahmen, der dabei zu füllen war." Vgl. CHRIST, Hellas, S. 125. Alfred HEUSS spricht in seinem Nachruf auf Ernst KORNEMANN mit Blick auf dessen *Weltgeschichte* von dem großen „Abstand zwischen Vorhaben und Ausführung"; vgl. HEUSS, Nachruf auf: Ernst Kornemann, S. 741. Vgl. auch ebd.: „KORNEMANN war kein kritischer und nachdenklicher Kopf, und im Grunde war auch seine geschichtliche Bildung nicht tief, doch war er dabei nie eng und banausenhaft, vielmehr immer bereit, sein Blickfeld zu erweitern und Neues aufzunehmen."

[81] Eduard MEYER über den modernen Rassenbegriff; vgl. DERS., GdA I / 1, S. 77: „Auch hier hat erst unsere Zeit dem äußeren Gegensatz eine innere Bedeutung beigelegt, und manche ins Absurde überspannte Theorien haben dem Rassenfaktor eine Bedeutung zugeschrieben, die ihm niemals zugekommen ist und aller geschichtlichen Erfahrung ins Gesicht schlägt. Die populäre Meinung, daß der Gegensatz gegen die Juden (‚Antisemitismus') ein Rassengegensatz sei und mit der Rasse irgend etwas zu tun habe, ist

Erst nach dem Ende des Dritten Reichs und befreit von staatlichen Einschränkungen in Forschung und Lehre konnte wieder in einem größeren
Maßstab an eine Auseinandersetzung mit den Möglichkeiten der Universalgeschichtsschreibung gedacht werden; so brach in den 1950er und 1960er
Jahren eine Zeit an, in der sich viele Historiker regelrecht in die „vergleichsweise reinere Luft universalgeschichtlicher Forschung" zurückzu-
ziehen wünschten.[82] Damals gab Joseph VOGT seinem Wunsch nach einer
großen historischen „Synthese" Ausdruck:

vollständig irrig; er herrscht bei ihren nächsten Stammverwandten ganz ebenso wie bei
den Europäern. Allbekannt ist, daß der Gegensatz der Rassen im Orient kaum empfunden wird, und selbst die Abneigung gegen den Neger nur bei den germanischen (englischen) Stämmen zu voller Schärfe herausgebildet ist." – MEYER lehnte politischen und
rassistischen Antisemitismus prinzipiell ab, wie sich nicht zuletzt schon an der Tatsache
der Existenz seines intensiven Briefwechsels mit Victor EHRENBERG ablesen lässt; vgl.
MEYER, Briefe. Die in seinen historischen Darstellungen, insbesondere in seinem Werk
über *Ursprung und Anfänge des Christentums* gelegentlich zu findenden antijüdischen
Stereotype sollen keineswegs verharmlost werden; vgl. AUDRING / HOFFMANN / UNGERN-
STERNBERG, Einleitung zu: MEYER, Briefe, S. 30 ff. Vgl. auch HOFFMANN, Eduard Meyers
England- und Amerikabild, S. 51: „MEYERS Gleichsetzung zwischen jüdischem und
angloamerikanischem ‚Wesen' ist deutlich religionsgeschichtlich und nicht in erster
Linie antisemitisch oder gar rassistisch geprägt. Es ist die durch das alte Testament ver-
mittelte sog. ‚jüdische Mentalität', die in vielfältiger Weise Wirtschaft und Kultur Eng-
lands und Amerikas negativ beeinflußt, nicht das Wirken einzelner Juden, wie das die
Antisemiten behaupteten." Es bleibt ein weiter Abstand zu den Ausführungen von
BERVE, SCHACHERMEYR und ALTHEIM; vgl. auch MEYER, GdA I / 2, S. 415 ff. Ebd., S. 417:
„Trotz dieser Mängel sind die Semiten ein hochbegabter Volksstamm, der im historischen Leben der Menschheit Gewaltiges geleistet hat." Für MEYER besonders „erstaunlich" ist „die selbständige Entwicklung, welche in der Enge Palaestinas das kleine Volk
der Israeliten sich errungen hat, und die gewaltige weltgeschichtliche Wirkung, die von
hier ausgegangen ist." Vgl. ebd., S. 417.

[82] MOMMSEN, Geschichte und Geschichten, S. 125. Die bei Wolfgang J. MOMMSEN
allgemein formulierte Wendung kann man gut konkret auf Joseph VOGT beziehen, der zu
denjenigen gehörte, die sich während des Dritten Reichs ernsthaft kompromittiert haben; vgl. MOMIGLIANO, Und nach Max Weber?, S. 299. Vgl. auch CHRIST, Neue Profile
(*Joseph Vogt*), S. 80 f.: „VOGT war kein nationalsozialistischer Aktivist; dem stand
schon sein katholischer Glaube entgegen. Doch andererseits widersprachen die in seinen Schriften schon vor 1933 angesprochenen Wertungen der nationalsozialistischen
Weltanschauung nicht; sie konnten vielmehr mit deren Intentionen verbunden werden."
VOGT setzte sich in den dreißiger und frühen vierziger Jahren stark für eine Synthese der
NS-Rassenlehre mit einer streng wissenschaftlichen Althistorie ein, die letztlich schei-
terte. Vgl. ebd., S. 95. Ebenfalls ebd.: „Der idealistische Althistoriker […] konnte offensichtlich nicht erkennen, welche fatalen verbrecherischen Konsequenzen das nationalsozialistische System aus der Rassenlehre zog." Vgl. auch KÖNIGS, Joseph Vogt,
passim. Die Autorin stellt erst sehr ausführlich VOGTS Werdegang bis 1946 dar; vgl.
ebd., S. 9–71, geht dann auf einzelne Schwerpunkte seiner Arbeit in der Zeit der Weimarer Republik und des Dritten Reichs ein. V. a. in VOGTS Schrift über *Die Römische*

Der Zwiespalt zwischen dem Reichtum an Einzelwissen und dem Verlust an Sinngehalten läßt die Spezialisierung zum Dilemma werden, gelegentlich ist geradezu von einer Sättigung der historischen Wissenschaft die Rede. […] Das Verlangen nach Synthese in einem Augenblick, in dem die Menschheit sich ihrer Einheit bewußt wird und zugleich die äußerste Gefährdung des Humanen erfährt, stellt die Wissenschaft vor die Frage, ob eine Integration der historischen Welt methodisch erreicht werden kann.[83]

Sammelwerke wie das *Saeculum-Jahrbuch für Universalgeschichte*, aus dessen Umfeld später die *Saeculum-Weltgeschichte* erwuchs oder die *Cahiers d'histoire mondiale* sollten „Bausteine für eine Menschheitsgeschichte" bereitstellen.[84] Die „Schau des Ganzen" aber werde „in der

---

Republik erkennt KÖNIGS völkisches und rassistisches Gedankengut; vgl. ebd., S. 105 ff. In ihrer Schlussbetrachtung schießt sie dann doch etwas über das Ziel hinaus, indem sie VOGT aufgrund des genannten Werkes als „Steigbügelhalter für Hitler" ausmacht; vgl. ebd., S. 287. 2001 analysiert Jürgen von UNGERN-STERNBERG einen Vortrag, den VOGT am 18. April 1942 vor dem NS-Dozentenbund in Freiburg hielt; vgl. UNGERN-STERNBERG, Imperium Romanum vs. Europa, S. 413 ff. „Ihm [*gem.*: Joseph VOGT] gelang […] vom Raumgedanken her eine großangelegte Analogie zur Gegenwart, d. h. eine implizite Beschreibung der deutschen Machtstellung und Machtausübung im Europa des Jahres 1942. Diese war indes von einer ‚verantwortungsbewußten Herrschaft' dermaßen weit entfernt, daß die Analogie notwendig zu einer bewußten Bemäntelung des Bösen werden mußte. Ob VOGT dies selbst gesehen oder geahnt hat, oder ob er in einer dann fast schon grenzenlosen Naivität seine Ausführungen als einen Appell zu größerer Verantwortung verstanden hat, mag offen bleiben." Vgl. ebd., S. 416.

[83] VOGT, Wege zum historischen Universum, S. 132 f. Vgl. zu Joseph VOGT bes.: CHRIST, Neue Profile (*Joseph Vogt*), S. 63–124; S. 351 f.; DERS., Joseph Vogt und die Geschichte des Altertums; TOYNBEE, Die ‚Alte Geschichte' und die Universalhistorie; Hartmut Wolff, Art. „Vogt, Joseph", in: BRUCH / MÜLLER, Historikerlexikon, S. 332; WEBER, Biographisches Lexikon, S. 623; KÖNIGS, Joseph Vogt, *passim.* – VOGT kam als Nachfolger von Julius KAERST in Würzburg erstmals intensiver mit universalgeschichtlichen Fragen in Berührung; vgl. VOGT, Julius Kaerst. Später gewann für VOGT als Universalhistoriker die Auseinandersetzung mit TOYNBEES *Study of History* einige Bedeutung; vgl. VOGT, Die antike Kultur in Toynbees Geschichtslehre; DERS., Wege zum historischen Universum, S. 51 ff.; S. 98 ff. TOYNBEE seinerseits nahm auch VOGTS Schriften zur Kenntnis und widmete ihm anlässlich seines 75. Geburtstags einen phasenweise sehr persönlich gehaltenen Beitrag im Saeculum-Jahrbuch von 1970; vgl. TOYNBEE, Die ‚Alte Geschichte' und die Universalhistorie, S. 91 f.: „Es gibt in der Tat in Joseph VOGTS Lebenslauf und in meinem eigenen eine Vielzahl gemeinsamer Grundlinien. […] Wir haben somit beide dieselbe Erfahrung der zeitgenössischen Welt aus erster Hand gewonnen, und wir haben Zeit gehabt, diese Erfahrung zu verdauen. Darin sind wir vom Schicksal begünstigt. Historiker brauchen mehr Zeit als Mathematiker, Sportler oder Tänzer, und Joseph VOGT und ich sind Historiker, die zwei Weltkriege überlebt haben." Vgl. ebd., S. 105: „Wenn man ein guter Universalhistoriker sein will, muß man auch für irgendein besonderes Teilgebiet des Universums ein guter Spezialhistoriker sein. Dies ist die Belehrung, die Joseph VOGT seinen Freunden und Kollegen erteilt hat."

[84] VOGT, Geschichte des Altertums und Universalgeschichte, S. 378.

Universalgeschichte wie in allen Wissenschaften Mühe und Gnade eines einzelnen sein."[85] Schranken seien der Forschung lediglich durch die natürliche Begrenzung der Lebensdauer ihrer Forscher gesetzt; denn auch überzeugte Verfechter des Projekts einer Universalgeschichte des Altertums im MEYERschen Sinne können nicht umhin, sich dem alten Satz *ars longa, vita brevis* zu beugen.

> Daß die Idee einer derartigen Geschichte der Alten Welt unter universalen Gesichtspunkten durchführbar ist, steht für mich außer Zweifel. Man darf nur nicht erst mit 50 oder 60 Jahren an die Aufgabe herangehen, dann ist es zu spät und das Werk bleibt in der Regel unvollendet. Eduard MEYER begann seine große *Geschichte des Altertums* mit 25 Jahren, im Jahre 1880. Als er 47 Jahre alt war, hatte er den 5. Band beendet. Daß er nicht weitergekommen ist, hängt, wenigstens teilweise, mit einschneidenden äußeren Ereignissen zusammen, vor allem mit dem Ausbruch des ersten Weltkrieges, [...].[86]

Die DDR-Althistorikerin Elisabeth Charlotte WELSKOPF steckt 1965 vor dem Hintergrund des historischen Materialismus einen noch erheblich weiteren Rahmen für universalhistorische Betrachtungs- und Vorgehensweisen ab. Sie bestimmt die „wissenschaftliche Aufgabe des Althistorikers" auch in der engen Zusammenarbeit mit Forschern anderer Kulturen.

> Wenn wir das Forschungsfeld des sog. Althistorikers sowie der als Historiker arbeitenden Orientalisten, Afrikanisten und Amerikanisten zunächst zusammenfassen und alle von ihnen untersuchten alten Kulturen – das Wort Kultur im weitesten Sinne gebraucht – als Forschungsfeld innerhalb der Weltgeschichte charakterisieren wollen, so steht bei allen Diskussionen und Divergenzen, die sich nicht nur aus Unterschieden der allgemeinen Konzeption, sondern auch im Rahmen einer prinzipiell einheitlichen Geschichtsauffassung ergeben, doch das eine fest: Es handelt sich hier um erste sogenannte Hochkulturen, um Klassenspaltungen und Staatsbildungen, die in der Geschichte der menschlichen Gesellschaft seit der Menschwerdung, einen tiefgreifenden, alle bisherigen Verhältnisse und Leistungsmöglichkeiten verändernden Umbruch zum Inhalt haben, und das auf allen Gebieten.[87]

---

[85] VOGT, Geschichte des Altertums und Universalgeschichte, S. 378. Genauso TOYNBEE; vgl. DERS., Die 'Alte Geschichte' und die Universalhistorie, S. 103: „Intellektuelle Arbeit kann nur durch den individuellen Menschengeist verrichtet werden; sie kann nicht [...] durch eine kooperative Arbeitsteilung getan werden. Ein Team kann ein Haus, ein Schiff oder einen Staudamm bauen. Aber nur ein individuelles Geistwesen kann einen Gedanken denken und ihn dann in Worte fassen, vermittels deren [*sic!*] er für andere individuelle Geistwesen mitteilbar wird."

[86] BENGTSON, Zum Problem der Universalgeschichte, S. 46 f. Vgl. zu Hermann BENGTSON bes.: CHRIST, Hellas, S. 314-324 mit Anm. S. 480 ff.; DERS., Römische Geschichte und deutsche Geschichtswissenschaft, S. 282 ff.; Hartmut BEISTER, Art. „Berve, Helmut", in: BRUCH / MÜLLER, Historikerlexikon, S. 26; WEBER, Biographisches Lexikon, S. 38 f.

[87] WELSKOPF, Die Aufgabe des Althistorikers, S. 4. Den allgemeinen Vorgaben des

Daneben nimmt sich Robert WERNERS Plädoyer wieder ganz in der MEYERSCHEN Tradition, das Altertum als „Einheit zweier Kulturkreise, des vorderasiatisch-ägyptischen und des griechisch-römischen" aufzufassen, geradezu bescheiden aus.[88]

> Nach diesen Ausführungen kann das Altertum entsprechend der entwickelten universalhistorischen Auffassung als eine einheitliche Periode der Menschheitsgeschichte definiert werden, deren Schauplatz der Mittelmeerraum und seine Randgebiete unter Einschluß Vorderasiens, des thrakisch-pontischen Bereiches, Griechenlands und Italiens mit den im Norden angrenzenden Ländern bis zur Donau und dem Rhein, Britanniens bis nach Schottland, Spaniens, der nordafrikanischen Küstenlandschaften und Ägyptens wie mit dem Vorfeld der zentralasiatischen Oasenkulturen, aber mit Ausschluß Indiens, Ostasiens, Amerikas und Nord-Europas in der Zeit vom beginnenden 3. Jt. v. Chr. bis in das 6./7. Jh. n. Chr. gewesen ist und als vorderasiatisch-mittelländischer Kulturkreis seinen sachlichen und chronologischen Ort zwischen dem Ende der schriftlosen Prähistorie und dem Anfang des abendländischen Mittelalters besitzt.[89]

historischen Materialismus kann sich auch die führende DDR-Althistorikern nicht entziehen. Die üblichen obligatorischen ‚Kronzeugen' jeglicher ‚Wahrheit' – Marx und Engels – werden auch hier in den Argumentationsablauf mit Zitaten eingepasst; vgl. ebd. S. 8; S. 12. Vgl. auch DIES., Probleme der Periodisierung der Alten Geschichte. Vgl. insgesamt zu dem Komplex ‚Alte Geschichte in der DDR': WILLING, Althistorische Forschung in der DDR. Vgl. zu Elisabeth Charlotte WELSKOPF ebd., *passim*; bes.: S. 90–92; S. 140–142. Ferner: CHRIST, Römische Geschichte und deutsche Geschichtswissenschaft, S. 317 ff.; DERS., Hellas, S. 372–374; S. 491. „Von den Althistorikern der DDR hat sich als erste E. Ch. WELSKOPF (1901–1979) in einer systematischen Weise bemüht, die materialistischen Grundlagen für die theoretische Einschätzung der Produktionsverhältnisse des alten Orients und der griechisch-römischen Antike zu vermitteln. Frau WELSKOPF ging dabei bezeichnenderweise nicht von der systematischen Sammlung, Analyse und Interpretation antiker Primär- oder Sekundärquellen aus, sondern von derjenigen der Aussagen der Klassiker des historischen Materialismus." Vgl. CHRIST, Römische Geschichte und deutsche Geschichtswissenschaft, S. 317. „In ihrem Erstlingswerk *Das Reich Caesars* nahm Frau WELSKOPF eine Äußerung Stalins aus seinem Buch *Der Marxismus und die Fragen der Sprachwissenschaft* zum Ausgangspunkt der Überlegungen, leitete daraus sechs Fragen ab, die sie fast ausschließlich gestützt auf die vier (!) Klassiker des Marxismus-Leninismus zu beantworten suchte." Vgl. WILLING, Althistorische Forschung in der DDR, S. 91. – Diese Form des ‚wissenschaftlichen Arbeitens' spricht für sich.

[88] WERNER, Über Begriff und Sinn der Geschichte des Altertums, S. 324.

[89] WERNER, Über Begriff und Sinn der Geschichte des Altertums, S. 328. Vgl. auch MORENZ, Die Einheit der Altertumswissenschaften, S. 203: „Es gibt eine Einheit des Altertums, genauer gesagt: eine Einheit der alten Welt um das Mittelmeer. Die Einheit wird sichtbar in einem vielfältigen Lebenszusammenhang zunächst der Länder Vorderasiens und Nordostafrikas untereinander, dann des gesamten sogenannten Alten Orients mit der griechisch-römischen Antike. Daraus folgt zwar leider noch nicht, daß es auch eine Einheit der Altertumswissenschaften gibt, aber es folgt doch immerhin, daß es diese Einheit geben *sollte*."

Die beiden wesentlichen Probleme universalgeschichtlicher Betrachtungsweise, das *inhaltliche* ‚Auswahlproblem' und das *methodische* ‚Sprachenproblem', werden immer wieder herausgestellt.[90] In seiner Mainzer Rede vor dem Institut für Europäische Geschichte berichtet Joseph VOGT von einem befreundeten Kollegen, der ihm offen heraus gestanden habe, „er verstehe unter einem Universalhistoriker einen Historiker, der keine Quellen mehr liest."[91] Die von VOGT angebotene ‚Lösung' kann jedoch nicht recht überzeugen.

> Es wird wohl notwendig sein, auf der Oberstufe der höheren Schule einer Auslese von Schülern eine umfassende sprachliche Ausbildung zu vermitteln. Aus diesen Reihen wird die Universität einen Nachwuchs von Historikern gewinnen müssen, die die griechischen und lateinischen Texte wie tägliches Brot genießen und daneben sich die Sprachen der Hethiter und Iranier oder der Assyrer und Phöniker aneignen.[92]

Heute ist fast ein halbes Jahrhundert seit VOGTS Forderung an den Sprachunterricht vergangen und es ist klar, dass Schule und Hochschule einen gänzlich anderen Weg eingeschlagen haben als dies Joseph VOGT in

---

[90] Siehe ganz grundsätzlich zu den beiden Aspekten schon Eduard MEYERS Position oben Kap. III.2.

[91] VOGT, Geschichte des Altertums und Universalgeschichte, S. 372. Vgl. zu dem Problem auch OTTO, Zum Problem der Universalgeschichtsschreibung, Sp. 1127 f.; WERNER, Über Begriff und Sinn der Geschichte des Altertums, S. 334; HAMPL, Universalhistorische Betrachtungsweise, S. 143 ff.

[92] VOGT, Geschichte des Altertums und Universalgeschichte, S. 377. Siehe auch unten dieses Kap. Anm. 93. Ganz ähnlich auch noch 1971 Robert WERNER; vgl. DERS., Über Begriff und Sinn der Geschichte des Altertums, S. 334. Er macht als „hauptsächlichste Crux" bei einer weltgeschichtlichen Betrachtung „die Reihe der indogermanischen und semitischen Sprachen" aus, die man idealiter beherrschen sollte. „Da zu ihrer vollkommenen Beherrschung, welche die ständige philologische und linguistische Beschäftigung mit ihnen bedingen würde, ein ganzes Gelehrtenleben kaum ausreicht, ist mit dem hier unerläßlichen Mut zur Lücke und zum Exemplarischen das Postulat zu erheben, daß neben der selbstverständlichen Kenntnis des Griechischen und Lateinischen die Beschäftigung mit wenigstens einer orientalischen Sprache, in Sonderheit des Akkadischen oder Aramäischen, soweit gedeihen muß, daß nicht nur die in dieser Sprache geschriebene Überlieferung gelesen und verstanden werden kann, sondern auch der Ausgangspunkt für die Erarbeitung weiterer Sprachen des gleichen Bereichs erreicht wird." (Ebd.). Vgl. auch BENGTSON, Barthold Georg Niebuhr und die Idee der Universalgeschichte, S. 36; DERS., Zum Problem der Universalgeschichte, S. 47. Vgl. für die gleichbleibende Aktualität des Sprachenproblems: POMPER, World History and Its Critics, S. 2: "However, unlike colleagues who focus more narrowly and use all relevant primary as well as secondary sources, practitioners of world history rely heavily upon secondary sources. Such reliance evokes disapproval among guild members, for whom only direct scrutiny of documents validates the status of historian."

seiner schon 1957 sehr idealisierten Vision vorschwebte.[93] Es ist schlicht ein Gebot der Ehrlichkeit zuzugeben, dass sich die beiden Postulate nach universalhistorischer Betrachtung einerseits und der Beherrschung sämtlicher relevanter Quellen-Sprachen andererseits schon prinzipiell gegenseitig ausschließen.[94] Franz Hampl spricht die einzige verbleibende Konsequenz aus, wenn er festhält, dass sich „jeder Historiker, ob universalgeschichtlich orientiert oder nicht" darüber im Klaren sein sollte, dass er „verpflichtet ist, Texte soweit wie möglich in der Ursprache zu lesen."[95] Letztlich aber könne er, wenn es um die „Aufhellung universalgeschichtlicher Fragen" geht, nur mit Übersetzungen arbeiten.[96]

---

[93] Siehe oben Kap. I. Anm. 44. – Ohnehin erweckt insbesondere die Lektüre von Tagungsberichten zur Problematik der Universalhistorie insgesamt heute stark den Eindruck einer beneidenswerten Naivität der damals beteiligten Forscher: Bei der 25. Versammlung deutscher Historiker in Duisburg 1962 verlangte Vogt, „eine Elite von Historikern zu sammeln, die in ihrem eigenen Land eine vollständige historische Ausbildung erfahren haben, sie dann in einem fremden Kulturgebiet einer ebenso gründlichen Ausbildung zuzuführen, um ihnen schließlich die Entfaltung einer unserem Jahrhundert entsprechenden Universalgeschichte anzuvertrauen." In Verbindung mit diesem „praktischen Vorschlag" plädierte Vogt zudem für ein Institut „für Universalgeschichte und vergleichende Kulturforschung"; vgl. Vogt, Wege der Universalgeschichte, S. 59. Fünf Jahre später, bei der 27. Versammlung deutscher Historiker in Freiburg wiederholte Vogt seine Forderungen; vgl. Deissmann / Zoepffel, Bericht über die Diskussion, S. 30. Auf der Salzburger Tagung für Grundfragen der Wissenschaften 1966 ging es um die Geschichte der bisherigen Universalgeschichtsschreibung. Dort wurde auch der Beschluss gefasst, eine Typisierung sämtlicher Weltgeschichten vorzunehmen; vgl. Randa, Mensch und Weltgeschichte, S. 279 ff. Alexander Randa fasste als Tagungsleiter die Ergebnisse zusammen und erhob Forderungen für die Zukunft; vgl. ebd., S. 287: „Als künftige Forschungsanliegen empfehlen sich eine intensivierte Behandlung des Alten Orients, Altpersiens, des Buddhismus, des Islam, Altrußlands und des abendländischen Spätmittelalters, aber auch des neuzeitlichen Anteils der europäischen Weltvölker seit dem 18. Jahrhundert, insbesondere des petrinischen Rußland, Spaniens, Englands und der Vereinigten Staaten und damit eine weitergehende Konfrontation aller Kulturkreise, Hochreligionen und modernen Nationen." Diese Aufstellung spricht für sich; letztes Ziel soll ein „Totalbild der Menschheit" sein; vgl. ebd. – Ende der achtziger Jahre nahm August Nitschke die alte Forderung nach vermehrten Sprachkenntnissen bei Historikern nochmals auf; vgl. Ders., Einige Überlegungen zur Ausbildung zukünftiger Historiker.

[94] Hampl, Universalhistorische Betrachtungsweise, S. 144 f. Vgl. auch Toynbee, Die ‚Alte Geschichte' und die Universalhistorie, S. 104: „Dies bedeutet, daß heutige und künftige Studenten der Universalgeschichte mit einem Wissen operieren müssen, das oberflächlich ist, wenn man nach den Maßstäben der Spezialisten in einem jeden kleinen Teilbereich dieses buchstäblich grenzenlosen Gebietes urteilt."

[95] Hampl, Universalhistorische Betrachtungsweise, S. 145.

[96] Hampl, Universalhistorische Betrachtungsweise, S. 145. Vgl. die im Ansatz ähnliche Haltung bereits bei Burckhardt, Griechische Kulturgeschichte, S. 8: „Wohl

Schwerer noch als dieses niemals zur vollen Zufriedenheit zu lösende Sprachenproblem wiegt das Auswahlproblem und die damit verbundene Notwendigkeit der Beherrschung ungeheurer Faktenmengen und historischer Zusammenhänge durch einen Bearbeiter; zumal in den vergangenen zweihundert Jahren die ‚untere Grenze' einer möglichen Universalhistorie stetig weiter ausgedehnt wurde. Während Friedrich SCHILLER noch „alle Begebenheiten *vor dem Gebrauche der Schrift* für die Weltgeschichte so gut als verloren" bezeichnete,[97] ist das bei den neueren weltgeschichtlichen Werken grundlegend anders geworden.[98] Die von VOGT verlangten „Bausteine für eine Menschheitsgeschichte" liegen heute in übergroßer Zahl bereit und werden stetig weiter vermehrt, doch ist kein menschlicher Meister in Sicht, der es versteht, sie zu gebrauchen.[99] Folgerichtig klingt aus den jüngeren althistorischen Äußerungen zur Universalgeschichtsschreibung eine tiefe Skepsis heraus, ob das Ziel einer Weltgeschichte überhaupt jemals zu erreichen sei: Franz HAMPL gibt unumwunden zu, dass sich bei genauer und kritischer Betrachtung der bisher vorgelegten Lösungsansätze praktisch kein Fortschritt in der Behandlung des Themas feststellen lasse.[100] Für Otto SEEL ist Weltgeschichte daher „einerseits unmöglich, ande-

berechtigt ist die Beihilfe von Übersetzungen und Kommentaren, welche durchgängig und gut vorhanden sind. Es ist keine Schande, mit THUKYDIDES nicht fertig zu werden, da DIONYS von Halikarnaß und CICERO bekennen, ihn nicht überall zu verstehen, und zwar wegen der Ausdrucksweise. Wer ohne Hilfe vordringen will, läßt ihn unterwegs bald irgendwo liegen, statt ihn *ganz* durchzulesen." Andererseits vgl. DERS., Über das Studium, S. 249: „Man weiß nie zu viele Sprachen. Und so viel oder wenig man gewußt habe, darf man die Übung nie völlig einschlafen lassen. <Gute> Übersetzungen in Ehren - aber den originalen Ausdruck kann keine ersetzen und die Ursprache <ist> in Wort und Wendung selber ein historisches Zeugniß höchsten Ranges." Vgl. auch ebd., S. 252.

[97] Siehe oben Kap. II. Anm. 14.

[98] VOGT, Geschichte und Vorgeschichte, S. 327.

[99] Das gilt um so schärfer, wenn man bedenkt, welche *wissenschaftsorganisatorische* Leistung neben der eigentlichen wissenschaftlichen Aufgabe zu bewältigen wäre; vgl. WELSKOPF, Die wissenschaftliche Aufgabe des Althistorikers, S. 15: „Dieses Netz der Zusammenarbeit kann nicht staatlich oder national beschränkt werden. Informationen müssen international ausgetauscht werden, die Autopsie ist bei der Quellenforschung unerläßlich. Über den Informationsaustausch hinaus bedingt das Wesen der Sache auch die unmittelbare internationale Zusammenarbeit. Der Kontakt zwischen den Forschern, die wissenschaftliche Anregung, auch das leidenschaftliche Streitgespräch muß über die Grenzen hinweggehen. Diese wissenschaftliche und wissenschaftsorganisatorische Gesamtaufgabe ist offenbar die Aufgabe eines Übermenschen, wenn ein einzelner sie lösen sollte."

[100] Vgl. HAMPL, Neuere deutsche Geschichtsdenker, S. 106 f.: „Läßt sich hinsichtlich des ‚Wahrheitsgehaltes' der behandelten Systeme so etwas wie ein Fortschritt in dem Sinne konstatieren, daß man sagen könnte: Die Konzeption SPENGLERS vom Werden und Vergehen der Kulturen steht der geschichtlichen Wirklichkeit oder Wahrheit, so

rerseits unverzichtbar".[101] Einig sind sich HAMPL und SEEL auch in der Ablehnung des MEYERschen Ansatzes einer Universalgeschichte des Altertums.

> Das ist also eine moderne Optik, geschaffen durch die althistorische Forschung des neunzehnten Jahrhunderts und wesentlich gestützt durch die parallel nebenhergehende Erschließung beträchtlicher geistiger Tiefenräume durch klassische Philologie, Archäologie und Sprachwissenschaft, durch die Entzifferung von Keilschrift, Hieroglyphen und Linear-B-Schrift, durch die Mythen- und Motivparallelen von Boghazköi-Chattusa und Ugarit-Ras Schamra, durch die Grabungen von Knossos, Mykene und Hissarlik: damit erst, so scheint es, weitet sich die Altertumsgeschichte wenigstens etwas auf zu einer Art von Pseudo-Universalität, nämlich mit Begrenzung auf den Rand des Mediterraneums, der erst im vierten vorchristlichen Jahrhundert ein wenig durchbrochen wurde, nach Norden durch die dunkle Kunde, die Pytheas mit heimbrachte, nach Osten durch den Alexanderzug: die mittelmeerische Zentrierung galt dennoch weiter. ‚Weltgeschichte‘ ohne Kenntnis von Fernost, Südafrika und der amerikanischen Kontinentalmasse scheint ihren Titel nur illegitim führen zu können, fast so illegitim, wie wir von ‚Weltgeschichte‘ sprechen und dabei an nichts anderes denken als an das Staubkorn im All, das wir in einer aberwitzigen pars pro toto als ‚Welt‘ bezeichnen, allein um des *sub specie mundi* durchaus irrelevanten Zufalls willen, daß der Mensch nun einmal gerade dieses Staubkorn bewohnt und sich deshalb Herr der ‚Welt‘ zu sein wähnt.[102]

SEEL erteilt im Weiteren der Vorstellung einer historischen „Totalität" bzw. „Universalität" eine klare Absage. Er sieht vor allem die Gefahr, dass die endlose reine *Quantität* historischer Ereignisse die *Qualität* historischer Erkenntnisse eher hindert als fördert.[103] Das historische Bewusstsein aber werde letztlich eher durch eine einmonatige intensive Lektüre von THUKYDIDES oder SALLUST entwickelt als durch das einjährige Studium einer der

---

wenig sie auch im ganzen akzeptabel ist, näher als BREYSIGS ein gutes Jahrzehnt früher entwickelte Vorstellung vom Stufenbau der Weltgeschichte, kommt A. WEBER über SPENGLER hinaus und so fort bis hin zu JASPERS? Es dürfte nach allem Dargelegten klar sein, daß diese Frage nicht bejaht werden kann, [...]."

[101] SEEL, Pompeius Trogus und das Problem der Universalgeschichte, S. 1372.

[102] SEEL, Pompeius Trogus und das Problem der Universalgeschichte, S. 1382 f. Otto SEEL formuliert seine Einwände mit konkretem Bezug auf WERNER, Über Begriff und Sinn der Geschichte des Altertums, S. 328 (siehe oben dieses Kap. Anm. 89). – Vgl. HAMPL, Universalhistorische Betrachtungsweise, S. 135 f.: „Wer Weltgeschichte praktisch mit europäischer Geschichte gleichsetzt und dann gar noch versucht, diesen Standpunkt theoretisch zu untermauern, hat keine Möglichkeit, auf weltgeschichtlich relevante Fragen Antworten zu geben." Siehe auch oben Kap. III. 2. Anm. 105.

[103] SEEL, Pompeius Trogus und das Problem der Universalgeschichte, S. 1386: „Unverkennbar besteht die Gefahr, daß die bis zur Zudringlichkeit erleichterte Überflutung mit dem Totalen und Unleistbaren die Chance intensiver Begegnung mit dem wahrhaft exemplarisch Partiellen verdrängt und daß die Forderung unverkürzter Universalität sich in rezeptiver Hast niederschlägt."

vielbändigen modernen Weltgeschichten.[104] In logischer Konsequenz führt SEEL diese Argumentation zu dem Schluss, dass Weltgeschichte heute nicht beginnt möglich,[105] „sondern im Gegenteil endgültig unmöglich zu werden."[106] Gänzlich anderer Art sind die Schlüsse, die HAMPL zieht. Ihm ist der MEYERSCHE Ansatz zu eng. Franz HAMPL scheint genau die von SEEL verabschiedete Totalität erreichen zu wollen.

> Universalhistorische Ausrichtung muß unabdingbar auf das Ganze gehen, verträgt also weder eine räumliche, noch eine zeitliche Eingrenzung. Der ,Universalhistoriker', welcher solche Eingrenzungen vornimmt, indem er die Welt mit Europa oder mit Europa einschließlich des Alten Orients oder aber mit dem europäisch-islamisch-indisch-chinesischen Raum gleichsetzt oder sich etwa – zeitlich gesehen – auf eine Behandlung der neuen und neuesten Zeit beschränkt, wird seinem Namen und Anspruch nicht gerecht und verfährt letztlich willkürlich, welche Gründe auch immer er anführt, seinen Standpunkt nach außen hin zu rechtfertigen.[107]

HAMPL möchte auf diese Weise eine bessere Grundlage für historische Vergleiche in Raum und Zeit herstellen, um so zu einer Korrektur der zahlreichen klischeemäßigen Feststellungen über angeblich ,spezifisch griechische oder römische Eigenarten' zu gelangen.

> Nehmen wir etwa die seit Jacob BURCKHARDT so verbreitete Vorstellung vom ,Agonalen' als einen den Griechen jedenfalls der älteren Zeiten in besonderer Weise kennzeichnenden Wesenszug. Wenn wir auf dem Wege universalhistorischer Betrachtung zu der Feststellung kommen, daß die Freude an sportlichen Wettkämpfen bei den Mayas, Inkas, den Kirgisen und praktisch bei allen ,frühen' Völkern anzutreffen ist, wenn wir konstatieren müssen, daß, um nur als beliebiges Beispiel zu nennen, die Osterinsulaner alljährlich ebenso wie die Griechen in Delphi und Athen musische Wettkämpfe in Form von Sängerkonkurrenzen durchführten, dann wird, ganz selbstverständlich, die Meinung vom Agonalen als eigentlich griechischem Wesenszug problematisch, ja hinfällig, [...].[108]

[104] SEEL, Pompeius Trogus und das Problem der Universalgeschichte, S. 1387.

[105] Gegen KÖHLER, Versuch, Kategorien der Weltgeschichte zu bestimmen, S. 449: „Es ist müßig, sich rein retrospektiv mit der Weltgeschichte zu befassen, schon deshalb, weil es sie dort gar nicht gibt. Die Weltgeschichte hat in unserer Gegenwart begonnen und erstreckt sich in die Zukunft." Siehe dazu auch oben Kap. I. Anm. 10.

[106] SEEL, Pompeius Trogus und das Problem der Universalgeschichte, S. 1387.

[107] HAMPL, Universalhistorische Betrachtungsweise, S. 173. Vgl. die Zusammenstellung weiterer ,Bestimmungen' der Universalgeschichte bei HAMPL im Beitrag von HEUSS, Über die Schwierigkeit, Weltgeschichte zu schreiben, S. 613. Anm. 7.

[108] HAMPL, Universalhistorische Betrachtungsweise, S. 151 f. Vgl. zu Franz HAMPL bes.: CHRIST, Hellas, S. 269 f.; S. 336–338 mit Anm. S. 475; S. 484 f.; BICHLER, Franz Hampls Wirken; WEILER, Franz Hampl; WEBER, Biographisches Lexikon, S. 203 f. HAMPLS intensive Bemühungen um eine vergleichende Geschichtswissenschaft im Kontext der Alten Geschichte gipfelten insofern in einer regelrechten Schulbildung in Innsbruck, „als die Aufgeschlossenheit für die komparative Methode als zentrales Instrumentarium des Althistorikers einen Konsens der Mitarbeiter mit ihrem Leiter [*gem.*: Franz HAMPL] dokumentiert." Vgl. WEILER, Franz Hampl, S. 70.

Nun ist den Bemühungen um einen gezielten und bewusst eingesetzten historischen Vergleich, insbesondere im Hinblick auf die Bestimmung von vermeintlich ,typischen Wesensmerkmalen' aller Völker, nur zuzustimmen.[109] Da wird der ,hellenische Mensch' *an sich* in seiner Einstellung zum Mythos und Agon bestimmt und das Römertum aufgrund seiner Wertbegriffe analysiert: *Der* Römer sei Soldat; *der* Grieche im Kern unmilitärisch, jedenfalls vor der Hegemonie Makedoniens.[110] Sobald man aber in die Verlegenheit gerät, *den* ,antiken Menschen' im Kontrast zu *dem* ,mittelalterlichen Menschen' oder gar *dem* ,modernen Menschen' beschreiben zu müssen, schmelzen die größten Unterschiede zwischen Griechen und Römern wieder dahin.[111] Abhilfe verspricht hier nur ein verstärkter Rückgriff auf die historische Anthropologie.[112] Anders sieht es hingegen mit HAMPLS eigentlichem Weltgeschichtsbegriff aus: Mit seiner Berufung auf das undifferenzierte „Ganze" wird Geschichtsschreibung faktisch unmöglich. Der Vorwurf von Alfred HEUSS, Franz HAMPL verwische hier den Unterschied zwischen einer ,darstellenden Weltgeschichte' einerseits und ,Universalgeschichte als Methode' andererseits, ist berechtigt.[113] *Allein* auf der Grundlage der historischen Komparatistik lässt sich eine Universalgeschichtsschreibung nicht errichten.[114] Alfred HEUSS selbst gebraucht den Begriff der Universalhistorie nur mit einem Höchstmaß an wissenschaftlicher Redlichkeit. Immer wieder nimmt er ihn zurück und stellt ihn in Frage.[115] Heute

---

[109] Vgl. zu diesem Komplex die Zitatensammlung bei WEILER, Von ,Wesen', ,Geist' und ,Eigenart' der Völker, *passim*.

[110] WEILER, Von ,Wesen', ,Geist' und ,Eigenart' der Völker, S. 247; S. 263 ff.

[111] WEILER, Von ,Wesen', ,Geist' und ,Eigenart' der Völker, S. 274 ff.

[112] WEILER, Von ,Wesen', ,Geist' und ,Eigenart' der Völker, S. 288 f.

[113] HEUSS, Über die Schwierigkeit, Weltgeschichte zu schreiben, S. 614. Anm. 7: „Es hätte wahrscheinlich die Diskussion durchsichtiger gemacht, wenn HAMPL klipp und klar gesagt hätte, daß er ,Weltgeschichte' nicht für möglich hält und daß Universalgeschichte für ihn ausschließlich Methode, und zwar eine für jede Geschichtsforschung obligate, ist." Unschwer erkennt man in der HEUSSschen Unterscheidung die beiden Formen wissenschaftlichen Umgangs mit der Weltgeschichte nach Ernst SCHULIN wieder: „erzählte Weltgeschichte" (HEUSS) = „räumlich-beschreibende Grundform" (SCHULIN); „Weltgeschichte als Methode" (HEUSS) = typologisch-vergleichende Grundform (SCHULIN). Siehe dazu oben Kap. II.

[114] HEUSS, Über die Schwierigkeit, Weltgeschichte zu schreiben, S. 614. Anm. 7.

[115] Vgl. HEUSS, Möglichkeiten einer Weltgeschichte heute, S. 588: „Auch Weltgeschichte kann deshalb, sofern es sie gibt, nur Geschichte unter einem gewissen Aspekt sein, [...]." Vgl. ebd., S. 592: „Eine moderne Weltgeschichte ist, wenn sie sich überhaupt verwirklichen läßt, ohne Max WEBER nicht denkbar, [...]." (Hervorhebungen vom Verf.). Vgl. auch DERS., Über die Schwierigkeit, Weltgeschichte zu schreiben, S. 613. Anm. 7: „Wenn es nicht gelingt, ein Subjekt ,Welt' für die Geschichte ausfindig zu machen oder: Wenn es von vornherein sinnlos erscheint, dergleichen zu versuchen, dann muß man ehrlicherweise zugeben, daß es keine Weltgeschichte geben kann und

sind es gerade diese Zweifel, die seinem eigenen Denken beim Ringen um die Möglichkeit einer darstellenden Universalhistorie Gewicht verleihen. Sein Konzept soll daher als bisher letzte große weltgeschichtliche Perspektive aus althistorischer Sicht hier vorgestellt werden.[116]

Alfred HEUSS steht nach eigener Aussage dem altertumswissenschaftlichen Spezialistentum äußerst skeptisch gegenüber. Er selbst fühlt sich „auf die Geschichte im allgemeinen vergattert" und betrachtet seine „Vertrautheit mit der Geschichte des Altertums als die eigentliche Spezialisierung" seines Berufes.[117] Entsprechend weisen seine universalhistorischen Überlegungen auch keine ,typisch althistorische' Ausgangsposition wie etwa die Betrachtung des griechisch-römischen Altertums in der Art eines ,abgeschlossenen Modells' auf.[118] Stattdessen wurzeln sie sehr viel stärker in der allgemeinen Geschichte, der Soziologie im Sinne Max WEBERS und der philosophischen Anthropologie nach Arnold GEHLEN.[119] Darüber hinaus sind kaum Wechselwirkungen zwischen den weltgeschichtlichen Überlegungen von HEUSS und seiner Auffassung der römischen Kaiserzeit festzustellen.[120] Die MEYERSche Konzeption des Altertums als einer geschichtlichen Epoche lehnt HEUSS ab, da „der Begriff des ,Altertums' geradezu eine Pluralität individueller, voneinander unabhängiger Größen in sich birgt."[121]

---

man dann besser keine Gedanken an ein solches Vorhaben hängt. Ich halte einen solchen Standpunkt für durchaus probabel und würde ihm ohne weiteres sogar konzedieren, daß er wahrscheinlich mehr plausible Argumente für sich geltend machen kann, als dem Vertreter einer ,Weltgeschichte' zu Gebote stehen." Vgl. ebd., S. 637 f.

[116] Vgl. zu Alfred HEUSS bes.: DERS., Eine Kindheit im Ersten Weltkrieg; DERS., De se ipse; GEHRKE, Alfred Heuß; CHRIST, Römische Geschichte und deutsche Geschichtswissenschaft, S. 275 ff.; DERS., Hellas, S. 324–334 mit Anm. S. 482 f.; BLEICKEN, Nachruf auf: Alfred Heuß; GEHRKE, Nachruf auf: Alfred Heuß; WEBER, Biographisches Lexikon, S. 237. – Vgl. für einen ersten knappen Überblick über HEUSS' universalhistorische Konzeption: TIMPE, Kaiserzeit und Weltgeschichte, S. 98 ff.

[117] Vgl. HEUSS, De se ipse, S. 795.

[118] Siehe oben Kap. I. Anm. 17.

[119] Vgl. bes.: HEUSS, Max Weber und das Problem der Universalgeschichte; DERS., Max Webers Bedeutung; DERS., Philosophische Anthropologie. Vgl. zu Max WEBERS Bedeutung für eine Weltgeschichtsschreibung in den Augen von Alfred HEUSS, Möglichkeiten einer Weltgeschichte heute, S. 592 (siehe für das Zitat oben dieses Kap. Anm. 115). Vgl. zur Auseinandersetzung mit GEHLEN im direkten Zusammenhang mit dem Problem der Weltgeschichte: HEUSS, Über die Schwierigkeit, Weltgeschichte zu schreiben, S. 618 ff.

[120] TIMPE, Kaiserzeit und Weltgeschichte, S. 104: „Im ganzen haben die Entwürfe und Überlegungen, die HEUSS dem universalgeschichtlichen Zusammenhang widmete, seine Anschauungen von der römischen Kaiserzeit wenig bereichert, und sind jene nicht in erster Linie als Werk des Althistorikers zu würdigen." Siehe auch unten dieses Kap. Anm. 155.

[121] HEUSS, Einleitung zu: Propyläen-Weltgeschichte. Bd. 3, S. 12. Eduard MEYER

Dies treffe schon auf den Vorderen Orient zu, „dessen Geschichte nicht als die eines geschlossenen Ganzen zu erzählen" sei, sondern stets mit dem Blick auf die einzelnen Abläufe in Ägypten, Babylon und dem Hethiterreich.[122] MEYERS Darstellung lege die später erst zufällig gewordene Einheit des Mittelmeerraumes bereits von Anfang an als „eine Art von geopolitischer Präformierung der Geschichte" zugrunde. Die Tatsache, dass der Mittelmeerraum „durch mehr als ein Jahrtausend eher scharfe Grenzen als Verbindungen aufwies", gerate so ins Hintertreffen. Ferner werde wegen eines äußerlichen Synchronismus der zusammenhängende historische Verlauf in der Darstellung „zerstückelt".[123]

> Vielleicht war der Versuch, eine Einheit des Altertums *ab ovo* zugrunde zu legen, als Experiment berechtigt. Nachdem er aber eine Generation lang immer wieder unternommen worden war und, wie man sich ehrlicherweise eingestehen sollte, im Sinne der Intention mißlang, erscheint es heute angezeigt, dieser Sachlage Rechnung zu tragen.[124]

Im Weiteren rechtfertigt HEUSS die übliche monographische Behandlung der griechischen und römischen Geschichte in zwei Bänden im Rahmen der Propyläen-Weltgeschichte.[125] Diese deutliche Absetzung vom MEYERSchen Konzept hat Verwunderung ausgelöst.[126] Sie hängt wohl – zumal an diesem Ort – mit der immer wieder von HEUSS postulierten Erzählbarkeit von Geschichte bzw. Weltgeschichte zusammen: „Weltgeschichte schreiben, heißt, Weltgeschichte erzählen, wie Geschichte schreiben mit Geschichte erzählen identisch ist."[127] Für HEUSS bestehen keine *prinzipiellen*

---

spricht sich explizit gegen die „übliche Zerreißung der Alten Geschichte in griechische und römische Geschichte" aus; vgl. MEYER, GdA III, S. XII.

[122] HEUSS, Einleitung zu: Propyläen-Weltgeschichte. Bd. 3, S. 12.

[123] HEUSS, Einleitung zu: Propyläen-Weltgeschichte. Bd. 3, S. 12.

[124] HEUSS, Einleitung zu: Propyläen-Weltgeschichte. Bd. 3, S. 13.

[125] Vgl. HEUSS, Einleitung zu: Propyläen-Weltgeschichte. Bd. 3, S. 14: „Unsere Weltgeschichte wartet also nicht ohne Grund mit zwei geschlossenen Bänden auf, von denen der eine als eine selbständige Griechische, der andere als entsprechende Römische Geschichte gelten kann." – Im Übrigen erhob HEUSS nicht den Anspruch, dass die Propyläen-Weltgeschichte seiner Vorstellung einer Universalgeschichte gerecht werde; vgl. DEISSMANN / ZOEPFFEL, Bericht über die Diskussion, S. 29: „KÖHLERS Frage, ob die Propyläen-Weltgeschichte HEUSS' Konzept einer Weltgeschichte entspreche, beantwortete HEUSS negativ."

[126] Karl CHRIST spricht von einem „Paradoxon, da ja die ‚Propyläen-Weltgeschichte' als ‚Eine Universalgeschichte' firmierte." Vgl. CHRIST, Hellas, S. 326.

[127] HEUSS, Über die Schwierigkeit, Weltgeschichte zu schreiben, S. 607. Vgl. auch DERS., ‚Weltgeschichte als Methode', S. 601: „Wenn man von Weltgeschichte spricht, meint man immer auch ein Erzählungssubstrat, und weil dies so ist, muß eine ‚welthistorische Methode' in der Lage sein, ein derartiges Substrat ausfindig zu machen in der Form eines erzählbaren Stoffes." Ebd., S. 604 f.: „Der weltgeschichtliche Durchblick

Unterschiede zwischen den Anforderungen, die sich an eine Darstellung der Weltgeschichte und denen, die sich an die Erzählung irgendeiner National-, Stadt- oder Familiengeschichte richten lassen.

> Man kann also sagen: Historische Erzählung enthält die Logik der Sache (d. h. der Geschichte), und solange das ‚Erzählen' ein wenigstens praktisch gelöstes Problem ist, darf man darauf vertrauen, daß sich die Sachbezüge ihrer Notwendigkeit entsprechend ordnen. Die Methode einer ‚Weltgeschichte' darf deshalb als gesichert gelten, soweit sie imstande ist, bewährtem ‚Erzählungsmuster' zu folgen.[128]

Damit bekommt es HEUSS wieder mit dem Problem der Auswahl zu tun.

> Sofern Geschichte nur zustande kommt, wenn sie erzählt wird, sie jedoch nur dann erzählt werden kann, wenn es historische ‚Gegenstände' gibt, die als Subjekte von historischen Erzählungen dienen, kann Geschichte zur Geschichte historischer Subjekte nur werden, wenn sie erlaubt, daß jeweils Spezifisches zusammengefaßt wird und die Erzählung deren Synthese zur Geschichte eines bestimmten Subjektes zustande bringt.[129]

Wenn man sich grundsätzlich dafür entschieden habe, dass eine darstellende Weltgeschichte im Prinzip erreichbar sei,[130] müsse man sich im Folgenden konsequenterweise nach einem Auswahlkriterium umsehen. HEUSS findet dieses in der Kategorie der „Welthaftigkeit".[131] Dabei geht er

---

stellt sich immer nur ein, wenn das betreffende Faktum zuerst einmal in seiner ‚natürlichen Ordnung' apperziert ist. Mit anderen Worten, um in der Geschichte eine spezifische Angabe zu machen, muß ich eben immer ein Vielfaches von ihr subsidär heranziehen. Gewöhnlich wird man bei der wissenschaftlichen Routine diesen Sachverhalt gar nicht oder nur selten bemerken, [...]. Wer dagegen Geschichte erzählt und darstellt, wird viel eher zum Bewußtsein dieser geschichtslogischen Sachlage geführt und muß genau kalkulieren, welche Daten er alle benötigt, um dieses oder jenes klar zu machen [...]." Vgl. als HEUSS' persönliches Credo in der Sache: DERS., De se ipse, S. 821: „Was ist eigentlich an der Geschichte (als objektiviertem Sachbereich) ‚Wissenschaft'? Man braucht die Frage nur zu stellen, um darin ein wirkliches Problem zu sehen. Außer Zweifel sollte jedoch stehen, daß komplexe Tatbestände, wenn sie in eine großzügige und durchsichtige Schilderung eingehen, deutlicher und überzeugender wirken, als wenn man den Weg einer umständlichen Diskussion einschlägt. Geschichtliche Wahrheit vermittelt sich nicht nur auf makroskopische Weise besser als durch mikroskopische Untersuchungen, was einer Banalität gleichkommt, sondern enthüllt auch eine eigene Beweiskraft, welche der einer zeitraubenden Erörterung mitunter überlegen ist." Vgl. auch DERS., Geschichtsschreibung und Geschichtsforschung, S. 2251 f. Inzwischen liegt eine erste Untersuchung zur Historiographie von HEUSS vor; vgl. MEIER, Alfred Heuß als Geschichtsschreiber.

[128] HEUSS, ‚Weltgeschichte' als Methode, S. 605.
[129] HEUSS, Über die Schwierigkeit, Weltgeschichte zu schreiben, S. 609.
[130] Siehe oben dieses Kap. Anm. 115.
[131] Vgl. zu diesem zentralen Begriff bei HEUSS bes.: DERS., Möglichkeiten einer Weltgeschichte heute, S. 583 f.; S. 589 ff.; DERS., ‚Weltgeschichte' als Methode, S. 601 ff.; DERS., Über die Schwierigkeit, Weltgeschichte zu schreiben, S. 626 ff.;

von den grundsätzlichen Größen aus, die menschliches und tierisches Leben auf der Erde begrenzen: Raum und Zeit. Für jede Population, also auch menschliche Gemeinschaften könne man feststellen, „wieviel von der ‚Welt‘, sprich von der Erde und ihren Bewohnern, sie unter ihre Herrschaft bekommt und wie viel ‚Weltzeit‘ von ihrer Existenz eingefangen wird."[132] Weil der Urmensch noch gänzlich in der Gattung aufgegangen sei, er folglich „nicht nur Exemplar der Gattung" war, sondern stets diese selbst in ihrem gesamten Möglichkeitsspektrum dargestellt habe, habe jeder der frühen Menschen die ganze mögliche Welthaftigkeit der menschlichen Gattung besessen.[133]

> ‚Urzeit‘ und ‚Urmensch‘ definieren historisch eine Phase, in der es nur ‚Menschheit‘ gibt, und da ‚Menschheit‘ und ‚Welt‘ für die Geschichte des Menschen identisch sind, ist die Geschichte in einem sehr präzisen Sinne ‚Weltgeschichte‘.[134]

Dass es genuin historisch betrachtet über diesen Abschnitt der Menschheit nicht viel zu berichten gibt, steht auf einem anderen Blatt.[135] Hier sei das Wort von *dem* Menschen als Typus angebracht, und man könne sich immerhin darüber streiten, ob die Beschreibung des Urmenschen *vor* der Aufspaltung in eine Vielzahl von Kulturen tatsächlich in das Aufgabenfeld der Geschichtswissenschaft fällt.[136] Der entscheidende welthistorische Einschnitt sei dann die „neolithische Revolution" gewesen und mit dieser unmittelbar verbunden: das Aufkommen der Hochkulturen. Fortan könne man nur noch von Ägyptern, Babyloniern, Griechen usw. sprechen. „Der konkrete Mensch, d. h. bestimmte Menschen, haben durch ihre Singularität

---

S. 631 ff. Im Weiteren werden die Begriffe „primäre Welthaftigkeit" und „sekundäre Welthaftigkeit", die so erst in der zeitlich letzten Publikation *Über die Schwierigkeit, Weltgeschichte zu schreiben* auftreten, verwendet.

[132] HEUSS, Möglichkeiten einer Weltgeschichte heute, S. 589.

[133] HEUSS, Möglichkeiten einer Weltgeschichte heute, S. 583; DERS., Über die Schwierigkeit, Weltgeschichte zu schreiben, S. 623.

[134] HEUSS, Über die Schwierigkeit, Weltgeschichte zu schreiben, S. 623.

[135] Vgl. HEUSS, Über die Schwierigkeit, Weltgeschichte zu schreiben, S. 622: „Wir bestreiten ‚logisch‘ nicht, daß jeder Mensch und jede ‚Horde‘ eine Zeitstrecke durchlaufen hat, so wie jedes Lebewesen, aber wir fühlen uns zu der Feststellung berechtigt, daß für uns diese ‚Geschichte‘ auch dann gleichgültig wäre, wenn wir sie kennten, und daß keineswegs bloß in unserer defekten Optik, sondern auch ‚objektiv‘ von ihnen nichts zu berichten wäre, was so viel heißt, daß wir immer wieder dasselbe zu erzählen hätten."

[136] HEUSS verwendet viel Mühe auf die Unterscheidung von Geschichtswissenschaft und philosophischer Anthropologie im Sinne Arnold GEHLENS; vgl. HEUSS, Über die Schwierigkeit, Weltgeschichte zu schreiben, S. 618 ff. „Der Urmensch ist nun einmal zum mindesten *auch* ‚eine historische Größe‘, die man nicht ohne zeitliche Beziehungspunkte im Raume stehen lassen kann, [...]." Ebd., S. 618. Vgl. auch DERS., Philosophische Anthropologie, S. 2454 ff. Vgl. auch HAMPL, Universalhistorische Betrachtungsweise, S. 142.

die Dominanz der Gattung beseitigt."[137] „Weltgeschichte" im eigentlichen Sinn gäbe es damit nicht mehr, sondern nur noch „Geschichte in der Welt".[138] An die Stelle der „primären Welthaftigkeit" tritt somit bei HEUSS die „sekundäre Welthaftigkeit". Diese bestimmt sich in erster Linie danach, wie viel Erde für eine wie lange Zeit der jeweiligen Kultur zugehörig war. HEUSS setzt voraus, dass das Wesen der Hochkulturen stets auf Dauerhaftigkeit hin angelegt sei, mithin geraten Zivilisationen von insgesamt kürzerer Lebensdauer ins Hintertreffen gegenüber den langlebigeren historischen Gebilden.[139] Unter diesem Gesichtspunkt bleiben für HEUSS als „große weltgeschichtliche Subjekte" nur die schon oben genannten „vier Weltzivilisationen" übrig: Europa, China, Indien und der Islam.[140]

Die Nachzeichnung des weltgeschichtlichen Ablaufs wird nun noch zusätzlich dadurch erschwert, dass die Zivilisationen bis auf China nicht identisch mit den „geschichtlichen Einheiten" sind.[141] Als schon in seiner eigenen Gegenwart wirksam und vor allem für die nähere Zukunft bedeutsam sieht HEUSS die technisch-wissenschaftliche Entwicklung, die von Europa ausging.[142] Hier sei wieder zunehmend eine „primäre Welthaftigkeit" greifbar,[143] so dass für ihn schließlich die gesamte Weltgeschichte „zwischen zwei Polen, deren ‚Welthaftigkeit' sich an unserer Stelle der

---

[137] HEUSS, Über die Schwierigkeit, Weltgeschichte zu schreiben, S. 624.

[138] HEUSS, Über die Schwierigkeit, Weltgeschichte zu schreiben, S. 624.

[139] Vgl. HEUSS, Möglichkeiten einer Weltgeschichte heute, S. 589: „Die Zivilisation von Tartessos, die ein paar hundert Jahre gedauert haben mag, hat schon aus diesem Grunde kleinere Dimensionen als das minoische Kreta, wie wiederum dieses zweifellos gegenüber dem pharaonischen Ägypten zurücksteht. Die Zeit ist ein unbarmherziger Richter der Geschichte."

[140] Siehe oben Kap. II. Anm. 48. Vgl. auch HEUSS, Über die Schwierigkeit, Weltgeschichte zu schreiben, S. 611.

[141] HEUSS, Über die Schwierigkeit, Weltgeschichte zu schreiben, S. 635: „Es liegt sozusagen in der ‚Natur der Sache', daß Zivilisationsgrenzen mitunter nicht scharf gezogen werden können, und ebenso ergibt sich aus ihr, daß die geschichtlichen Einheiten, die von Phänomenen her die Fähigkeit zu handeln und damit die primäre Zuständigkeit, als Subjekte der Geschichte angesetzt zu werden, haben, eben nicht oder besser am allerwenigsten die Zivilisationen sind, weshalb diese einen ausdrücklichen Verweis auf solche Einheiten enthalten müssen. China ist da […] offenbar eine Ausnahme."

[142] HEUSS, Möglichkeiten einer Weltgeschichte heute, S. 593 f.; DERS., Über die Schwierigkeit, Weltgeschichte zu schreiben, S. 615 f.

[143] Vgl. HEUSS, Über die Schwierigkeit, Weltgeschichte zu schreiben, S. 616: „Aber daran ist trotzdem nicht zu zweifeln, daß Wissenschaft und Technik eine ‚Verfassung' der Welt geschaffen haben, sie immer noch weiter schaffen, welche diese in den hier einschlägigen Bezügen zu einer auf intensivste Kommunikation gestellten Einheit werden läßt. Auf dieser Ebene gibt es heute tatsächlich eine Weltgeschichte, und diese ist nicht nur eine bloße façon de parler, mit der man Bücher, die sich ‚Weltgeschichte' nennen, schreibt."

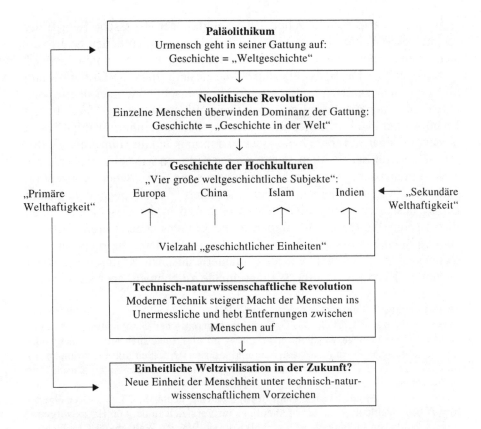

Abb. 7: Die „Polarität" der Weltgeschichte nach Alfred HEUSS

Apperzeption darbietet, anzusiedeln und gleichsam an den beiden Pfeilern, dem Ursprung der Hochkulturen und unserer Gegenwart, aufzuhängen" ist.[144] Die Darstellung der Weltgeschichte sei dann aus einer *wirklich* europazentrischen Perspektive zu schreiben, die nicht zu verwechseln sei, mit dem landläufig unter dem Begriff „Europazentrik" verstandenen Inhalt.

> Weltgeschichte jedoch in dem hier verstandenen Sinne geht davon aus, daß die Geschicke der Menschen in der Welt irgendwie zu integrieren sind, und sieht sich bei diesem Geschäft zu dem Geständnis gezwungen, daß es hierbei ohne Europazentrik nicht abgeht, d. h. ohne stillschweigenden Bezug des Weltgeschehens auf Europa. ‚Europazentrik' soll also gerade dasjenige Desiderat erfüllen, welches ihr – mißverständlich – entgegengehalten wird.[145]

[144] HEUSS, Über die Schwierigkeit, Weltgeschichte zu schreiben, S. 626.
[145] HEUSS, Über die Schwierigkeit, Weltgeschichte zu schreiben, S. 631. Siehe dazu auch oben Kap. II. Anm. 21. Freilich ist sich HEUSS der konkreten Problematik seines Vorschlages nur allzu bewusst; vgl. DERS., ‚Weltgeschichte' als Methode, S. 606: „Wie sollte es aber zugehen, wenn alle vier geschichtlichen Weltläufe zu einer einzigen

Oskar KÖHLER wandte schon 1967 ein, dass der HEUSSsche Begriff der „sekundären Welthaftigkeit" die „Qualität des geschichtlichen Selbstverständnisses einer Kultur als Weltgeschichte" zu kurz kommen lasse.[146] Dem gegenüber hat HEUSS allerdings klar gestellt, dass die Größen Raum und Zeit nicht „an sich" interessieren können, schließlich sei damit noch gar nichts über die jeweilige „spezifische Eigenart" gesagt.[147] Zeit und Raum sollten vielmehr nur als Indikator der jeweiligen Welthaftigkeit dienen, die dann auf ihren historischen Ursprung und ihre einzelnen Faktoren zu befragen sei.[148] Auch, dass einzelne Kulturen wie beispielsweise das präkolumbianische Amerika beim Grundriss der HEUSSschen Konzeption gänzlich außen vor bleiben,[149] wurde kritisiert.[150] Dem gegenüber betont HEUSS, dass nicht automatisch alles Geschehen in der Geschichte seinen Platz in einer Weltgeschichte finden könne. Er unterscheidet Ereignisse, die zum *„geschichtlichen Weltbestand"* zählen und andere, die nicht dazuzurechnen sind.[151] Speziell von den altamerikanischen Kulturen sei sogar unbedingt Kenntnis für eine Weltgeschichte zu nehmen, aber sie könnten

zusammenträten? Hier fehlt der gemeinsame Hintergrund und hier sind die Interferenzen bekanntlich sehr spärlich. Das Gelände einer synoptischen Geschichtsschreibung ist in dieser Hinsicht noch gar nicht erforscht. A priori vermag man nur ein mehr oder weniger abstraktes Postulat aufzustellen, und a posteriori fehlen alle Erfahrungen. Es wäre deshalb purer Dilettantismus, hier mit irgendwelchen gutgemeinten Ratschlägen aufzuwarten."

[146] KÖHLER, Möglichkeiten einer Weltgeschichte heute, S. 23. KÖHLERS eigener Begriff der „Welthaltigkeit" bleibt allerdings im Vergleich zu der von HEUSS vorgetragenen inhaltlichen Füllung eher blass; vgl. KÖHLER, Was ist ‚Welt' in der Geschichte?, S. 3: „Die Weltgeschichtlichkeit dieser Kulturen kann nicht daran ermessen werden, wie sie sich ausdehnten, miteinander in Berührung kamen, sich überdeckten (eine solche Methode entspringt unserer Erfahrung von ‚Weltgeschichte' im 20. Jahrhundert), sondern nur am Ausmaß ihrer eigenen *Welthaltigkeit, an der Größe ihrer repräsentierenden Identifikation.*" (Hervorhebung vom Vf.). An welchem Leitfaden sich der schreibende Historiker dabei halten soll, bleibt einmal mehr verborgen. – Ebenfalls nicht einverstanden mit dem HEUSSschen Welthaftigkeitsbegriff ist BICHLER: „Die Kriterien der ‚Welthaftigkeit' bleiben eher dunkel!" BICHLER wirft HEUSS vor, „kulturphilosophische Maßstäbe vorauszusetzen, aber kaum zu rechtfertigen". Vgl. BICHLER, Der theoretische Vergleich, S. 59. Vor diesem Vorwurf muss man HEUSS allerdings in Schutz nehmen. Letztlich wiederholt sich hier nur das Missverständnis von HAMPL; wie bei ihm schimmert auch hinter BICHLERS Ausführungen der Griff nach der Totalität allen historischen Geschehens; dieses „Ganze" ist aber nicht darstellbar. Siehe oben dieses Kap. Anm. 113.

[147] HEUSS, ‚Weltgeschichte' als Methode, S. 601.

[148] HEUSS, Möglichkeiten einer Weltgeschichte heute, S. 590 f.

[149] HEUSS, ‚Weltgeschichte' als Methode, S. 596.

[150] HAMPL, Universalhistorische Betrachtungsweise, S. 137 f.; BICHLER, Die theoretische Einschätzung, S. 59.

[151] HEUSS, ‚Weltgeschichte' als Methode, S. 597.

nicht deren „Grundriß" bestimmen.[152] Hier erhält ähnlich wie bei MEYER
der Aspekt der historischen Wirkung sein Recht.[153] Der Vorschlag von
Alfred HEUSS bleibt imponierend geschlossen und gibt einen möglichen
Denkansatz für Weltgeschichtsschreibung an die Hand. Gleichzeitig betont
er wie kaum ein anderer Theoretiker der Weltgeschichte mit großem Nachdruck den gewaltigen Abstand, der zwischen Theorie und Praxis liegt.

> Gedanken *über* die Dinge sind beweglich, die Dinge selbst aber genießen den
> Vorzug nicht, oder nur sehr bedingt, wenn sie als solche zum Vorschein kommen
> sollen. [...] Eben weil Weltgeschichte sich abstrakt ‚konstituiert' und ihr auch gar
> nichts anderes übrigbleibt, ist sie gehalten, sich zu ihren bloßen Gedanken einen
> Körper zu verschaffen und ihren Tribut dem Umstand zu zollen, daß sie – *horribile
> dictu* – nicht bloß Theorie, sondern eben auch, und nicht zuletzt, Geschichtsschrei-
> bung ist.[154]

HEUSS persönlich mag diesen Umstand am stärksten empfunden haben:
trotz seiner eigenen wiederholten Appelle für das ‚Wagnis der Tat', ist er
doch selbst bloß beim ‚Wort' geblieben.[155] Er bleibt auch eine nähere Bestimmung der Kategorien schuldig, die zu den vier Zivilisationen führen

[152] HEUSS, Über die Schwierigkeit, Weltgeschichte zu schreiben, S. 612.

[153] HEUSS, Über die Schwierigkeit, Weltgeschichte zu schreiben, S. 633: „Eine
weltgeschichtliche Größe wurde selbstverständlich die israelitische Prophetie, aber,
wenn man es genau bedenkt, erst durch das Christentum und später den Islam, und
ebenso sind Buddha und Konfuzius durch Jahrhunderte von der Wirkung entfernt, der
sie ihren großen Namen verdanken." Siehe für die Bedeutung der Kategorie der „historisch Wirksamen" bei MEYER oben Kap. IIII. 2.

[154] HEUSS, Über die Schwierigkeit, Weltgeschichte zu schreiben, S. 637.

[155] Vgl. HEUSS, Möglichkeiten einer Weltgeschichte heute, S. 590 f.: „Es empfiehlt
sich ganz und gar nicht, in diesen Verhältnissen mit einem festen Modell zu arbeiten,
und gerade eine Weltgeschichte, die den Begriff Geschichte ernst nehmen will, wäre im
Gegensatz zu voraussetzungsvolleren Theorien [...] gehalten, den individuellen und
konkreten Beziehungen auf dem bestimmten Beobachtungsfeld, um das es sich bei einer
Weltgeschichte handelt, nachzugehen." Siehe auch oben Einleitung. Anm. 5. TIMPE hat
mit Recht betont, dass HEUSS eben dieses bestimmte „Beobachtungsfeld" in der antiken
Geschichte zur Verfügung gestanden hat, er es aber praktisch nicht nutzte; vgl. TIMPE,
Kaiserzeit und Weltgeschichte, S. 102 f. Siehe auch oben dieses Kap. Anm. 120. – Auch
HEUSS' Arbeit über die *Weltreichsbildung im Altertum* kann in diesem Zusammenhang
keinen ‚Ersatz' darstellen. Hier versucht HEUSS nicht, wie man annehmen könnte,
anhand seines eingeführten Begriffs der „Welthaftigkeit" eine historische Darstellung
zu geben. Statt dessen reiht er hier in einem souveränen Überblick verschiedene Reiche
von Ägypten über Assyrien, Persien und das Reich Alexanders des Großen bis zum
Imperium Romanum an der Richtschnur des jeweils ‚subjektiveren' Begriffs „Weltreich", wie er aus den Quellen entgegentritt, entlang; vgl. HEUSS, Weltreichsbildung im
Altertum, S. 642 ff.; S. 701. Damit fällt HEUSS gewissermaßen hinter seinen eigenen –
‚objektiveren' – Ausdruck zurück: „Es gilt dabei immer die triviale Wahrheit: Weltreich
ist das, was dafür gehalten wird." Vgl. ebd., S. 643.

und diese exakt von den historischen Subjekten unterscheiden könnten.[156] Vor allem aber bleibt am Schluss die Frage offen, welchen konkreten Nutzen der darstellende Welthistoriker aus der Hypothese ziehen soll, dass das Menschengeschlecht nahe seinem biologischen Ursprung fast völlig undifferenziert gewesen sei. Wie HEUSS selbst ausführt, bleibt in einer merkwürdigen Paradoxie der größte Teil der ‚menschlichen Geschichte‘ praktisch ‚geschichtslos‘.[157] Die eigentliche Schwierigkeit der Universalgeschichtsschreibung spiegelt sich letztlich in dem Begriff der „sekundären Welthaftigkeit" wider. Hier ist es HEUSS' großes Verdienst den Vorstoß auf „*quantifizierbare Größen*" gewagt zu haben,[158] von denen man immerhin mit deutlich größerem Recht bei der Darstellung der Universalgeschichte ausgehen könnte, als von den bisher üblichen Angaben, die sich in aller Regel nur auf jeweils zeittypische Werturteile zurückführen lassen. Gerade wegen der großen intellektuellen Anstrengung, die Alfred HEUSS unternimmt, um die „Möglichkeiten einer Weltgeschichte heute" aufzuzeigen, werden die damit verbundenen enormen Probleme noch einmal überaus deutlich.

---

[156] Vgl. TIMPE, Kaiserzeit und Weltgeschichte, S. 102: „Hier wiederholen sich nun wohl die Probleme, mit denen schon die frühere Kulturmorphologie sich konfrontiert sah: Was ist überhaupt eine Zivilisation, was berechtigt z. B., chinesische und indische Zivilisation gegenüber- und diesen die islamische an die Seite zu stellen? Wie ist eine Zivilisation abzugrenzen gegen andere und gegen politische Verbände (Staaten), was macht die innere Einheit der Zivilisationen aus, die erlauben könnte, in ihnen (statt etwa in Religionen oder in gesellschaftlichen Formationen) jene partikulären Elemente von Welthaftigkeit, die Lebenskräfte der Perseveranz und Expansivität, inkorporiert zu finden?"

[157] Vgl. HEUSS, Über die Schwierigkeit, Weltgeschichte zu schreiben, S. 623: „Auf die Menge der Jahre gesehen ist das die meiste Zeit sein Schicksal [*gem*.: das des Menschen] gewesen, und man könnte begreifen, wenn man ihm die Unermeßlichkeit des älteren Paläolithikums gar nicht zurechnete, so wie die meisten denn auch geneigt sein werden, dieses ganzes Kapitel außerhalb der Geschichte anzusiedeln." TIMPE spricht daher auch von der logischen Konsequenz, „daß Weltgeschichte damit während der im engeren Sinne geschichtlichen Zeit in eine Art von *Latenzzustand* zurückfällt, während ihr *Wirklichkeit* zugeschrieben wird jenseits davon, in der Leere der Urgeschichte und der Unbekanntheit der Zukunft." Vgl. DERS., Kaiserzeit und Weltgeschichte, S. 99.

[158] HEUSS, ‚Weltgeschichte‘ als Methode, S. 601.

V. MÖGLICHKEITEN EINER UNIVERSALHISTORIE HEUTE

Inzwischen gilt es wohl endgültig, von der Vorstellung einer „Schau des Ganzen" *durch einen einzelnen und in einer wissenschaftlich allgemein anerkannten Weise* Abschied zu nehmen.[1] Somit scheint heute nur eine Tatsache ganz klar festzustehen: Will man den Begriff der Universalhistorie in seiner räumlich-beschreibenden Form nicht völlig aufgeben, muss man sich *nolens volens* in BURCKHARDTS Nachfolge für eine bewusste Form des Dilettantismus entscheiden.

> In den Wissenschaften dagegen kann man nur noch in einem begrenzten Zweige Meister sein, nämlich als Specialist, und irgendwo *soll* man dieß sein. Soll man aber nicht die Fähigkeit der allgemeinen Übersicht, ja die Würdigung derselben einbüßen, so sei man noch an möglichst vielen andern Stellen Dilettant, wenigstens auf eigene Rechnung, zur Mehrung der eigenen Erkenntniß und Bereicherung an Gesichtspuncten, sonst bleibt man in Allem was über die Specialität hinausliegt, ein Ignorant und unter Umständen im Ganzen ein roher Geselle.[2]

Weiterhin zu leisten ist der Ansatz des typologischen Vergleiches. Mit seiner Hilfe kann der große Reichtum an Detailwissen besser aufgeschlossen und für universalhistorische Fragestellungen herangezogen werden.[3]

---

[1] Im Grunde ist diese Folgerung wohl auch schon VOGT klar; vgl. DERS., Wege zum historischen Universum, S. 9: „So dürfen wir, wenn wir die Wege zum historischen Universum suchen, nur ein Stück weit den Bahnen der Fachwissenschaft folgen. Kühnere Flüge hoch über dem Gelände der Spezialisten ziehen uns an. Die großen Deutungen, die die Weltgeschichte als eine Vielheit gleichwertiger Gebilde verstehen oder alles bisherige Geschehen als gemeinmenschliche Vergangenheit ordnen und <u>ein einheitliches Ziel in der Ferne ahnen</u>, sind aus <u>genialer Schau</u> hervorgegangen." (Hervorhebung vom Vf.). Zur ergänzen wäre, dass besagte „Schau" i. d. R. der strengen Kontrolle der Fachwissenschaft wiederum nicht standhalten kann; vgl. dazu HAMPL, Neuere deutsche Geschichtsdenker, S. 109. Franz HAMPL überliefert hier das Wort eines amerikanischen Physikers, der die „großen Tragödien der Wissenschaften" durch die „grausigen Morde an schönen Theorien durch häßliche Fakten" dargestellt sah. HAMPL versucht den Ausspruch nun zu widerlegen, indem er die Fakten nicht als „häßlich" und die Theorien nicht als „schön" gelten lässt – letztlich spricht er ihnen sogar ganz den Rang von Theorien ab –, doch ein bitterer Beigeschmack bleibt.

[2] BURCKHARDT, Über das Studium, S. 253.

[3] Vgl. für das Gebiet der Alten Geschichte z. B. den Versuch des Verfassers mit Hilfe des WEBERSCHEN Charisma-Konzeptes Erkenntnisse für die Herrschaftsstruktur der römischen Republik zu gewinnen; vgl. HATSCHER, Charisma und Res Publica.

Ansonsten besteht die Gefahr, dass die Geschichtswissenschaft dauerhaft ihrer Aufgabe und Verantwortung als einer ‚Orientierungswissenschaft' nicht gerecht wird; aber der typologische Zugriff allein kann in letzter Konsequenz nur zu einer ahistorischen Darstellung führen, die sich außerhalb jeglichen konkreten räumlich-zeitlichen Kontextes befindet. Aufgabe der Zukunft muss es folglich sein, den Konflikt zwischen der strukturell-vergleichenden und der räumlich-beschreibenden Grundform der Weltgeschichtsschreibung ein Stück weit wieder aufzulösen.

> Wir werden mit der Weltgeschichte wahrscheinlich nicht fertig, ohne ein erhebliches Quantum von Reflexion in Kauf zu nehmen. Nicht daß solche der ‚gewöhnlichen Geschichtsschreibung' unbekannt wäre. […] Aber als ‚Normalfall' wird man doch betrachten dürfen, daß Reflexion sich dann auch wieder in die ‚Erzählung' integriert, auch da, wo das antike Medium der transzendierenden Reden nicht zu Gebote steht. Bei der Weltgeschichte jedoch wird man der Notwendigkeit ins Auge sehen müssen, daß Reflexion nicht mehr vom Erzählungsstrom aufgefangen wird, sondern gezwungen ist, sich in sich selbst zu halten.[4]

Es wäre *praktisch* zu prüfen, inwiefern man den HEUSSschen Ansatz mit der BURCKHARDTschen Potenzenlehre kombinieren kann.[5] Eine entsprechende Universalgeschichte müsste einsetzen mit der Anthropogenese, müsste dann bildlich nebeneinander, sprachlich nacheinander, räumlich-beschreibend die *Geschichten* der großen Weltregionen abhandeln. Gleichsam horizontal zu diesen vertikalen Verlaufssträngen müssten typologisch-vergleichend immer wieder Ähnlichkeiten in den voneinander getrennten historischen Entwicklungen und Prozessen herausgestellt werden. Einzelne Phänomene müssten aus der Menge der Ereignisse idealtypisch herausgehoben werden, um die Spannweite menschlicher Möglichkeiten zu demonstrieren.

Letztlich könnte man nur aus dem Versuch einer entsprechenden Umsetzung weitere Erkenntnisse – etwa hinsichtlich der Einordnung der Anti-

---

[4] HEUSS, Über die Schwierigkeit, Weltgeschichte zu schreiben, S. 640 f.

[5] Vgl. TIMPE, Kaiserzeit und Weltgeschichte, S. 101: „Man könnte sich die weitere Ausfüllung dieses Entwurfes [*gem.*: des HEUSSschen] in der Richtung der BURCKHARDT'schen Potenzenlehre vorstellen und würde dann vermutlich auf mancherlei Erkenntnisse und auch Schwierigkeiten im Einzelnen stoßen. Doch hat HEUSS diesen Weg nicht weiterverfolgt." – Ernst SCHULIN hat wiederholt darauf hingewiesen, dass das Potenzial der BURCKHARDTschen Potenzentheorie noch nirgends wirklich ausgeschöpft worden ist. Er macht darauf aufmerksam, „daß eigentlich bei aller Bewunderung der Potenzen- und Bedingtheitenlehre niemand sich getrieben gefühlt hat, sie etwa lehrmäßig zu verbreiten, sie zu prüfen, auszubauen oder umzubauen. Außerdem geht, soviel auch über BURCKHARDT als Kulturhistoriker gesagt worden ist, kaum jemand speziell und genau auf Sinn und Aussagekraft dieser Lehre ein, […]." Vgl. SCHULIN, Burckhardts Potenzen- und Sturmlehre, S. 9. Vgl. auch DERS., Kulturgeschichte und die Lehre von den Potenzen, S. 94.

ke innerhalb einer gesamtgeschichtlichen Darstellung – gewinnen.[6] Auf jeden Fall aber käme der Alten Geschichte bei der Erstellung einer zeitgemäßen Universalhistorie eine wichtige Rolle zu. Schließlich finden sich in ihrem Zeithorizont die Anfänge vieler religionsgeschichtlicher, verfassungstheoretischer und kulturhistorischer Prozesse, die heute von universaler Bedeutung sind.[7] Denn die allmähliche Herstellung einer den Globus umspannenden, d. h., einer *tatsächlichen* Universalität seit dem ausgehenden 15. Jahrhundert hat bewirkt, dass europäische Begriffe und Phänomene der Neuzeit in die entlegensten Gebiete der Erde übertragen wurden. Mittelbar verbreitete sich mit ihnen auch das Gedankengut des europäischen Altertums. „So wird der Forscher, der als Althistoriker beginnt, am Ende ein Universalhistoriker, wenn er dem Leitfaden folgt, den ihm sein ursprüngliches Fach in die Hand gelegt hat.“[8]

Zuletzt aber kann alle Theorie der Weltgeschichte und Besinnung auf vergangene Versuche keinen höheren Stellenwert beanspruchen, als bloße Vorbereitung für ‚das Eigentliche‘ zu sein. Auch heute noch „würde es ein wunderbares Schauspiel, freilich aber nicht für zeitgenössische, irdische Wesen sein, dem Geist der Menschheit erkennend nachzugehen, der über all diesen Erscheinungen schwebend und doch mit allen verflochten sich eine neue Wohnung baut. Wer hievon eine Ahnung hätte, würde des Glükkes und Unglückes völlig vergessen und in lauter Sehnsucht nach dieser Erkenntniß dahinleben.“[9]

---

[6] Vgl. Boshof / Düwell / Kloft, Grundlagen, S. 27: „Es bleibt abzuwarten, welchen Platz in einer Weltgeschichte, die naturgemäß die Beschränkung auf Europa aufgeben muß, das traditionelle Altertum einnimmt.“

[7] Vgl. Temporini, Universale Aspekte, S. 209: „In der Bezogenheit der Universalgeschichte auf die gegenwärtige Universalität zeigen sich somit universale Aspekte auch der Geschichte des Altertums. Diese Aspekte sind gewissermaßen Exponenten der universalgeschichtlich begründeten Aktualität der Geschichte des Altertums.“

[8] Toynbee, Die ‚Alte Geschichte‘ und die Universalhistorie, S. 94.

[9] Burckhardt, Über das Studium, S. 246.

ABKÜRZUNGSVERZEICHNIS

Um Anmerkungsteil und Bibliographie zu entlasten, wurden in das Abkürzungsverzeichnis neben Hilfsmitteln und Sammelbänden zur Historiographie- bzw. Weltgeschichte auch die zahlreichen für die Arbeit herangezogenen *Kleinen Schriften, Gesam-*
melten Schriften usw. von Gelehrten aufgenommen. Althistorische bzw. -philologische
Zeitschriften werden gemäß *L'Année Philologique* zitiert. Weitere gebrauchte Abkür-
zungen sind:

AHN	Acta Historica Neerlandica
ANRW	Aufstieg und Niedergang der Römischen Welt. FS Joseph Vogt zum 75. Geburtstag. Abt. I. Von den Anfängen Roms bis zum Ausgang der Republik. Bd. 1–4, hg. v. Temporini, Hildegard, Berlin / New York 1972–1974 / Abt. II. Princi-pat. Bd. 1 ff., hg. v. Temporini, Hildegard / Haase, Wolf-gang, Berlin / New York 1974 ff. / Inhaltsverzeichnis mit Autorenregister (Stand: Ende 1996), Redaktion: Schwerdt-feger, Stephan / Ilchmann, Ute, Berlin / New York 1997
ASENDORF [U. A.], Geschichte	Geschichte. Lexikon der wissenschaftlichen Grundbegriffe, hg. v. Asendorf, Manfred / Flemming, Jens / Müller, Achatz von / Ullrich, Volker, Reinbek b. Hamburg 1994
BENGTSON, KS	Bengtson, Hermann, Kleine Schriften zur Alten Geschich-te, München 1974
BESSON, Geschichte	Geschichte, hg. v. Besson, Waldemar (= Das Fischer-Lexi-kon. Bd. 24), Frankfurt a. M. 1961
BOIA, Great Historians	Great Historians. Bd. 1. Great Historians from Antiquity to 1800. An International Dictionary, hg. v. Boia, Lucien, in Zusammenarbeit mit Nore, Ellen / Hitchins, Keith / Iggers, Georg G., New York / Westport, Connecticut / London 1989 / Bd. 2. Great Historians of the Modern Age. An International Dictionary, hg. v. Boia, Lucien, New York 1991
BRIGGS / CALDER III., Classical Scholarship	Classical Scholarship. A Biographical Encyclopedia, hg. v. Briggs, Ward W. / Calder III., William M., London / New York 1990
BRUCH / MÜLLER, Historikerlexikon	Historikerlexikon. Von der Antike bis zum 20. Jahrhundert, hg. v. Bruch, Rüdiger vom / Müller, Rainer A., München 1991

BURCKHARDT, Briefe

Burckhardt, Jacob, Vollständige und kritisch bearbeitete Ausgabe. Bd. 1–10. Mit Benützung des handschriftlichen Nachlasses, hg. v. Burckhardt, Max, Basel 1949–1986 / Gesamtregister, Basel 1994

BURCKHARDT, GA

Burckhardt, Jacob, Gesamtausgabe. Bd. 1–14, hg. v. Dürr, Emil / Kaegi, Werner / Stahelin, Felix / Merian, Samuel / Wölfflin, Heinrich / Trog, Hans / Oeri, Albert, Berlin / Leipzig / Basel 1929–1934

BURCKHARDT, Griechische Kulturgeschichte

Burckhardt, Jacob, Griechische Kulturgeschichte. Bd. 1–4 (= GA. Bd. 8–11), hg. v. Stahelin, Felix / Merian, Samuel, Stuttgart 1930–1931

BURCKHARDT, Historische Fragmente

Burckhardt, Jacob, Historische Fragmente, aus dem Nachlass gesammelt von Dürr, Emil, in: GA. Bd. 7, hg. v. Dürr, Emil / Oeri, Albert, Basel / Stuttgart 1929, S. 209–482

BURCKHARDT, Über das Studium

Burckhardt, Jacob, Über das Studium der Geschichte. Der Text der ‚Weltgeschichtlichen Betrachtungen' auf Grund der Vorarbeiten von Ernst Ziegler nach den Handschriften hg. v. Ganz, Peter, München 1982

CAH[1]

The Cambridge Ancient History[1]. Bd. 1–12, hg. v. Burry, John Bagnell [u. a.], Cambridge / London / New York / Melbourne 1923–1939

CALDER III. / DEMANDT, Leben und Leistung

Eduard Meyer. Leben und Leistung eines Universalhistorikers, hg. v. Calder III., William M. / Demandt, Alexander (= Mnemosyne. Bibliotheca Classica Batava. Supplement. Bd. 112), Leiden / New York / Kopenhagen / Köln 1990

CALDER III. / KRAMER, Bibliography

An Introductory Bibliography to The History of Classical Scholarship chiefly in the XIXth and XXth centuries, hg. v. Calder III., William M. / Kramer, Daniel J., Hildesheim / New York 1992

CANNON [U. A.], Blackwell Dictionary

The Blackwell Dictionary of Historians, hg. v. Cannon, John / Davis, R. H. C. / Doyle, William / Greene, Jack P., New York 1988

CHRIST, RGWG

Christ, Karl, Römische Geschichte und Wissenschaftsgeschichte. Bd. 1. Römische Republik und Augusteischer Principat / Bd. 2. Geschichte und Geschichtsschreibung der römischen Kaiserzeit / Bd. 3. Wissenschaftsgeschichte, Darmstadt 1982–1983

DNP

Der Neue Pauly. Enzyklopädie der Antike, hg. v. Cancik, Hubert / Schneider, Helmuth, Stuttgart / Weimar 1996 ff.

Fischer-Weltgeschichte

Fischer Weltgeschichte. Bd. 1–36, Frankfurt a. M. 1964–1983

GEHRKE, Alfred Heuß

Alfred Heuß. Ansichten seines Lebenswerkes. Beiträge des Symposions ‚Alte Geschichte und Universalgeschichte. Wissenschaftsgeschichtliche Aspekte und historisch-kritische Anmerkungen zum Lebenswerk von Alfred Heuß', Göttingen, 16. und 17. Mai 1996, hg. v. Gehrke, Hans-Joachim, Stuttgart 1998

GUGGISBERG,
Zwölf Studien

Umgang mit Jacob Burckhardt. Zwölf Studien, hg. v. Guggisberg, Hans R. (= Beiträge zu Jacob Burckhardt. Bd. 1), Basel 1994

HAMPL, GKW

Hampl, Franz, Geschichte als kritische Wissenschaft. Bd. 1. Theorie der Geschichtswissenschaft und Universalgeschichte / Bd. 2. Althistorische Kontroversen zu Mythos und Geschichte / Bd. 3. Probleme der römischen Geschichte und antiken Historiographie sowie ein grundsätzlicher Rückblick, hg. v. Weiler, Ingomar, Darmstadt 1975–1979

HARDTWIG,
Geschichtskultur

Hardtwig, Wolfgang, Geschichtskultur und Wissenschaft, München 1990

HEUSS, GS

Heuß, Alfred, Gesammelte Schriften in drei Bänden. Bd. 1. Griechische Geschichte, griechische und römische Geschichte, Weltgeschichte / Bd. 2. Römische Geschichte / Bd. 3. Wissenschaftsgeschichte und -theorie, Völkerrecht, Universitäts- und Schulreform, Stuttgart 1995

Historia Mundi

Historia Mundi. Ein Handbuch der Weltgeschichte in zehn Bänden, begr. v. Kern, Fritz, unter Mitwirkung des Instituts für europäische Geschichte in Mainz hg. v. Valjavec, Fritz, Bern 1952–1961

H & M

History and Memory

JMH

Journal of Modern History

KAERST,
Universalgeschichte

Kaerst, Julius, Universalgeschichte. Abhandlungen, hg. v. Vogt, Joseph, Stuttgart 1930

KlP

Der kleine Pauly. Lexikon der Antike, hg. v. Ziegler, Konrat / Sontheimer, Werner, Stuttgart 1964–1975

KÜTTLER [U. A.],
Grundlagen

Geschichtsdiskurs. Bd. 1. Grundlagen und Methoden der Historiographiegeschichte, hg. v. Küttler, Wolfgang / Rüsen, Jörn / Schulin, Ernst (= Geschichtsdiskurs. Bd. 1), Frankfurt a. M. 1993

LAW	Lexikon der Alten Welt, hg. v. Andresen, Carl [u. a.], Zürich / München 1965
LÖWITH, Jacob Burckhardt	Löwith, Karl, Jacob Burckhardt (= Sämtliche Schriften. Bd. 7), Stuttgart 1984
MAROHL, Bibliographie	Marohl, Heinrich, Eduard Meyer. Bibliographie, mit einer autobiographischen Skizze Eduard Meyers und der Gedächtnisrede von Ulrich Wilcken, Stuttgart 1941
MEYER, Briefe	Eduard Meyer – Victor Ehrenberg. Ein Briefwechsel. 1914–1930, hg. v. Audring, Gert / Hoffmann, Christhard / Ungern-Sternberg, Jürgen von, Berlin / Stuttgart 1990
MEYER, Forschungen	Meyer, Eduard, Forschungen zur Alten Geschichte. Bd. 1. Zur älteren griechischen Geschichte / Bd. 2. Zur Geschichte des 5. Jahrhunderts v. Chr., Halle a. d. Saale 1892 / 1899
MEYER, GdA I / 1	Meyer, Eduard, Geschichte des Altertums. Bd. 1. Hälfte 1. Einleitung. Elemente der Anthropologie, Stuttgart / Berlin ^{3}1910; ^{2}1907; ^{1}1884 [ND Darmstadt ^{8}1978]
MEYER, GdA I / 2	Meyer, Eduard, Geschichte des Altertums. Bd. 1. Hälfte 2. Die ältesten geschichtlichen Völker und Kulturen bis zum sechzehnten Jahrhundert. Nachtrag: Die ältere Chronologie Babyloniens, Assyriens und Ägyptens, Stuttgart / Berlin ^{3}1913; ^{2}1909; ^{1}1884 [ND Darmstadt ^{9}1977]
MEYER, GdA II / 1	Meyer, Eduard, Geschichte des Altertums. Bd. 2. Abt. 1. Die Zeit der ägyptischen Großmacht, Stuttgart / Berlin ^{2}1928; ^{1}1893 [ND Darmstadt ^{5}1975]
MEYER, GdA II / 2	Meyer, Eduard, Geschichte des Altertums. Bd. 2. Abt. 2. Der Orient vom zwölften bis zur Mitte des achten Jahrhunderts, hg. v. Stier, Hans Erich, Stuttgart / Berlin ^{2}1931; ^{1}1893 [ND Darmstadt ^{5}1975]
MEYER, GdA III	Meyer, Eduard, Geschichte des Altertums. Bd. 3. Der Ausgang der altorientalischen Geschichte und der Aufstieg des Abendlandes bis zu den Perserkriegen, hg. v. Stier, Hans Erich, Stuttgart ^{2}1937; ^{1}1901 [ND Darmstadt ^{6}1980]
MEYER, GdA IV / 1	Meyer, Eduard, Geschichte des Altertums. Bd. 4. Abt. 1. Das Perserreich und die Griechen bis zum Vorabend des Peloponnesischen Krieges mit einer Karte, hg. v. Stier, Hans Erich, Stuttgart ^{3}1939; ^{2}1911; ^{1}1901 [ND Darmstadt ^{8}1980]

MEYER, GdA IV / 2   Meyer, Eduard, Geschichte des Altertums. Bd. 4. Abt. 2. Der Ausgang der griechischen Geschichte, hg. v. Stier, Hans Erich, Stuttgart [4]1956; [1]1901 [ND Darmstadt [7]1980]

MEYER, GdA V   Meyer, Eduard, Geschichte des Altertums. Bd. 5. Das Perserreich und die Griechen. Der Ausgang der griechischen Geschichte. 404–350 v. Chr., hg. v. Stier, Hans Erich, Stuttgart [4]1958; [1]1902 [ND Darmstadt [7]1980]

MEYER, KS   Meyer, Eduard, Kleine Schriften. Bd. 1–2, Halle a. d. Saale [2]1924; [1]1910 / 1924

MEYER, UAC   Meyer, Eduard, Ursprung und Anfänge des Christentums. Bd. 1. Die Evangelien / Bd. 2. Die Entwicklung des Judentums und Jesus von Nazaret / Bd. 3. Die Apostelgeschichte und die Anfänge des Christentums, Stuttgart / Berlin 1921 / 1921 / 1923

MEYER, Weltgeschichte   Meyer, Eduard, Weltgeschichte und Weltkrieg. Gesammelte Aufsätze, Stuttgart / Berlin 1916

MOMIGLIANO, AS   Momigliano, Arnaldo D., Ausgewählte Schriften zur Geschichte und Geschichtsschreibung. Bd. 1. Die Alte Welt / Bd. 2. Spätantike bis Spätaufklärung / Bd. 3. Die moderne Geschichtsschreibung der Alten Welt, hg. v. Nippel, Wilfried / Grafton, Anthony / Most, Glenn W., übers. von Brodersen, Kai / Wittenburg, Andreas, Stuttgart / Weimar 1998–2000

NÄF, Antike und Altertumswissenschaft   Antike und Altertumswissenschaft in der Zeit von Faschismus und Nationalsozialismus. Kolloquium Universität Zürich vom 14.–17. Oktober 1998, hg. v. Näf, Beat, unter Mitarb. v. Kammasch, Tim (= Texts and Studies in the History of Humanities. Bd. 1), Mandelbachtal / Cambridge 2001

NIETZSCHE, KAS   Nietzsche, Friedrich, Sämtliche Werke. Kritische Studienausgabe in fünfzehn Einzelbänden, hg. v. Colli, Giorgio / Montinari, Mazzino, München [2]1988

POMPER [U. A.] World Historians   World Historians and their Critics, hg. v. Pomper, Philip / Elphick, Richard H. / Vann, Richard T. (= History and Theory. Beihefte. Bd. 34), Middletown, Connecticut 1995

Ploetz   Der große Ploetz. Auszug aus der Geschichte, begr. v. Ploetz, Karl Julius, hg. v. Ploetz-Verlag, Freiburg / Würzburg [32]1998; [1]1863

Propyläen-Weltgeschichte   Propyläen-Weltgeschichte. Eine Universalgeschichte. Bd. 1–10, hg. v. Heuß, Alfred / Mann, Golo / Nitschke, August, Berlin 1960–1964 / Erg.-Bd. 1–2, hg. v. Dens., Berlin 1965

RANDA, Handbuch   Handbuch der Weltgeschichte. Bd. 1–4, hg. v. Randa, Alexander, Olten / Freiburg i. Br. ^{3}1962; ^{1}1954

RANDA, Mensch und Weltgeschichte   Mensch und Weltgeschichte. Zur Geschichte der Universalgeschichtsschreibung, hg. v. Randa, Alexander (= Forschungsgespräche des internationalen Forschungszentrums für die Grundlagen der Wissenschaften. Bd. 7), Salzburg / München 1969

RE   Paulys Realencyclopädie der classischen Altertumswissenschaften, hg. v. Wissowa, Georg [u. a.], Reihe 1. Bd. 1–24, Stuttgart 1893–1963 / Reihe 2. Bd. 1 A–10 A, Stuttgart 1914–1972 / Suppl.-Bd. 1–15, Stuttgart 1903–1978 / Register-Bd., Stuttgart 1980

REINHARDT, Hauptwerke   Hauptwerke der Geschichtsschreibung, hg. v. Reinhardt, Volker, Stuttgart 1997

Saeculum-Weltgeschichte   Saeculum Weltgeschichte. Bd. 1–7, hg. v. Franke, Herbert [u. a.], Freiburg / Basel / Wien 1965–1975

SCHULIN, Traditionkritik und Rekonstruktionsversuch   Schulin, Ernst, Traditionskritik und Rekonstruktionsversuch. Studien zur Entwicklung von Geschichtswissenschaft und historischem Denken, Göttingen 1979

SCHULIN, Universalgeschichte   Universalgeschichte, hg. v. Schulin, Ernst (= Neue Wissenschaftliche Bibliothek. Bd. 72), Köln 1974

STRASBURGER, Studien   Strasburger, Hermann, Studien zur Alten Geschichte. Bd. 1–3, hg. v. Schmitthenner, Walter / Zoepffel, Renate (= Collectanea. Bd. 42/2), Hildesheim / New York 1982–1990

VOGT, Orbis   Vogt, Joseph, Orbis. Ausgewählte Schriften zur Geschichte des Altertums, Freiburg / Basel / Wien 1960

WEBER, GASW   Weber, Max, Gesammelte Aufsätze zur Sozial- und Wirtschaftsgeschichte, hg. v. Weber, Marianne, Tübingen 1924 [ND Tübingen ^{2}1988]

WEBER, GAWL   Weber, Max, Gesammelte Aufsätze zur Wissenschaftslehre, hg. v. Winckelmann, Johannes, Tübingen ^{3}1968 [ND Tübingen ^{7}1988]

WEBER Biographisches Lexikon   Weber, Wolfgang, Biographisches Lexikon zur Geschichtswissenschaft in Deutschland, Österreich und der Schweiz.

	Die Lehrstuhlinhaber für Geschichte von den Anfängen des Faches bis 1970, Frankfurt a. M. ²1987
WEHLER, Deutsche Historiker	Deutsche Historiker. Bd. 1–9, hg. v. Wehler, Hans-Ulrich, Göttingen 1971–1982
WaG	Welt als Geschichte. Eine Zeitschrift für Universalgeschichte
WZBerlin 40 (1991) 9	Eduard Meyer (1855–1930). Zu Werk und Zeit. 3. Berliner Kolloquium zur Geschichte der deutschen Altertumswissenschaften an der Humboldt-Universität zu Berlin 5–6. September 1990, in: Wissenschaftliche Zeitschrift der Humboldt-Universität. Reihe Geistes- und Sozialwissenschaftler 40 (1991). Heft 9
ZfG	Zeitschrift für Geschichte

LITERATURVERZEICHNIS

Viele althistorische Äußerungen stellen sowohl historiographische *Quellen* als auch historische *Beiträge der Sekundärliteratur* dar; so ist beispielsweise BENGTSONS Aufsatz über *Barthold Georg Niebuhr und die Idee der Universalgeschichte* in Bezug auf NIEBUHR und Eduard MEYER als „Literatur", mit Blick auf BENGTSONS eigene Haltung dem Problem der Weltgeschichte gegenüber aber als „Quelle" zu lesen. Aus diesem Grund verbietet sich eine getrennte Auflistung nach „Quellen" und „Literatur".

ABT-LUGHOD, Janet, The World-System Perspective in the Construction of Economic History (1995), in: POMPER [U. A.], World Historians, S. 86–98

ALTHEIM, Franz, Die Soldatenkaiser, Bildaufnahmen von Trautmann, Erika (= Deutsches Ahnenerbe. Arbeiten zur alten Geschichte), Frankfurt a. M. 1939

ALTHEIM, Franz, Die Krise der Alten Welt im 3. Jahrhundert n. Zw. und ihre Ursachen, mit Beiträgen von Trautmann-Nehring, Erika. Bd. 1. Die außerrömische Welt / Bd. 3. Götter und Kaiser (= Deutsches Ahnenerbe. Reihe B. Fachwissenschaftliche Untersuchungen. Abt. Arbeiten zur alten Geschichte. Bd. 2–3), Berlin 1943 [Bd. 2 ist niemals erschienen.]

ALTHEIM, Franz, Weltgeschichte Asiens im griechischen Zeitalter. Bildteil von Trautmann-Nehring, Erika. Bd. 1–2, Halle a. d. Saale 1947 / 1948

ALTHEIM, Franz, Niedergang der Alten Welt. Eine Untersuchung der Ursachen. Bd. 1. Die außerrömische Welt / Bd. 2. Imperium Romanum, Frankfurt a. M. 1952

ANGERMANN, Heinz, Ranke und Burckhardt, in: AKG 69 (1987), S. 407–452

AUDRING, Gert, Zu den Briefen Ulrich Wilckens an Eduard Meyer, in: WZBerlin 40 (1991) 9, S. 55–59

AUDRING, Gert / HOFFMANN, Christhard / UNGERN-STERNBERG, Jürgen von, Einleitung zu: MEYER, Briefe (1990), S. 9–33

BENGTSON, Hermann, Nachruf auf: Walter Otto (1944), in: Ders., KS, S. 599–618

BENGTSON, Hermann, Universalhistorische Aspekte der Geschichte des Hellenismus (1958), in: Ders., KS, S. 115–131

BENGTSON, Hermann, Barthold Georg Niebuhr und die ïdee der Universalgeschichte des Altertums (1960), in: Ders., KS, S. 26–42

BENGTSON, Hermann, Zum Problem der Universalgeschichte des Altertums (1963), in: Ders., KS, S. 45–60

BENGTSON, Hermann, Zur Geschichte des Alten Orients (1963), in: Ders., KS, S. 61–69

BENGTSON, Hermann, Gedenkblatt für Ernst Kornemann (1972), in Ders., KS, S. 639–642

BENN, Gottfried, Zum Thema Geschichte (1959), in: Ders., Gesammelte Werke in vier Bänden. Bd. 1. Essays, Reden, Vorträge, hg. v. Wellershoff, Dieter, Wiesbaden 1959, S. 371–388

BERVE, Helmut, Rezension von: CAH[1]. Bd. 4–7, in: Gnomon 7 (1931), S. 65–71

BERVE, Helmut, Zur Kulturgeschichte des Alten Orients, in: AKG 25 (1935), S. 216–230

BERVE, Helmut, Rezension von: CAH[1]. Bd. 8–11, in: Gnomon 15 (1939), S. 177–193

BICHLER, Reinhold, Die theoretische Einschätzung des Vergleichens in der Geschichtswissenschaft, in: Vergleichende Geschichtswissenschaft, hg. v. Hampl, Franz / Weiler, Ingomar (= Erträge der Forschung. Bd. 88), Darmstadt 1978, S. 1–87

BICHLER, Reinhold, Franz Hampls Wirken und die jüngere Forschung am Innsbrucker Institut für Alte Geschichte, in: 100 Jahre Alte Geschichte in Innsbruck. Franz Hampl zum 75. Geburtstag, hg. v. Dems. (= Forschungen zur Innsbrucker Universitätsgeschichte. Bd. 13), Innsbruck 1985, S. 75–89

BICHLER, Reinhold, Neuorientierung in der Alten Geschichte?, in: Deutsche Geschichtswissenschaft nach dem Zweiten Weltkrieg (1945–1965), hg. v. Schulin, Ernst, unter Mitarb. v. Müller-Luckner, Elisabeth (= Schriften des Historischen Kollegs. Kolloquien. Bd. 14), München 1989, S. 63–86

BICHLER, Reinhold, Alexander der Große und das NS-Geschichtsbild (2001), in: NÄF, Antike und Altertumswissenschaft, S. 345–378

BITTNER, Angela, Eduard Meyers Beitrag zur Galaterforschung, in: WZBerlin 40 (1991) 9, S. 29–31

BLANCKENHAGEN, Peter H. von, Jacob Burckhardts Griechische Kulturgeschichte - hundert Jahre danach, in: BZG 83 (1983), S. 5–26

BLANKE, Horst Walter, Historiographiegeschichte als Historik (= Fundamenta Historica. Bd. 3), Stuttgart-Bad Cannstatt 1991 [Diss. phil. Univ. Bochum 1986]

BLANKE, Horst Walter, Typen und Funktionen der Historiographiegeschichtsschreibung. Eine Bilanz und ein Forschungsprogramm (1993), in: KÜTTLER [U. A.], Grundlagen, S. 191–211

BLEICKEN, Jochen, Nachruf auf: Alfred Heuß, in: HZ 262 (1996), S. 337–356

BLOCH, Marc, Apologie pour l'histoire ou métier d'historiens, Paris 1952

BOSHOF, Egon / DÜWELL, Kurt / KLOFT, Hans, Grundlagen des Studiums der Geschichte. Eine Einführung (= Böhlau-Studien-Bücher), Köln Weimar / Wien ⁵1997

BREEBAART, Abraham Benjamin, Weltgeschichte als Thema der antiken Geschichtsschreibung, in: AHN 1 (1966), S. 1–21

BROCKE, Bernhard vom, Kurt Breysig. Geschichtswissenschaft zwischen Historismus und Soziologie (= Historische Studien. Bd. 417), Lübeck / Hamburg 1971

BÜDINGER, Max, Die Universalgeschichte im Alterthume, Wien 1895

BURDE, Peter, Untersuchungen zur antiken Universalgeschichtsschreibung, München 1974 [Diss. phil. Univ. Erlangen-Nürnberg 1974]

CALDER III., William M., Wissenschaftlergeschichte als Wissenschaftsgeschichte, in: Altertum 42 (1997), S. 245–256

CHRIST, Karl, Jacob Burckhardt und die römische Geschichte (1963), in: Ders., RGWG. Bd. 3, S. 74–114

CHRIST, Karl, Römische Geschichte und Universalgeschichte bei Barthold Georg Niebuhr (1968), in: Ders., RGWG. Bd. 3, S. 1–25

CHRIST, Karl, Joseph Vogt und die Geschichte des Altertums. Eine Würdigung (1970), in: Ders., RGWG. Bd. 3, S. 151–195

CHRIST, Karl, Zur Entwicklung der Alten Geschichte in Deutschland (1971), in: Ders., RGWG. Bd. 3, S. 196–212

CHRIST, Karl, Römische Geschichte und deutsche Geschichtswissenschaft, München 1982

CHRIST, Karl, Geschichte des Altertums, Wissenschaftsgeschichte und Ideologiekritik (1983), in: Ders., RGWG. Bd. 3, S. 128–243

CHRIST, Karl, Von Gibbon zu Rostovtzeff. Leben und Werk führender Althistoriker der Neuzeit, Darmstadt ³1989; ¹1972

CHRIST, Karl, Neue Profile in der Alten Geschichte, Darmstadt 1990

CHRIST, Karl, Arnaldo Momigliano und die deutsche Geschichts- und Altertumswissenschaft, in: Ders., Griechische Geschichte und Wissenschaftsgeschichte (= Historia-Einzelschriften. Bd. 106), Stuttgart 1996, S. 171–186

CHRIST, Karl, Zur Geschichte der Historiographie. Zehn Jahre nach Momigliano, in: Historia 47 (1998), S. 234–252

CHRIST, Karl, Hellas. Griechische Geschichte und deutsche Geschichtswissenschaft, München 1999

CHRIST, Karl, Jacob Burckhardts Weg zur *Griechischen Kulturgeschichte*, in: Historia 49 (2000), S. 101–125

CLARKE, Katherine, Universal Perspectives in Historiography, in: The Limits of Historiography. Genre and Narrative in Ancient Historical Texts, hg. v. Shuttlewort Kraus, Christina (= Mnemosyne. Suppl.-Bd. 191), Leiden / Bosten / Köln / Brill 1999, S. 249–280

DEMANDT, Alexander, Eduard Meyer und Oswald Spengler. Läßt sich Geschichte voraussagen? (1990), in: CALDER III. / DEMANDT, Leben und Leistung, S. 159–181

DEININGER, Jürgen, Eduard Meyer und Max Weber (1990), in: CALDER III. / DEMANDT, Leben und Leistung, S. 132–158

DEISSMANN, Marie Luise / ZOEPFFEL, Renate, Bericht über die Diskussion des Vortrags von Alfred Heuß am 14. Oktober 1967 auf der 27. Versammlung deutscher Historiker in Freiburg i. Br., in: Saeculum 19 (1968), S. 27–30

EHRENBERG, Victor, Eduard Meyer zum 70. Geburtstag (1925), in: MEYER, Briefe, S. 145–147

EHRENBERG, Victor, Nachruf auf: Eduard Meyer (1931), in: MEYER, Briefe, S. 148–154

ENGEL-JANOSI, Friedrich, Grundeinstellungen der Moderne (1969), in: RANDA, Mensch und Weltgeschichte, S. 239–257 mit Diskussion, S. 258–282

ENSSLIN, Wilhelm, Rezension von: ALTHEIM, Die Soldatenkaiser, in: HJ 61 (1941), S. 266–274

FETSCHER, Iring, Wozu Geschichte der politischen Ideen?, in: Pipers Handbuch der politischen Ideen. Bd. 1. Frühe Hochkulturen und europäische Antike, hg. v. Dems. / Münkler, Herfried, München / Zürich 1988, S. 21–39

FRANKE, Herbert, Möglichkeiten einer Weltgeschichte heute. Korreferat zum Vortrag von Alfred Heuß am 14. Oktober 1967 auf der 27. Versammlung deutscher Historiker in Freiburg i. Br., in: Saeculum 19 (1968), S. 17–21

FROLOV, Eduard D., Eduard Meyer und die russische (bzw. sowjetische) Altertumswissenschaft, in: WZBerlin 40 (1991) 9, S. 71–75

FUKUYAMA, Francis, Das Ende der Geschichte. Wo stehen wir?, aus dem Amerikanischen übers. v. Dierlamm, Helmut / Mihr, Ute / Dürr, Karlheinz, München 1992 [Original: The End of History and the Last Man, New York 1992]

FUKUYAMA, Francis, The End of History. Five Years later (1995), in: POMPER [U. A.], World Historians, S. 27–436

GANZ, Peter, Einleitung zu: BURCKHARDT, Über das Studium (1982), S. 13–103

GANZ, Peter, Jacob Burckhardt: Wissenschaft – Geschichte – Literatur (1994), in: GUGGISBERG, Zwölf Studien, S. 11–35

GEHRKE, Hans-Joachim, Zwischen Altertumswissenschaft und Geschichte. Zur Standortbestimmung der Alten Geschichte am Ende des 20. Jahrhunderts, in: Die Wissenschaften vom Altertum am Ende des 2. Jahrtausends n. Chr., hg. v. Schwinge, Ernst-Richard, Stuttgart / Leipzig 1995, S. 160–196

GEHRKE, Hans-Joachim, Nachruf auf: Alfred Heuß, in: Gnomon 69 (1997), S. 276–287

GEHRKE, Hans-Joachim, Alfred Heuß – ein Wissenschaftshistoriker? (1998), in: Ders., Alfred Heuß, S. 141–152

GILBERT, Felix, Geschichte – Politik oder Kultur? Rückblick auf einen klassischen Konflikt, aus dem Engl. von Spelsberg, Christiane (= Edition Pandora. Bd. 6), Frankfurt a. M. / New York 1992

GREEN, William, Periodizing World History (1995), in: POMPER [u. a.], World Historians, S. 99–111

GRIMM, Tilemann, Unsere Erfahrung des ostasiatischen Geschichtsprozesses, in: Saeculum 14 (1963), S. 47–52

GROSSE, Jürgen, Typus und Geschichte. Eine Jacob-Burckhardt-Interpretation, Köln / Weimar / Wien 1997 [Diss. phil. Humboldt-Univ. Berlin 1996]

HAMPL, Franz, Das Problem des Kulturverfalles in universalhistorischer Sicht (^{2}1975; ^{1}1963), in: Ders., GKW. Bd. 1, S. 253–298

HAMPL, Franz, Grundsätzliches zur Frage der Methode der Geschichtswissenschaft (^{2}1975; ^{1}1966), in: Ders., GKW. Bd. 1, S. 11–32

HAMPL, Franz, Neuere deutsche Geschichtsdenker in kritischer Sicht (^{2}1975; ^{1}1968), in: Ders., GKW. Bd. 1, S. 73–110

HAMPL, Franz, Universalgeschichte am Beispiel der Diffusionstheorie (1975), in: Ders., GKW. Bd. 1, S. 181–236

HAMPL, Franz, Universalhistorische Betrachtungsweise als Problem und Aufgabe. Ihre Bedeutung in Theorie und Praxis der modernen Geschichtswissenschaft (^{2}1975; ^{1}1974), in: Ders., GKW. Bd. 1, S. 132–181

HARDTWIG, Wolfgang, Geschichtsschreibung zwischen Alteuropa und moderner Welt. Jacob Burckhardt in seiner Zeit (= Schriftenreihe der Historischen Kommission bei der Bayerischen Akademie der Wissenschaften. Bd. 11), Göttingen 1974 [Diss. phil. Univ. München 1972]

HARDTWIG, Wolfgang, Wissenschaft als Macht oder Askese: Jacob Burckhardt (1985), in: Ders., Geschichtskultur, München 1990, S. 161–188 [jetzt auch in: GUGGISBERG, Zwölf Studien, S. 159–190]

HARDTWIG, Wolfgang, Jacob Burckhardt und Max Weber. Zur Genese und Pathologie der modernen Welt (1988), in: Ders., Geschichtskultur, S. 189–223

HATSCHER, Christoph R., Charisma und Res publica. Max Webers Herrschaftssoziologie und die römische Republik (= Historia-Einzelschriften. Bd. 136), Stuttgart 2000 [Diss. phil. Univ. Osnabrück 1998]

HEFTRICH, Eckhard, Hegel und Jacob Burckhardt. Zur Krisis des geschichtlichen Bewußtseins (= Wissenschaft und Gegenwart. Bd. 35), Frankfurt a. M. 1967

HEIMPEL, Hermann, Zwei Historiker. Friedrich Christoph Dahlmann und Jacob Burckhardt (= Kleine Vandenhoeck-Reihe. Bd. 141), Göttingen 1962

HEINMANN-GRÜDER, Andreas / KAISER, Andreas, Art. „Weltgeschichte", in: Europäische Enzyklopädie zu Philosophie und Wissenschaften. Bd. 4, hg. v. Sandkühler, Hans Jörg, Hamburg 1990, S. 797–801

HEUSS, Alfred, Nachruf auf: Ernst Kornemann (1951), in: Ders., GS. Bd. 1, S. 739–741

HEUSS, Alfred, Barthold Georg Niebuhr (1956), in: Ders., GS. Bd. 3, S. 1608–1619

HEUSS, Alfred, Einleitung zu: Propyläen-Weltgeschichte. Bd. 1 (1961). Vorgeschichte. Frühe Hochkulturen, S. 11–32

HEUSS, Alfred, Einleitung zu: Propyläen-Weltgeschichte. Bd. 2 (1962). Hochkulturen des mittleren und östlichen Asiens, S. 11–38

HEUSS, Alfred, Einleitung zu: Propyläen-Weltgeschichte. Bd. 3 (1962). Griechenland. Die hellenistische Welt, S. 9–24

HEUSS, Alfred, Einleitung zu: Propyläen-Weltgeschichte. Bd. 4 (1963). Rom. Die römische Welt, S. 11–26

HEUSS, Alfred, Max Webers Bedeutung für die Geschichte des griechisch-römischen Altertums (1965), in: Ders., GS. Bd. 3, S. 1835–1862

HEUSS, Alfred, Max Weber und das Problem der Universalgeschichte (1968), in: Ders., GS. Bd. 3, S. 1863–1890

HEUSS, Alfred, Möglichkeiten einer Weltgeschichte heute (1968), in: Ders., GS. Bd. 1, S. 581–594

HEUSS, Alfred, ‚Weltgeschichte' als Methode (1968), in: Ders., GS. Bd. 1, S. 594–606

HEUSS, Alfred, Gedanken zur Didaktik der Geschichte (1971), in: Ders., GS. Bd. 3, S. 2656–2662

HEUSS, Alfred, Rezension von: CHRIST, Von Gibbon zu Rostovtzeff (1974), in: Ders., GS. Bd. 3, S. 2609–2610

HEUSS, Alfred, Über die Schwierigkeit, Weltgeschichte zu schreiben (1976), in: Ders., GS. Bd. 1, S. 607–641

HEUSS, Alfred, Philosophische Anthropologie und der Wandel des Menschlichen. Überlegungen im Hinblick auf die Theorie Arnold Gehlens (1979), in: Ders., GS. Bd. 3, S. 2412–2474

HEUSS, Alfred, Geschichtsschreibung und Geschichtsforschung. Zur Logik ihrer gegenseitigen Beziehungen (1979), in: Ders., GS. Bd. 3, S. 2250–2288

HEUSS, Alfred, Nachruf auf: Helmut Berve (1980), in: Ders., GS. Bd. 1, S. 758–766

HEUSS, Alfred, Weltreichsbildung im Altertum (1981), in: Ders., GS. Bd. 1, S. 642–703

HEUSS, Alfred, Eine Kindheit im Ersten Weltkrieg (1984), in: Ders., GS. Bd. 1, S. 767–776

HEUSS, Alfred, Institutionalisierung der Alten Geschichte (1989), in: Ders., GS. Bd. 3, S. 1938–1970

HEUSS, Alfred, De se ispe (1993), in: Ders., GS. Bd. 1, S. 777–827

HOFFMANN, Christhard, Die Selbsterziehung des Historikers. Zur intellektuellen Entwicklung des jungen Eduard Meyer. 1855–1879 (1990), in: CALDER III. / DEMANDT, Leben und Leistung, S. 208–254

HOFFMANN, Christhard, Eduard Meyer (1990), in: BRIGGS / CALDER III., Classical Scholarship, S. 264–276

HOFFMANN, Christhard, Eduard Meyers England- und Amerikabild, in: WZBerlin 40 (1991) 9, S. 45–53

IGGERS, Georg G., Deutsche Geschichtswissenschaft. Eine Kritik der traditionellen Geschichtsauffassung von Herder bis zur Gegenwart, übers. aus dem Englischen v. Barth, Christian M., Wien / Köln / Weimar 1997 [Original: The German Conception of History. The National Tradition of Historical Thought from Herder to the Present, Middletown, Connecticut ²1983; ¹1968]

IGGERS, Georg. G., Geschichtswissenschaft im 20. Jahrhundert. Ein kritischer Überblick im internationalen Zusammenhang, mit einem Nachwort (= Kleine Vandenhoeck-Reihe. Bd. 1565), Göttingen ²1996

JAEGER, Friedrich, Bürgerliche Modernisierungskrise und historische Sinnbildung. Kulturgeschichte bei Droysen, Burckhardt und Max Weber (= Bürgertum. Bd. 5), Göttingen 1994 [Diss. phil. Univ. Bielefeld 1992]

JÄHNE, Armin, Alexander der Große in Eduard Meyers Hellenismusverständnis, in: WZBerlin 40 (1991) 9, S. 19–27

JÄHNIG, Dieter, Jacob Burckhardts Gedanke des ökumenischen Maßstabes (1987), in: GUGGISBERG, Zwölf Studien, S. 263–281

JANTSCH, Johanna, Die Entstehung des Christentums bei Adolf von Harnack und Eduard Meyer (= Habelts Dissertationsdrucke. Reihe Alte Geschichte. H. 28), Bonn 1990 [Diss. phil. Univ. Marburg 1988]

KAEGI, Werner, Jacob Burckhardt. Eine Biographie. Bd. 1–7, Basel 1947–1982

KAERST, Julius, Die universalhistorische Auffassung in ihrer besonderen Anwendung auf die Geschichte des Altertums (1899), in: Ders., Universalgeschichte, S. 1–32

KAERST, Julius, Die Geschichte des Altertums im Zusammenhange der allgemeinen Entwicklung der modernen historischen Forschung (1902), in: Ders., Universalgeschichte, S. 33–63

KAERST, Julius, Studien zur Entwicklung und Bedeutung der universalgeschichtlichen Anschauung mit besonderer Berücksichtigung der Geschichte des Altertums (1911/ 1913), in: Ders., Universalgeschichte, S. 99–219

KAERST, Julius, Rezension von: MEYER, Spenglers Untergang des Abendlandes (1925), in: Ders., Universalgeschichte, 221–229

KESSEL, Eberhard, Ranke und Burckhardt, in: AKG 33 (1951), S. 351–379

KLINGEMANN, Carsten, Eine vergleichende Betrachtung der NS-Wissenschaftspolitik gegenüber Altertums- und Sozialwissenschaften (2001), in: NÄF, Antike und Altertumswissenschaft, S. 181–202

KLOFT, Hans, Politische Geschichte versus Wirtschaftsgeschichte. Von Beloch zu Berve: Ein Paradigmenwechsel? (2001), in: NÄF, Antike und Altertumswissenschaft, S. 379–394

KÖHLER, Oskar, Was ist ‚Welt' in der Geschichte, in: Saeculum 6 (1955), S. 1–9

KÖHLER, Oskar, Versuch, Kategorien der Weltgeschichte zu bestimmen, in: Saeculum 9 (1958), S. 446–457

KÖHLER, Oskar, Möglichkeiten einer Weltgeschichte heute. Korreferat zum Vortrag von Alfred Heuß am 14. Oktober 1967 auf der 27. Versammlung deutscher Historiker in Freiburg i. Br., in: Saeculum 19 (1968), S. 22–26

KÖNIGS, Diemuth, Joseph Vogt. Ein Althistoriker in der Weimarer Republik und im Dritten Reich (= Basler Beiträge zur Geschichtswissenschaft. Bd. 168), Basel / Frankfurt a. M. 1995 [Diss. phil. Univ. Basel 1994/95]

KORNEMANN, Ernst, Weltgeschichte des Mittelmeerraums von Philipp II. bis Mohammed. Bd. 1. Bis zur Schlacht bei Aktium. Bd. 2. Von Augustus bis zum Sieg der Araber, hg. v. Bengtson, Hermann, München 1948/1949 [ND Sonderausgabe in einem Band, München 1967]

KOSSOK, Manfred, Von der Universal- zur Globalgeschichte, in: Comparativ 1/1992, S. 92–104

LANSKY, Jochen, Fünf Briefe Felix Jacobys an Eduard Meyer, in: WZBerlin 40 (1991) 9, S. 61–69

LASSOW, Ekkhard, Gegenwart und Weltgeschichte, in: WZBerlin 32 (1983), S. 209–216

LEHMANN, Gustav Adolf, Die mykenisch-frühgriechische Welt und der östliche Mittelmeerraum in der Zeit der ‚Seevölker'-Invasion um 1200 v. Chr. (= Vorträge der Rheinisch-Westfälischen Akademie der Wissenschaften. Geisteswissenschaften. Bd. 276), Opladen 1985

LEHMANN, Gustav Adolf, Krise und Untergang der Hellenistischen Welt im Urteil Eduard Meyers, in: Klassisches Altertum, Spätantike und frühes Christentum. FS Adolf Lippold zum 65. Geburtstag, hg. v. Dietz, Karlheinz / Hennig, Dieter / Kaletsch, Hans, Würzburg 1993, S. 77–93

LEHMANN, Gustav Adolf, Eduard Meyer, Oswald Spengler und die Epoche des Hellenismus, in: AKG 77 (1995), S. 165–196

LOCHER, Theodor Jacob Gottlieb, Ephoros' jüngste Nachkommen. Über die Problematik der heutigen Weltgeschichtsschreibung, in: Saeculum 7 (1956), S. 127–135

LOSEMANN, Volker, Nationalsozialismus und Antike. Studien zur Entwicklung des Faches Alte Geschichte 1933–1945 (= Historische Perspektiven. Bd. 7), Hamburg 1977 [Diss. phil. Univ. Marburg 1975]

LOSEMANN, Volker, Nationalsozialismus und Antike. Bemerkungen zur Forschungsgeschichte (2001), in: NÄF, Antike und Altertumswissenschaft, S. 71–88

LÖWITH, Karl, Burckhardts Stellung zu Hegels Geschichtsphilosophie (1928), in: Ders, Jacob Burckhardt, S. 1–38

LÖWITH, Karl, Jacob Burckhardt. Der Mensch inmitten der Geschichte (1936), in: Ders., Jacob Burckhardt, S. 39–361

MAIER, Franz Georg, Art. „Altertum" (1961), in: BESSON, Geschichte, S. 12–32

MAIER, Franz Georg, Der Gesetzesbegriff in den historischen Wissenschaften, in: Studium Generale 19 (1966), S. 657–667

MAIER, Franz Georg, Das Problem der Universalität, in: Geschichte heute, hg. v. Schulz, Gerhard, Göttingen 1973, S. 84–108

MAIER, Hans, Eine Kultur oder viele? Die Zukunft der Kulturen, in: Gymnasium 102 (1995), S. 11–30

MAIKUMA, Yoshihiko, Der Begriff der Kultur bei Warburg, Nietzsche und Burckhardt, Königsstein i. Ts. 1985 [Diss. phil. Univ. Stuttgart 1984]

MANN, Thomas, Über die Lehre Spenglers (1924), in: Gesammelte Werke in dreizehn Bänden. Bd. 10, Frankfurt a. M. 1974, S. 172–180

MARQUARD, Odo, Universalgeschichte und Multiversalgeschichte, in: Saeculum 33 (1982), S. 106–115

McNEILL, William H., The Changing Shape of World History (1995), in: POMPER [U. A.], World Historians, S. 8–26

MEIER, Christian, Die Welt der Geschichte und die Provinz des Historikers (= Kleine Kulturwissenschaftliche Bibliothek. Bd. 15), Berlin 1989

MEIER, Christian, Alfred Heuß als Geschichtsschreiber (1998), in: GEHRKE, Alfred Heuß, S. 115–140

MEINECKE, Friedrich, Gedanken über Welt- und Universalgeschichte (1942), in: Ders., Werke. Bd. 4. Zur Theorie und Philosophie der Geschichte, hg. und eingel. v. Kessel, Eberhard, Stuttgart ²1965, S. 140–149

MEINECKE, Friedrich, Ranke und Burckhardt. Ein Vortrag, gehalten in der Deutschen Akademie der Wissenschaften zu Berlin (= Vorträge und Schriften. Heft 27), Berlin

1948 [jetzt auch in: Ders., Werke. Bd. 7. Zur Geschichte der Geschichtsschreibung, hg. und eingel. v. Kessel, Eberhard, München 1968, S. 93–121]

MEYER, Eduard, Untersuchungen zur Geschichte der Gracchen (1894), in: Ders., KS. Bd. 1, S. 363–421

MEYER, Eduard, Die Sklaverei im Altertum (1898), in: Ders., KS. Bd. 1, S. 169–212

MEYER, Eduard, Thukydides (1899), in: Ders., Forschungen. Bd. 2, S. 269–436

MEYER, Eduard, Kaiser Augustus (1903), in: Ders., KS. Bd. 1, S. 423–474

MEYER, Eduard, Alexander der Große und die absolute Monarchie (1910), in: Ders., KS. Bd. 1,S. 265–314

MEYER, Eduard, Der Gang der alten Geschichte: Hellas und Rom (1910), in: Ders., KS. Bd. 1, S. 213–264

MEYER, Eduard, Die wirtschaftliche Entwicklung des Altertums (^{2}1910 = ND 1924; ^{1}1895), in: Ders., KS. Bd. 1, S. 79–168

MEYER, Eduard, Zur Theorie und Methodik der Geschichte (^{2}1910 = ND 1924; ^{1}1902), in: Ders., KS. Bd. 1, S. 1–78

MEYER, Eduard, Die Einwirkung des Weltkrieges auf die Kultur und die Kulturaufgaben der deutschen Zukunft (1915), in: Ders., Weltgeschichte, S. 1–38

MEYER, Eduard, Die Entwicklung der römischen Weltherrschaft (1915), in: Ders., Weltgeschichte, S. 39–80

MEYER, Eduard, Vorwort zu: Ders., Weltgeschichte (1916), S. VII–XIX

MEYER, Eduard, Vorläufer des Weltkrieges im Altertum (1918), in: Ders., KS. Bd. 2, S. 507–538 [Festrede am 24. Januar 1918]

MEYER, Eduard, Caesars Monarchie und das Principat des Pompeius. Innere Geschichte Roms von 66 bis 44 v. Chr., Stuttgart / Berlin ^{3}1922; ^{1}1918

MEYER, Eduard, Autobiographische Skizze (1923), in: MAROHL, Bibliographie, S. 9–12

MEYER, Eduard, Spenglers Untergang des Abendlandes, Berlin 1925

MEYER-ZWIFFELHOFFER, Eckhard, Alte Geschichte in der Universalgeschichtsschreibung der Frühen Neuzeit, in: Saeculum 46 (1995), S. 249–273

MOMIGLIANO, Arnaldo D., Rezension von: ALTHEIM, Die Soldatenkaiser, in: JRS 35 (1945), S. 129–131

MOMIGLIANO, Arnaldo D., Friedrich Creuzer und die griechische Geschichtsschreibung (1946), in: Ders., AS. Bd. 3, S. 41–55 mit Anm. S. 398–403

MOMIGLIANO, Arnaldo D., Alte Geschichte und antiquarische Forschung (1950), in: Ders., AS. Bd. 2, S. 1–36 mit Anm. S. 259–270

MOMIGLIANO, Arnaldo D., Einleitung zu Jacob Burckhardts Griechischer Kulturgeschichte (1955), in: Ders., AS. Bd. 3, S. 181–202 mit Anm. S. 417–419

MOMIGLIANO, Arnaldo D., Rezension von: BERVE, Storia Greca (1959), in: Ders., AS. Bd. 3, S. 347–359 mit Anm. 433–434

MOMIGLIANO, Arnaldo D., Und nach Max Weber? (1978), in: Ders., AS. Bd. 3, S. 283–301 mit Anm. S. 430–431

MOMIGLIANO, Arnaldo D., Max Weber und die Althistoriker (1981), in: Ders., AS. Bd. 3, S. 273–281 mit Anm. S. 428–429

MOMIGLIANO, Arnaldo D., Vorbemerkung zu einer Diskussion über Eduard Meyer (1981), in: Ders., AS. Bd. 3, S. 255–272 mit Anm. S. 426–428

MOMIGLIANO, Arnaldo D., Die Ursprünge der Universalgeschichte (1982), in: Ders., AS. Bd. 1, S. 111–140

MOMIGLIANO, Arnaldo D., From Mommsen to Max Weber, in: New Paths of Classicism in the Nineteenth Century. Beiheft zu H & T 21 (1982), S. 16–32

MOMIGLIANO, Arnaldo D., Two Types of Universal History. The Cases of E. A. Freeman and Max Weber, in: JMH 58 (1986), S. 235–245

MOMMSEN, Wolfgang J., Art. „Universalgeschichte" (1961), in: BESSON, Geschichte, S. 322–332

MOMMSEN, Wolfgang J., Universalgeschichtliches und politisches Denken bei Max Weber, in: HZ 201 (1965), S. 557–612 [jetzt auch in: Ders., Max Weber. Gesellschaft, Politik und Geschichte, Frankfurt a. M. 1974, S. 97–143 mit Anm. S. 250–265]

MOMMSEN, Wolfgang J., Max Webers Begriff der Universalgeschichte, in: Max Weber, der Historiker, hg. v. Kocka, Jürgen (= Kritische Studien zur Geschichtswissenschaft. Bd. 73), Göttingen 1986, S. 51–72

MOMMSEN, Wolfgang J., Geschichte und Geschichten. Über die Möglichkeiten und Grenzen der Universalgeschichtsschreibung, in: Saeculum 43 (1992), S. 124–135

MORENZ, Siegfried, Die Einheit der Altertumswissenschaften. Gedanken und Sorgen zum 100. Geburtstag von Eduard Meyer, in: Das Altertum 1 (1955), S. 195–205

MÜHLMANN, Wilhelm Emil, Biologische Gesichtspunkte in Jacob Burckhardts *Griechischer Kulturgeschichte*, in: AKG 24 (1934), S. 175–185

MÜLLER, Achatz von, Art. „Universalgeschichte", in: ASENDORF [U. A.], Geschichte, S. 620–623

MUSIOLEK, Peter, Eduard Meyers Projekt einer Wirtschaftsgeschichte des Altertums (Resümee), in: WZBerlin 40 (1991) 9, S. 17–18

MUTSCHLER, Fritz-Heiner, Vergleichende Beobachtungen zur griechisch-römischen und altchinesischen Geschichtsschreibung, in: Saeculum 48 (1997), S. 213–253

NÄF, Beat, Von Perikles zu Hitler? Die athenische Demokratie und die deutsche Althistorie bis 1945 (= Europäische Hochschulschriften, Reihe 3, Geschichte und ihre Hilfswissenschaften. Bd. 308), Bern 1986 [Diss. phil. Univ. Zürich 1985]

NÄF, Beat, Eduard Meyers Geschichtstheorie. Entwicklung und zeitgenössische Reaktionen (1990), in: CALDER III. / DEMANDT, Leben und Leistung, S. 285–310

NÄF, Beat, Der Althistoriker Schachermeyr und seine Geschichtsauffassung im wissenschaftsgeschichtlichen Rückblick, in: SStor 26 (1994), S. 83–100

NÄF, Beat, Einleitung zu: Ders., Antike und Altertumswissenschaft (2001), S. 9–14

NÄF, Beat, Zu den Forschungen über Antike und Altertumswissenschaften in der Zeit von Faschismus und Nationalsozialismus. A. Forschungsbibliographie. B. Forschungsbericht (2001), in: Ders., Antike und Altertumswissenschaft, S. 15–70

NANDY, Ashis, History's Forgotten Doubles (1995), in: POMPER [U. A.], World Historians, S. 44–66

NEUBAUER, Helmut, Zum sowjetischen Verständnis der Weltgeschichte, in: Saeculum 14 (1963), S. 53–57

NIETZSCHE, Friedrich, Vom Nutzen und Nachtheil der Historie für das Leben. Unzeitgemäße Betrachtungen. Zweites Stück (1874), in: Ders., KAS. Bd. 1, S. 243–334

NIPPEL, Wilfried, Prolegomena zu Eduard Meyers *Anthropologie* (1990), in: CALDER III. / DEMANDT, Leben und Leistung, S. 311–328

NIPPEL, Wilfried, Max Weber, Eduard Meyer und die 'Kulturgeschichte', in: Was ist Gesellschaftsgeschichte? Positionen, Themen, Analysen. FS Hans-Ulrich Wehler zum 60. Geburtstag, hg. v. Hettling, Manfred / Huerkamp, Claudia / Nolte, Paul / Schmuhl, Hans-Walter, München 1991, S. 323–330

NIPPEL, Wilfried, Einleitung zu: Über das Studium der Alten Geschichte, hg. v. Dems., München 1993, S. 11–31

NIPPEL, Wilfried, ‚Geschichte' und ‚Altertümer'. Zur Periodisierung in der Althistorie
(1993), in: KÜTTLER [U. A.], Grundlagen, S. 307–316

NIPPEL, Wilfried, Max Weber zwischen Althistorie und Universalgeschichte. Synoikis-
mos und Verbrüderung, in: Die okzidentale Stadt nach Max Weber. Zum Problem
der Zugehörigkeit in Antike und Mittelalter, hg. v. Meier, Christian (= Beihefte der
HZ. Bd. 17), München 1994, S. 35–57

NIPPEL, Wilfried, Vom Nutzen und Nachteil Max Webers für die Althistorie, in: A & A
40 (1994), S. 169–180

NITSCHKE, August, Einige Überlegungen zur Ausbildung künftiger Historiker in außer-
europäischer Geschichte, in: Saeculum 40 (1989), S. 183–187

OSTERHAMMEL, Jürgen, Raumerfassung und Universalgeschichte im 20. Jahrhundert, in:
Universalgeschichte und Nationalgeschichten. FS Ernst Schulin zum 65. Geburts-
tag, hg. v. Dems. / Hübinger, Gangolf / Pelzer, Erich (= Rombach Wissenschaft,
Rombach aktuell), Freiburg im Breisgau 1994, S. 51–72

OTTO, Walter, Eduard Meyer und sein Werk, in: ZDMG. N. F. 10 (1932), S. 1–24

OTTO, Walter, Zur Universalgeschichte des Altertums, in: HZ 146 (1932), S. 205–238
[Rezension von: MEYER, GdA II / 1; GdA II / 2]

OTTO, Walter, Forschungsbericht. Zum Problem der Universalgeschichtsschreibung, in:
DLZ 58 (1937), Sp. 1119–1133; 1161–1175 [Rezension von: CAH¹. Bd. 4–7]

OTTO, Walter, Eduard Meyers Geschichte des Altertums, in: HZ 161 (1940), S. 309–324
[Rezension von: MEYER, GdA III]

PAPATHANASSIOU, Vassilios, Kulturwissenschaftliche Ansätze in den Werken von Jacob
Burckhardt, Saarbrücken 1982 [Diss. phil. Univ. des Saarlandes 1981]

POMPER, Philip, World History and Its Critics (1995), in: Ders. [u. a.], World Historians,
S. 1–7

PRELLER, Hugo, Geschichte der Historiographie unseres Kulturkreises. Materialien,
Skizzen, Vorarbeiten. Bd. 1. Das Altertum bis 330 vor Ztw. Die hellenistische Zeit
(330 vor bis 330 nach Ztw.), Aalen 1967

RANKE, Leopold von, Neue Briefe, ges. und bearb. v. Hoeft, Bernhard, nach seinem Tod
hg. v. Herzfeld, Hans, Hamburg 1949

REBENICH, Stefan, Alte Geschichte in Demokratie und Diktatur: Der Fall Helmut Berve,
in: Chiron 31 (2001), S. 457–496

REBENICH, Stefan, Zwischen Anpassung und Widerstand? Die Berliner Akademie der
Wissenschaften von 1933 bis 1945 (2001), in: NÄF, Antike und Altertumswissenschaft, S. 203–244

RINK, Bernhard, Besonderheiten in Eduard Meyers Auffassung der späten römischen
Republik und des augusteischen Prinzipats (unter besonderer Berücksichtigung
zeitgenössischer Rezensionen), in: WZBerlin 40 (1991) 9, S. 33–36

RITZENHOFEN, Heinz, Kontinuität und Krise. Jacob Burckhardts ästhetische Geschichtskonzeption, Diss. phil. Univ. Köln 1979

RÖTHLIN, Niklaus, Burckhardts Stellung in der Kulturgeschichtsschreibung des 19. Jahrhunderts, in: AKG 69 (1987), S. 389–406 [jetzt auch in: GUGGISBERG, Zwölf Studi-
en, S.117–133]

RUBITSCHON, Olga, Elemente einer philosophischen Anthropologie bei Jacob Burckhardt, Diss. phil. Univ. Basel 1977

RÜSEN, Jörn, Jacob Burckhardt (1972), in: WEHLER, Deutsche Historiker. Bd. 3, S. 5–28

RÜSEN, Jörn, Die Uhr, der die Stunde schlägt. Geschichte als Prozeß der Kultur bei Jacob Burckhardt, in: Historische Prozesse, hg. v. Faber, Karl-Georg / Meier, Christian (= Beiträge zur Historik. Bd. 2), München 1978, S. 186–220

RÜSEN, Jörn, Jacob Burckhardt. Political Standpoint and Historical Insight on the Border of Postmodernism, in: H & T 24 (1985), S. 235–246 [jetzt auch in deutscher Übersetzung in: GUGGISBERG, Zwölf Studien, S. 101–116]

SAMMER, Marianne, Intuitive Kulturgeschichtsschreibung. Ein Versuch zum Verhältnis von Geschichtsdenken und kulturhistorischer Methode bei Jacob Burckhardt (= Kulturgeschichtliche Forschungen. Bd. 19), München 1995

SCHACHERMEYR, Fritz, Die Aufgaben der Alten Geschichte im Rahmen der Nordischen Weltgeschichte, in: Vergangenheit und Gegenwart 23 (1933), S. 589–600

SCHACHERMEYR, Fritz, Indogermanen und Orient. Ihre kulturelle und machtpolitische Auseinandersetzung im Altertum, Stuttgart 1944

SCHIEDER, Theodor, Die historischen Krisen im Geschichtsdenken Jacob Burckhardts (1950), in: Ders., Begegnungen mit der Geschichte, Göttingen 1962, S. 129–162; S. 279–285

SCHIEDER, Theodor, Der Typus in der Geschichtswissenschaft (1952), in: Ders., Staat und Gesellschaft im Wandel unserer Zeit, München 1958, S. 172–187

SCHIEDER, Theodor, Strukturen und Persönlichkeiten in der Geschichte, in: HZ 195 (1962), S. 265–296

SCHIEDER, Theodor, Möglichkeit und Grenzen vergleichender Methoden, in: HZ 200 (1965), S. 529–551

SCHILLER, Friedrich, Was heißt und zu welchem Ende studiert man Universalgeschichte? (1789), in: Ders., Sämtliche Werke. Bd. 4. Historische Schriften, hg. v. Fricke, Gerhard / Göpfert, Herbert G., München ⁶1980, S. 749–767

SCHLESIER, Renate, Religion als Gegenbild. Zu einigen geschichtstheoretischen Aspekten von Eduard Meyers Universaltheorie (1990), in: CALDER III. / DEMANDT, Leben und Leistung, S. 368–416

SCHMALE, Wolfgang, Europäische Geschichte als historische Disziplin. Überlegungen zu einer 'Europäistik', in: ZfG 46 (1998), S. 389–405

SCHMITTHENNER, Walter, Rome and India. Aspects of Universal History During the Principate, in: JRS 69 (1979), S. 90–106

SCHOPENHAUER, Arthur, Die Welt als Wille und Vorstellung. Bd. 1–2 (³1859), hg. v. Lütkehaus, Ludger (= Arthur Schopenhauers Werke in fünf Bänden nach den Ausgaben letzter Hand. Bd. 1–2), Zürich 1988

SCHULIN, Ernst, Universalgeschichtsschreibung im 20. Jahrhundert (²1979; ¹1974), in: Ders., Traditionskritik und Rekonstruktionsversuch, S. 163–202 mit Anm. S. 269–282 [urspr. in: Ders., Universalgeschichte, S. 11–65]

SCHULIN, Ernst, Das alte und neue Problem der Weltgeschichte als Kulturgeschichte, in: Saeculum 33 (1982), S. 161–173

SCHULIN, Ernst, Burckhardts Potenzen- und Sturmlehre. Zu seiner Vorlesung über das Studium der Geschichte (= Sitzungsberichte der Heidelberger Akademie der Wissenschaften. Philosophisch-historische Klasse. Jg. 1983, 2), Heidelberg 1983

SCHULIN, Ernst, Literaturbericht Universalgeschichte, in: GWU 37 (1986), S. 377–392

SCHULIN, Ernst, Kulturgeschichte und die Lehre von den Potenzen: Bemerkungen zu zwei Konzepten Burckhardts und ihrer Weiterentwicklung im 20. Jahrhundert (1991), in: GUGGISBERG, Zwölf Studien, S. 87–100

SCHULIN, Ernst, Synthesen der Historiographiegeschichte, in: Geschichtswissenschaft vor 2000. Perspektiven der Historiographiegeschichte, Geschichtstheorie, Sozial- und Kulturgeschichte. FS Georg G. Iggers zum 65. Geburtstag, hg. v. Jarausch, Konrad H. / Rüsen, Jörg / Schleier, Hans, Redaktion: Blanke, Horst Walter (= Beiträge zur Geschichtskultur. Bd. 5), Hagen 1991, S. 151–163

SEEL, Otto, Pompeius Trogus und das Problem der Universalgeschichte (1969), in: ANRW. Abt. II. Bd. 30, 2 (1982), S. 1363–1423

SIEBERT, Irmgard, Jacob Burckhardt. Studien zur Kunst- und Kulturgeschichtsschreibung, Basel 1991 [Diss. phil. 1988 Univ. Marburg]

SIMON, Christian, Historiographie. Eine Einführung (= Uni-Taschenbücher. Bd. 1901, Geschichte), Stuttgart 1996

SIMONIS, Linda, Genetisches Prinzip. Zur Struktur der Kulturgeschichte bei Jacob Burckhardt, Georg Lukács, Ernst Robert Curtius und Walter Benjamin (= Communicatio. Bd. 18), Tübingen 1998 [Diss. phil. Univ. Köln 1995]

SMITH, Christopher, Universal Histories?, in: JRS 87 (1997), S. 241–248 [Rezension von: CAH[2]; Storia di Roma]

SPENGLER, Oswald, Der Untergang des Abendlandes. Umrisse einer Morphologie der Weltgeschichte. Bd. 1. Gestalt und Wirklichkeit / Bd. 2. Welthistorische Perspektiven, Wien / München 1918 / 1922 [ND Sonderausgabe in einem Band, München 1981]

SPIER, Fred, Big History. Was die Geschichte im Innersten zusammenhält, aus dem Englischen übers. v. Niemann, Raul, Darmstadt 1998 [Original: The Structure of Big History. From the Big Bang until Today, Amsterdam 1996]

STADELMANN, Rudolf, Jacob Burckhardts „Griechische Kulturgeschichte", in: Die Antike 7 (1931), S. 49–69

STADELMANN, Rudolf, Jacob Burckhardts *Weltgeschichtliche Betrachtungen*, in: HZ 169 (1949), S. 31–72

STIER, Hans Erich, Vorwort zu: MEYER, GdA II / 2 (1931), S. V-VII

STIER, Hans Erich, Vorwort zu: MEYER, GdA III (1936), S. V-X

STIER, Hans Erich, Vorwort zu: MEYER, GdA IV / 1 (1939), S. V-VIII

STIER, Hans Erich, Vorwort zu: MEYER, GdA V (1958), S. VII-VIII

STRASBURGER, Hermann, Homer und die Geschichtsschreibung (1972), in: Ders., Studien. Bd. 2, S. 1057–1097

STRASBURGER, Hermann, Die Wesensbestimmung der Geschichte durch die antike Geschichtsschreibung ([3]1975; [1]1966), in: Ders., Studien. Bd. 2, S. 963–1016

TEMPORINI, Hildegard, Universale Aspekte der Geschichte des Altertums, in: Wege in die Zeitgeschichte. FS Gerhard Schulz zum 65. Geburtstag, hg. v. Heideking, Jürgen / Hufnagel, Gerhard / Knipping, Franz, Berlin / New York 1989, S. 199–209

TENBRUCK, Friedrich H., Max Weber und Eduard Meyer, in: Max Weber und seine Zeitgenossen, hg. v. Mommsen, Wolfgang J. / Schwentker, Wolfgang (= Veröffentlichungen des Deutschen Historischen Instituts London. Bd. 21), Göttingen / Zürich 1988, S. 337–379

TIMPE, Dieter, Alte Geschichte und die Fragestellung der Soziologie, in: HZ 213 (1971), S. 1–12

TIMPE, Dieter, Kaiserzeit und Weltgeschichte bei Alfred Heuß (1998), in: GEHRKE, Alfred Heuß, S. 79–114

TORTAROLO, Edoardo, World Histories in the 20th Century and Beyond, in: SStor 38 (2000), S. 129–137

TOYNBEE, Arnold J., A Study of History. Bd. 1–12, Oxford 1934–1961

TOYNBEE, Arnold J., Die ‚Alte Geschichte' und die Universalhistorie. Für Joseph Vogt, übers. aus dem Englischen v. Humbach, Karl-Theo, in: Saeculum 21 (1970), S. 91–105

TOYNBEE, Arnold J., Mankind and Mother Earth. A Narrative History of the World, Oxford 1976

TROELTSCH, Ernst, Über den Aufbau der europäischen Kulturgeschichte, in: Ders., Der Historismus und seine Probleme. Erstes Buch. Das logische Problem der Geschichtsphilosophie (= Gesammelte Schriften. Bd. 3), Tübingen 1922 [ND Aalen 1961], S. 694–772

ULF, Christoph, Ideologie als Grundlage für Abgrenzung und Spezifik der Antike bei Ed. Meyer, H. Berve, E. Kornemann, W. Jaeger und V. Ehrenberg (2001), in: NÄF, Antike und Altertumswissenschaft, S. 305–343

UNGERN-STERNBERG, Jürgen von, Politik und Geschichte. Der Althistoriker Eduard Meyer im Ersten Weltkrieg (1990), in: CALDER III. / DEMANDT, Leben und Leistung, S. 484–504

UNGERN-STERNBERG, Jürgen von, Eduard Meyer und die deutsche Propaganda zu Beginn des ersten Weltkrieges, in: WZBerlin 40 (1991) 9, S. 37–43

UNGERN-STERNBERG, Jürgen von, Imperium Romanum vs. Europa. Gedanken zu einigen Vorträgen deutscher Althistoriker in den Jahren 1939 bis 1942 (2001), in: NÄF, Antike und Altertumswissenschaft, S. 395–418

VINZENT, Marcus, Bio-graphie und Historio-graphie. Helene Homeyer: Frau - 'Halbarierin' - Exilierte (2001), in: NÄF, Antike und Altertumswissenschaft, S. 439–460

VITTINGHOFF, Friedrich, Christliche und nichtchristliche Anschauungsmodelle (1969), in: RANDA, Mensch und Weltgeschichte, S. 19–27 mit anschließender Diskussion, S. 27–40

VOGT, Joseph, Julius Kaerst. Gedächtnisrede (1930), in: KAERST, Universalgeschichte, S. V-XX

VOGT, Joseph, Geschichte und Vorgeschichte – die Bedeutung der Schrift (1949), in: Orbis, S. 327–339

VOGT, Joseph, Die antike Kultur in Toynbees Geschichtslehre (1951), in: Ders., Orbis, S. 340–361

VOGT, Joseph, Geschichte des Altertums und Universalgeschichte (1957), in: Ders., Orbis, S. 362–379

VOGT, Joseph, Wege zum Historischen Universum. Von Ranke bis Toynbee, Stuttgart 1961

VOGT, Joseph, Einleitung / Nachwort zu: Wege der Universalgeschichte, in: Saeculum 14 (1963), S. 41; S. 57–59

VOGT, Joseph, Einleitung zu: Saeculum-Weltgeschichte. Bd. 2 (1966), S. 1–20

VOGT, Joseph, Einführung zu: Möglichkeiten einer Weltgeschichte heute, in: Saeculum 19 (1968), S. 1–2

WAGNER, Fritz, Die Europazentrik des klassischen deutschen Geschichtsbildes und ihre Problematik, in: Saeculum 14 (1963), S. 42–47

WEBER, Max, Die 'Objektivität' sozialwissenschaftlicher und sozialpolitischer Erkenntnis (1904), in: Ders., GAWL, S. 146–214

WEBER, Max, Kritische Studien auf dem Gebiet der kulturwissenschaftlichen Logik. I. Zur Auseinandersetzung mit Eduard Meyer (1906), in: Ders., GAWL, S. 215–265

WEBER, Max, Kritische Studien auf dem Gebiet der kulturwissenschaftlichen Logik. II. Objektive Möglichkeit und adäquate Verursachung in der historischen Kausalbetrachtung (1906), in: GAWL, S. 266–290

WEBER, Wolfgang, Priester der Klio. Historisch-sozialwissenschaftliche Studien zur Herkunft und Karriere deutscher Historiker und zur Geschichte der Geschichtswissenschaft 1800–1970 (= Europäische Hochschulschriften. Reihe 3. Geschichte und ihre Hilfswissenschaften. Bd. 216), Frankfurt a. M. ²1987 [Diss. phil. Univ. Augsburg 1982]

WEILER, Ingomar, Von ‚Wesen‘, ‚Geist‘ und ‚Eigenart‘ der Völker der Alten Welt. Eine Anthologie altertumswissenschaftlicher Typisierungskunst, in: Kritische und vergleichende Studien zur Alten Geschichte und Universalgeschichte, hg. v. Dems. / Hampl, Franz (= Innsbrucker Beiträge zur Kulturwissenschaft. Bd. 18), Innsbruck 1974, S. 243–291

WEILER, Ingomar, Franz Hampl, in: 100 Jahre Alte Geschichte in Innsbruck. Franz Hampl zum 75. Geburtstag, hg. v. Bichler, Reinhold (= Forschungen zur Innsbrucker Universitätsgeschichte. Bd. 13), Innsbruck 1985, S. 61–74

WELSKOPF, Elisabeth Charlotte, Probleme der Periodisierung der Alten Geschichte. Die Einordnung des Alten Orients und Altamerikas in die weltgeschichtliche Entwicklung, in: ZfG 5 (1957), S. 296–313

WELSKOPF, Elisabeth Charlotte, Die wissenschaftliche Aufgabe des Althistorikers (= Sitzungsberichte der Deutschen Akademie der Wissenschaften. Historisch-Philologische Klasse. Jg. 1965, 2), Berlin 1965

WERNER, Robert, Über Begriff und Sinn einer Geschichte des Altertums (1968), in: GWU 22 (1971), S. 322–339

WILCKEN, Ulrich, Gedächtnisrede auf: Eduard Meyer (1930), in: MAROHL, Bibliographie, S. 115–130

WILLING, Matthias, Althistorische Forschung in der DDR. Eine wissenschaftsgeschichtliche Studie zur Entwicklung der Disziplin Alte Geschichte vom Ende des Zweiten Weltkrieges bis zur Gegenwart. 1945–1989 (= Historische Forschungen. Bd. 45), Berlin 1991 [Diss. phil. Univ. Marburg 1990]

WOLF, Ursula, Rezensionen in der Historischen Zeitschrift, im Gnomon und in der American Historical Review von 1930 bis 1943/44 (2001), in: NÄF, Antike und Altertumswissenschaft, S. 419–438

WURGRAFT, Lewis, Identity in World History. A Post-Modern-Perspective (1995), in: POMPER [U. A.], World Historians, S. 67–85

ZEEDEN, Ernst Walter, Der Historiker als Kritiker und Prophet. Die Krise des 19. Jahrhunderts im Urteil Jacob Burckhardts, in: WaG 11 (1951), S. 154–173

ZIMMERMANN, Hans-Dieter, Eduard Meyer als hallescher Professor, in: WZBerlin 40 (1991) 9, S. 9–15

ABBILDUNGSVERZEICHNIS

Abb. 1 (S. 14)   Zwei Traditionen in der Alten Geschichte
Abb. 2 (S. 38)   Formen der Weltgeschichtsschreibung
Abb. 3 (S. 47)   Die „drei Potenzen" der Geschichte und ihre „sechs Bedingtheiten"
                 nach Jacob BURCKHARDT
Abb. 4 (S. 48)   Abwechselnde Dominanzen der „drei Potenzen" und wichtige Abwei-
                 chungen
Abb. 5 (S. 60)   Kulturkreise der Weltgeschichte nach Eduard MEYER
Abb. 6 (S. 68)   Parallele Kreisläufe der vorderasiatisch-europäischen Kulturkreise nach
                 Eduard MEYER
Abb. 7 (S. 109) Die „Polarität" der Weltgeschichte nach Alfred HEUSS

NAMENS- UND SACHREGISTER

Bei den angegebenen Historikern wird sowohl auf biographische Anmerkungen als auch auf wichtige Äußerungen zum Thema verwiesen. Soweit nicht ausdrücklich anders angegeben, beziehen sich die Lebens- bzw. Herrschaftsdaten grundsätzlich auf die Zeit nach Christi Geburt.

Alte Geschichte
- Alte Geschichte und Drittes Reich: S. 22. Anm. 29; S. 79 ff.; S. 79 f. Anm. 13.
- Geschichte der Alten Geschichte: S. 14. Abb. 1; S. 24 f.
- Legitimation der Alten Geschichte: S. 26; S. 26 f. Anm. 44; S. 115. Anm. 7.
- Universalgeschichtliche Tradition in der Alten Geschichte: S. 14 ff.; S. 14. Abb. 1; S. 17 f.; S. 59; S. 80 ff.; S. 104; S. 115.

Altheim, Franz (1898–1976): S. 19. Anm. 18; S. 87 ff.; S. 87. Anm. 46 f.; S. 89. Anm. 54; S. 94. Anm. 81.

Amenophis IV.: Siehe Echnaton.

Athen: S. 48. Abb. 4; S. 49.

Augustinus (354–430): S. 50. Anm. 56.

Bengtson, Hermann (1909–1989): S. 19. Anm. 18 f.; S. 77. Anm. 1; S. 92.

Benn, Gottfried (1886–1956): S. 34 f. Anm. 27.

Berve, Helmut (1896–1979): S. 23. Anm. 30; S. 77. Anm. 1; S. 80 ff.; S. 80. Anm. 15; S. 83. Anm. 23; S. 86; S. 87. Anm. 45; S. 94. Anm. 81.

Bloch, Marc (1886–1944): S. 10. Anm. 4.

Bossuet, Jacques-Bénigne (1627–1704): S. 50. Anm. 56.

Breysig, Kurt (1866–1940): S. 61; S. 65. Anm. 123; S. 101. Anm. 100.

Burckhardt, Jacob (1818–1897): S. 9. Anm. 2; S. 10 f.; S. 19 f.; S. 19. Anm. 18; S. 20 f. Anm. 22; S. 21. Anm. 25; S. 39 ff.; S. 39. Anm. 1; S. 75 f.; S. 99 f. Anm. 96; S. 102; S. 113; S. 115.

- *Griechische Kulturgeschichte*: S. 44; S. 51 f.; S. 51. Anm. 61; S. 76. Anm. 194; S. 78. Anm. 5.
- *Historische Fragmente*: S. 45.
- Kulturbegriff: S. 50 f.
- Potenzenlehre: S. 42; S. 46 ff.; S. 47. Abb. 3; S. 48. Abb. 4; S. 114; S. 114. Anm. 5.
- Skepsis gegenüber Möglichkeit einer Universalgeschichte: S. 41 f.; S. 41. Anm. 12; S. 43.
- Verhältnis zu Hegel: S. 42. Anm. 17.
- Verhältnis zu Nietzsche: S. 41 f.; S. 41 f. Anm. 12 f.
- Verhältnis zu Ranke: S. 39 f.; S. 40. Anm. 6.
- Verhältnis zu Schopenhauer: S. 43; S. 43 f. Anm. 23.
- *Weltgeschichtliche Betrachtungen*: S. 40; S. 40 f. Anm. 9; S. 44.

China: S. 38; S. 90; S. 108; S. 108. Anm. 141; S. 109. Abb. 7.

Comte, Isidore Marie August François-Xavier (1798–1857): S. 32.

Curtius, Ernst (1814–1896): S. 14. Abb. 1.

Darius I. (550–486 v. Chr.): S. 73. Anm. 177.

Diel, Hermann (1848–1922): S. 24. Anm. 39.

Diodor von Agyrion (ca. 90/80–35/30 v. Chr.): S. 17 f.

Droysen, Johann Gustav (1808–1884): S. 19. Anm. 18; S. 40 f.; S. 42.

Duncker, Max (1811–1886): S. 19. Anm. 18; S. 58; S. 58. Anm. 85.

Echnaton (1364–1347): S. 65 f. Anm. 127; S. 73. Anm. 162.

Epameinondas (ca. 420–362 v. Chr.): S. 74.

Europa / europazentrische Perpektive: S. 32 f. Anm. 21; S. 38; S. 108 f.; S. 109. Abb. 7.

Florenz: S. 48. Abb. 4.

Friedrich II. von Staufen (1212–1250): S. 48. Abb. 4; S. 49; S. 92.

Gehlen, Arnold (1904–1976): S. 104; S. 107. Anm. 136.

Germanen: S. 91.

Globalgeschichte: S. 29. Anm. 3

Göring, Hermann (1893–1946): S. 87; S. 87. Anm. 48; S. 89.

Gutschmid, Alfred von (1831–1887): S. 19. Anm. 18; S. 77. Anm. 2; S. 93. Anm. 79.

Hampl, Franz (*1910): S. 19. Anm. 18 f.; S. 23. Anm. 30; S. 29; S. 61; S. 61 f. Anm. 105; S. 65 f. Anm. 127; S. 99 ff.; S. 100 f. Anm. 100; S. 102. Anm. 108; S. 113. Anm. 1.

Heeren, Arnold Hermann Ludwig (1760–1842): S. 14. Abb. 1; S. 55; S. 58.

Hegel, Georg Wilhelm Friedrich (1770–1831): S. 32; S. 41 f.; S. 42. Anm. 17.

Herder, Johann Gottfried (1744–1803): S. 32; S. 50. Anm. 56.

Herodot (ca. 490/84–430/25 v. Chr.): S. 16 ff.; S. 56.

Heuß, Alfred (1909–1995): S. 10 f.; S. 14. Anm. 4; S. 19. Anm. 18 f.; S. 20. Anm. 21; S. 20 f. Anm. 22; S. 23; S. 23. Anm. 30; S. 24. Anm. 35; S. 30; S. 32. Anm. 21; S. 33; S. 35. Anm. 28; S. 66. Anm. 127; S. 83. Anm. 23; S. 103 ff.; S. 104. Anm. 116; S. 114.
–   Historisches Erzählen: S. 105 f; S. 105 f. Anm. 127.
–   Skepsis gegenüber Möglichkeit einer Universalgeschichte: S. 103 f. Anm. 115.
–   „Welthaftigkeit": S. 106 ff.; S. 109.

Abb. 7; S. 110; S. 110. Anm. 146.

Himmler, Heinrich (1900–1945): S. 87; S. 87 f. Anm. 48.

Historiographiegeschichte: S. 21 f.; S. 21. Anm. 26.

Hitler, Adolf (1889–1945): S. 83. Anm. 23; S. 86; S. 86. Anm. 42; S. 95. Anm. 82.

Ibn Chaldûn, Abd-al Rahman (1332–1406): S. 66.

Indien: S. 38; S. 109. Abb. 7.

Irak: S. 90.

Islam: S. 38; S. 109. Abb. 7.

Kaerst, Julius (1857–1930): S. 19. Anm. 18; S. 77 ff.; S. 77 f. Anm. 3; S. 95. Anm. 83.

Kant, Immanuel (1724–1804): S. 32.

Karthago: S. 71.

Kornemann, Ernst (1868–1946): S. 19. Anm. 18; S. 92 f.; S. 92. Anm. 72; S. 93. Anm. 79 f.

Kyros II. (559–529): S. 73. Anm. 177.

Ludwig XIV. (1643–1715): S. 49.

Mann, Thomas (1875–1955): S. 34. Anm. 26.

Marx, Karl (1818–1883): S. 32.

Maximinius Thrax (235–238): S. 91.

Meinecke, Friedrich (1862–1954): S. 10. Anm. 4; S. 39 f.

Meyer, Eduard (1855–1930): S. 10 f.; S. 14. Abb. 1; S. 19 f.; S. 19. Anm. 18; S. 20. Anm. 21; S. 34. Anm. 26; S. 53 ff.; S. 53. Anm. 70; S. 77; S. 77. Anm. 1; S. 78 f. S. 81. Anm. 18.
–   Absage an historische Voraussagen: S. 69 f.; S. 69 f. Anm. 142.
–   Absage an Rassengedanken als historische Kategorie: S. 93 f. Anm. 81.
–   Ausbildung: S. 53 ff.
–   Bedeutung der Einzelpersönlichkeiten: S. 72 f.
–   Bedeutung der Sprachen: S. 54 f.; S. 61.
–   Geschichte des Altertums: S. 20. Anm. 21; S. 55 f.; S. 56. Anm. 79 ff.; S. 58;

S. 73 ff.; S. 82. Anm. 19; S. 93; S. 93.
Anm. 79 f.; S. 96 f.; S. 101; S. 104 f.
- „Historische Wirksamkeit": S. 62 ff.
- Kulturbegriff: S. 58 ff.; S. 60. Abb. 5.
- Mittelalterbegriff: S. 67 f.; S. 68 f.
  Anm. 138.
- Parallismusgedanke: S. 66 ff.; S. 68.
  Abb. 6; S. 70. Anm. 146; S. 78; S. 78.
  Anm. 6; S. 79.
- Verhältnis zu Spengler: S. 71; S. 71.
  Anm. 152.
- Verhältnis zu Max Weber: S. 64 ff.;
  S. 64. Anm. 117; S. 69; S. 69. Anm.
  140; S. 72. Anm. 154.
- Zeit des Ersten Weltkrieges: S. 70 f.;
  S. 70. Anm. 143 ff.
Mommsen, Theodor (1817–1903): S. 14.
  Abb. 1.
Montesquieu, Charles de Secondat, Baron de (1689–1755): S. 46; S. 46.
  Anm. 36; S. 50. Anm. 56.

Niebuhr, Barthold Georg (1776–1831):
  S. 14. Abb. 1; S. 17; S. 17 f. Anm. 15;
  S. 19. Anm. 18; S. 58.
Nietzsche, Friedrich (1844–1900): S. 34.
  Anm. 26; S. 40 f.

Otto, Walter (1878–1941): S. 19. Anm.
  18; S. 22. Anm. 30; S. 57. Anm. 82;
  S. 80 ff.; S. 81 f. Anm. 19.
Otto von Freising (ca. 1112-1158): S. 50.
  Anm. 56.

Perikles (ca. 495/90–429 v. Chr.): S. 74.
Plutarch von Chaironea (ca. 45/50–120/
  25): S. 17.
Polybios (ca. 200–118 v. Chr.): S. 16 ff.
Pompeius Trogus (Augusteische Zeit):
  S. 17 f.
Ranke, Leopold von (1795–1886): S. 10.
  Anm. 3; S. 39 f.; S. 42; S. 78; S. 78.
  Anm. 6; S. 81 f.
Rassengedanke als historische Kategorie: S. 77. Anm. 1; S. 80 f. Anm. 15;
  S. 81. Anm. 18; S. 83 ff.; S. 85. Anm.
  35; S. 88; S. 91 f.; S. 93; S. 93 f. Anm.
  81; S. 94 f. Anm. 82.
Rom / römisches Reich: S. 49; S. 71.

Sallust (86–34 v. Chr.): S. 17; S. 101.
Schachermeyr, Fritz (1895–1987): S. 19.
  Anm. 18; S. 77. Anm. 1; S. 83 ff.;
  S. 84. Anm. 24; S. 85. Anm. 35; S. 87.
  Anm. 45; S. 92; S. 94. Anm. 81.
Schelling, Friedrich Wilhelm Joseph von
  (1775–1854): S. 32; S. 42.
Schiller, Friedrich (1759–1805): S. 19.
  Anm. 19; S. 30 ff.; S. 62 f.; S. 63.
  Anm. 109; S. 100.
Schlözer, August Ludwig (1735–1809):
  S. 10. Anm. 2; S. 17.
Schopenhauer, Arthur (1788–1860): S.
  43; S. 43 f. Anm. 23.
Sokrates (ca. 470–399 v. Chr.): S. 74.
Solon (640– ca. 560 v. Chr.): S. 74.
Spengler, Oswald (1880–1936): S. 33 f.;
  S. 34. Anm. 26; S. 71; S. 71. Anm.
  152; S. 78. Anm. 6; S. 100 f. Anm.
  100.
Sueton (ca. 70–140): S. 17.

Themistokles (ca. 524–467 v. Chr.): S. 74.
Thukydides (ca. 460/54– nach 399 v.
  Chr.): S. 17; S. 56; S. 100. Anm. 96;
  S. 101.
Toynbee, Arnold Joseph (1889–1975): S.
  16. Anm. 9; S. 33 f.; S. 34. Anm. 26;
  S. 95. Anm. 83; S. 99. Anm. 94; S. 115.
Treitschke, Heinrich von (1834-1996):
  S. 81 f.
Troeltsch, Ernst (1865–1923): S. 35.
  Anm. 28.

Universalgeschichte
- Antike Universalgeschichte: S. 16 f.;
  S. 16. Anm. 11.
- ‚Auswahlproblem' / Kategorie der
  Wirkung: S. 62 ff.; S. 65 f. Anm. 127;
  S. 66; S. 98; S. 100 ff.; S. 106; S. 111;
  S. 111. Anm. 153.
- Begriff der Universalgeschichte: S. 9 f.
  Anm. 2; S. 29 ff.; S. 29. Anm. 3;
  S. 37 f.; S. 38. Abb. 2; S. 103. Anm.
  113; S. 113 f.
- Geschichte der Universalgeschichts-
  schreibung: S. 13. Anm. 1; S. 14.
  Abb.1; S. 32 ff.; S. 32. Anm. 20;
  S. 35 f.

– ‚Sprachenproblem': S. 54 f.; S. 61; S. 98 f.; S. 98. Anm. 92; S. 99 f. Anm. 96.
– Universalgeschichte des Altertums: Siehe Meyer, Eduard / *Geschichte des Altertums*.

Universalhistorie: Siehe Universalgeschichte.

Vogt, Joseph (1895–1986): S. 14. Anm. 4; S. 16. Anm. 9; S. 19. Anm. 18 f.; S. 34. Anm. 26; S. 94 ff.; S. 94 f. Anm. 82; S. 95. Anm. 83; S. 98; S. 99. Anm. 93.

Voltaire [François-Marie Arouet] (1694–1778): S. 32; S. 50; S. 53. Anm. 67.

Weber, Max (1864–1920): S. 11; S. 23. Anm. 31; S. 27; S. 38; S. 47; S. 104.
– Charisma-Theorie: S. 72. Anm. 154; S. 113. Anm. 3.
– Idealtypus: S. 69.
– Kausal- und Wertanalyse: S. 64.
– Real- und Erkenntnisgründe: S. 65.

Welskopf, Elisabeth Charlotte (1901–1979): S. 19. Anm. 18 f.; S. 31. Anm. 15; S. 96; S. 96 f. Anm. 87; S. 100. Anm. 99.

Weltgeschichte: Siehe Universalgeschichte.

Wilamowitz-Moellendorff, Ulrich von (1848–1931): S. 24. Anm. 39; S. 59.

Wolf, Friedrich August (1759–1824): S. 14. Abb. 1; S. 15.